손절을
익절로 만드는
한 끗 차이,

투
자
의
감

손절을 익절로 만드는
한 끗 차이,
투자의 감

지은이 알렉스 강
펴낸이 이종록   펴낸곳 스마트비즈니스
등록번호 제 313-2005-00129호   등록일 2005년 6월 18일
주소 경기도 고양시 일산동구 정발산로 24, 웨스턴돔타워 T4-414호
전화 031-907-7093   팩스 031-907-7094
이메일 smartbiz@sbpub.net
ISBN   979-11-6343-062-9   03320

초판 1쇄 발행   2024년   5월 13일

결국,
주식투자로
돈 버는
사람들의
'1% 특별함!'

손절을
익절로 만드는
한 끗 차이,

투자의 감

알렉스 강 지음

Sb
smart business

주식 고수들의 돈 버는 한 끗,
'투자의 感'

"천재는 99%의 노력과 1%의 영감으로 만들어진다."

천재일지라도 많은 노력이 있어야 성공할 수 있다는 내용으로 알려진 에디슨의 명언이다. 그러나 에디슨의 진짜 의도는 노력의 중요성을 강조하려는 것이 아니었다. 사실 이 명언의 진짜 의미는 아무리 천재일지라도 1%의 영감이 없다면, 무수한 노력이 아무 쓸모없다는 뜻이다.

오래가는 전구 하나를 만들기 위해 7,000번 넘게 실험했다는 일화를 통해 노력의 중요성만 알려져 있지만, 사실 그의 성공은 저녁 식사를 하면서 갑자기 번뜩였던 1%의 영감에서 완성되었다. 아무리 피와 살을 깎는 노력을 반복한다고 해도, 애초에 1%의 영감이 없는 사람이라면 성공할 수 없다는 것이다.

　그동안 수많은 주식투자서를 읽어서 투자 이론은 빠삭하지만, 막상 실전투자에서 수익이 나지 않는다면? 번뜩이는 1%의 영감, 바로 투자의 감感이 없었던 것은 아닌가 의심해볼 필요가 있다.

　이 책은 바로 그 '투자의 감'에 대한 책이다. 그동안 주식투자에 대한 책들을 보면 감에 의한 투자를 경계하라고 입을 모은다. 오히려 철저하게 데이터에 기반한 분석을 통해 컴퓨터같이 기계적으로 투자하라고 조언한다.

　그런데 생각해보자. 이런 조언을 충실히 따랐던 여러분은 지금의 투자 수익률에 만족하는지 말이다. 만일 그동안의 수익에 만족한다면, 이 책을 덮고 그 길로 계속 나가도 좋다. 그러나 이전까지의 수익에 만족하지 못하는 투자자라면, 새로운 투자의 '무기'를 하나 더 장착해보는 건 어떨까?

　이 책에서 이야기하는 감이란 단순한 느낌이 아니다. 학습을 통한 지식, 수많은 연습과 훈련 이후 비로소 찾아오는 경지다. 우리는 골프나 테니스 같은 운동에서, 어느 정도 수준이 되면 이런 말을 한다.

　"감 잡았다!"

　여기서 감이란 지식을 습득하여 어느 정도 경지에 이르렀을 때 찾아오는 깨우침이다. 알고자 하는 것에 대하여 100% 이해하지는 못하지만, 어렴풋이나마 '이렇게 하면 될 것 같다'라는 이해의 벽을 넘은 순간! 마치 물이 99도 이전까지는 변화가 없지만 100도가 되는 순간, 끓기 시작하는 찰나다!

주식투자도 마찬가지다. 투자를 처음 시작하는 사람들은 투자서를 읽고, 관련 동영상을 찾아보면서 나름의 공부를 시작한다. 책과 동영상에서는 최소한의 지식을 갖춘 다음에 투자를 시작하라는 조언이 빠지지 않는다. 제대로 된 지식 없이 느낌 가는 대로 매매하는 사람들에 대하여 '감으로 하는 투자자'라고 정의하면서, 이를 유독 경계하라고 강조한다.

그러나 이 말은 자칫 오해를 불러일으키기 쉽다. 특히 투자에 대해 어떠한 감도 못 잡은 사람들일수록 말이다. 이들은 대부분 직장 동료가 좋다고 하는 종목에 관심 갖고, 경제 뉴스에서 거론되는 종목을 매수하며, 유튜브에서 이야기하는 종목에 열광한다. 여기에 무슨 투자의 감이 있겠는가! 그저 남의 말만 듣고 따라서 매매하는 '감 못 잡은 투자자'에 불과한데 말이다.

투자에 대한 기초적인 이론은 책과 동영상으로 공부하는 것이 보편적이다. 그러나 기본 지식을 갖췄다고 투자 준비가 끝난 것이 아니다. 왜냐하면 여러분이 공부한 그 어떠한 투자 이론도 현실 시장 상황에서는 모두 쓸모가 없다. 이는 군 작전 계획이 전쟁의 첫 총탄이 날아가자마자, 모두 무용지물이 되는 것과 마찬가지다.

'분명히 책과 동영상에서 가르쳐준 이론대로 투자하는데, 왜 이렇게 수익이 안 나지?'

당연하다. 기존에 알려진 이론 대부분은 현실 시장 상황에서 보면 모두 거짓말이기 때문이다. 워런 버핏의 유명한 투자 격언 가운데 이런 말이 있다.

"10년 이상 보유할 주식이 아니라면, 단 10분도 갖고 있지 마라."

그런데 2023년 초, 워런 버핏의 근황으로 이런 뉴스가 나왔다.

'워런 버핏, TSMC 보유 지분 약 86%를 3개월 만에 매도!'

투자한 주식에 대해서는 10년 이상 보유하라고 했던 워런 버핏일지라도, 현실 시장 상황의 변화 속에서는 얼마든지 말 바꾸기가 가능하다. 그렇다고 워런 버핏에 대해 투자 지식이 없다고 비난하는 사람은 없다. 오히려 우리가 모르는 투자의 감이 있는 것은 아닐까, 궁금할 뿐이다.

투자의 감은 투자 지식을 부지런하게 오랫동안 쌓은 다음, 지식의 완성을 위한 필수 단계다. 그러나 "투자를 감으로 하지 마라."는 말의 진정한 뜻이 와전되면서, 투자의 감에 대하여 모든 사람이 무시하는 풍조가 생겨났다. 투자의 거장들은 그들만의 감을 통해 엄청난 부를 만들고 있는 지금 이 순간에도 말이다.

이 책을 읽고 있는 여러분은 행운아다. 세상에 잘못 알려진 감의 영역을 새로운 시각으로 재해석하여, 더 높은 투자의 경지로 나아갈 수 있게 될 것이기 때문이다. 아무쪼록 이 책을 통해 모든 독자가 성공 투자를 위한 자신만의 위대한 '투자의 감'을 만들기를 바란다.

차
례

chapter 1

지금 당신이
주식투자로
돈을 벌지
못하는 이유?

모든 투자 이론은
맞거나 틀리다

여기, 유명한 세기의 난제가 있다. 수학의 7대 난제와 같은 복잡한 것은 아니다. 하지만 지금도 의견이 분분하여 온라인상에서 끊임없는 논란이 계속되는 질문이다.

'짜장인가, 짬뽕인가? 부먹인가, 찍먹인가?'

그리고 여기에 하나 더해보자.

'가치투자인가, 차트 분석인가!'

여러분의 선택은 무엇인가? 주식투자를 하는 사람들은 저마다 믿는 구석이 다르다. 누군가는 벤저민 그레이엄이나 워런 버핏의 투자 이론을 믿으며, 가치투자를 최고의 투자 이론으로 생각한다. 한편으로는 제시 리버모어나 커티스 페이스와 같은 차트 분석가의 투자 방법을 최고로 생각하는 사람도 있다. 과연 어떤 투자 방법이 진짜로 좋은 투자법일까?

자! 지금 이 책을 통해 딱 결론을 내어드리겠다.

'자신이 활용하여 수익을 낼 수 있는 방법!'

바로 이것이 정답이며, 당신에게 꼭 맞는 최고의 투자법이다. 모든 사람은 투자 성향, 성격, 인내력, 분석 능력, 투자 가용 시간, 투자금 규모가 다르다. 저마다 다른 성향과 능력을 갖고 있기 때문에, 모든 이에게 공통적으로 적용할 수 있는 절대적인 투자 법칙을 논하는 것은 불가능하다. '부먹인가, 찍먹인가'를 논하게 된 이유가 사람마다 다른 식성과 성격 때문인 것처럼 말이다.

누군가는 가치투자를 통해 수익을 내는 것이 더 수월할 수 있다. 이런 투자자에게 차트 분석을 통해 투자하라고 하면 힘들어진다. 마찬가지로 차트 분석을 통해 수익을 잘 내는 투자자에게, 주식의 가치를 보면서 장기투자를 권한다면 견딜 수 없을 것이다.

그래서 모든 투자 이론은 누군가에게는 맞지만, 누군가에게는 틀린 이론일 수 있다. 그러면 지금 여러분 스스로를 되짚어보자. 지금 당신이 주식투자로 돈을 벌지 못하는 이유를 말이다.

① 여러분은 어떤 투자자인가?

② 지금의 투자 방법을 통해 수익을 내고 있는가?

이 두 가지 질문에 제대로 대답을 못한다면, 지금부터 답을 찾으면 된다. 만일 지금 자신이 사용하는 투자 방법을 통해 제대로 수익이 나지 않는다면? 새로운 투자 방법을 더 공부하든지, 아니면 다른 투자 방법을 시도해봐야 한다.

여기에서 또 한 가지의 질문이 추가된다.

③ 여러분은 주식투자 방법과 매매법에 대해 얼마나 알고 있는가?

대부분의 투자자는 이렇다 할 매매법이 없는 경우가 많을 것이다. 이렇게 백지상태인 투자자가 읽은 첫 번째 책이, 만일 차트 분석에 대한 내용이라면? 차트 분석을 통한 투자가 세상의 전부라고 느낄 것이다. 이때 차트 분석 책에서 특히 중요하게 다룬 부분이 있다면, 그 방법이 투자의 전부라고 맹신하게 된다. 다른 이론은 아는 것이 없으니 당연한 결과다.

일례로 2002년경 《고 변호사의 주식강의》라는 책이 출간되었다. 저자는 바로 서울대 법대 재학 중 사법고시, 행정고시, 외무고시를 모두 합격하고, 18대 국회의원을 지낸 고승덕 변호사였다. 그런 그가 주식 책을 썼다니, 금세 베스트셀러가 되었다. 이 책은 차트 분석에 대해 상당히 많은 분량을 다루고 있다. 그중에서도 특히 '스토캐스틱'이라는 보조지표를 중요하게 설명했다.

그런데 2002년만 해도 주식투자에 대한 책도 별로 없었거니와 차트를 통해 주가를 맞출 수 있다고 하니, 증권사 객장에 하루 종일 앉아있던 투자자들은 이 책에 열광할 수밖에 없었다. 지금이야 거의 모든 차트 분석 책에서 가장 기본적으로 스토캐스틱을 설명하고 있으니, 흔하디 흔한 이론이다.

그러나 당시에는 고승덕 변호사라는 이름, 그리고 그가 사용하는 보조지표라는 두 가지가 만나서 큰 관심을 끌었다. 만일 주식을 처음 시작하는 투자자가 고승덕 변호사의 책을 통해 처음 주식투자의 이론을 접했다면 어떻게 될까? 그 투자자는 차트 분석, 그중에서도 스토캐스틱 분석 방법을 투자 분석의 전부로 알고 맹신할 것이다.

가치투자는 또 어떤가? 백지상태의 투자자가 처음 읽은 책이 가치투자에 대한 책이라면, 거의 종교 수준의 가치투자 신봉자가 되기 십상이다. 신앙처럼 여겨지는 벤저민 그레이엄과 워런 버핏은 가치투자와 장기투자를 강조한다.

이들의 가르침을 읽다보면 지난 100년간의 투자 성과의 증거를 보여주면서, 기업 가치에 기반한 장기투자를 하면 반드시 수익을 낼 수 있다고 가르친다. 지금도 살아있는 주식투자의 대가가 가치투자와 장기투자를 권하는 상황에서, 어찌 감히 의심을 품을 수 있겠는가!

하지만 장기간을 걸쳐 투자해야 하는 가치투자라는 것은 당장 성과를 입증할 방법이 없다. 앞으로 10~20년 이후에야 가능한 일이기 때문이다. 그러다보니 자꾸 마음속 한편에 투자 성공에 대한 의심과 불안이 싹튼다. 결국 지난 2020년 초 코로나19 폭락장이나 2022년과 같은 하락장 상황이 오면, 엄청난 손실을 보고 손절해 버릴지도 모른다.

가치투자를 하는 방법도 여러 가지가 있다. 특히 기업 분석을 통한 가치 산정 방법은 정말 다양하다. 네이버 지식백과, 주식 블로그, 유튜브 좀 살펴보고 단순하게 현재 PBR이 1보다 작으니 저평가되었다며 투자하다 가는 된통 당하기 십상이다.

가치투자한다는 사람 치고 제대로 된 기업 가치를 산정할 수 있는 투자자가 얼마나 될까? 네이버 종목토론이나 각종 커뮤니티에서는 "이 종목의 주가는 누가 봐도 싼 가격입니다. 앞으로 오를 일만 남았습니다."라고 저평가임을 강조하면서, 매수를 독려하는 글을 많이 볼 수 있다. 정말 저평가일까?

개인투자자의 머리 꼭대기에서 움직이는 기관과 외국인투자자들이 정말 몰라서 '저평가된' 종목을 그냥 방치하고 있는 것일까? 곰곰이 생각해볼 문제다.

따라서 일단은 다양한 투자법에 대해 공부해볼 필요가 있다. 훌륭한 요리사가 되기 위해서는 다양한 음식과 여러 가지 맛을 경험해봐야 하는 것처럼 말이다. 이 세상에 무슨 투자법들이 있는지, 종류라도 알아야 써먹어볼 시도라도 해보지 않겠는가!

여러분이 지금까지 읽었던 몇 권의 책이 세상의 모든 투자법이라고 생각하지 말았으면 한다.

바로 지금! 변화해야 한다. 수익을 내지 못하거나, 수익률에 만족하지 않는다면 말이다. 지금 사용 중인 투자법을 깊이 공부하여 더 전문가가 되거나, 아니면 전혀 다른 투자법을 공부하여 실전에 활용해봐야 한다.

기본적 분석과 기술적 분석의 다양한 사례를 읽고 시도해보자. 여전히 계속된 손실에도 불구하고 투자 지식의 발전과 매매법의 변화가 없다면, 여러분의 수익률도 제자리일 것이다.

투자 이론 자체는 틀린 것이 없다. 차트 분석이라는 이론이 형편없는 것이어서 수익을 못 내는 것이 아니다. 가치투자라는 이론이 어렵거나 오류투성이여서 수익을 내기 힘든 것도 아니다. 투자 이론은 죄가 없다. 단지 사용하는 투자자에 의해 달라질 뿐이다.

어떤 이에게 매번 수익을 안겨주는 투자법이라고 하여, 모든 이가 똑같은 투자법을 통해 돈을 벌 수 있는 것은 아니다. 고로 모든 투자 이론은 맞거나 틀리다!

투자 이론을
애매하게 이해한
투자자

지금 이 책을 읽고 있는 당신이 주식투자로 돈을 벌지 못하는 이유 중 하나! 바로 투자 이론을 애매하게 이해하고 있는 것은 아닌지 되돌아보자.

"아는 만큼 보인다."

유홍준 교수의 《나의 문화유산답사기》라는 책을 통해 처음 등장한 말이다. "사랑하면 알게 되고 알면 보이나니, 그때 보이는 것은 전과 같지 않다."라는 머리말에서 비롯되어 널리 쓰이게 되었다. 이 말을 주식투자의 세계에서 생각해보면 이렇게 되지 않을까?

"아는 만큼 번다."

여러분은 지금 어떤 투자 이론을 알고 있는가? 당연히 다양한 투자 방법을 알고 있는 투자자일수록 유리하다. 그런데 혹시 이 부분에 대해서도 생각해본 적이 있는가? 과연 알고 있다는 것의 정의에 대해서 말이다.

하루는 친구가 이런 말을 건넸다.

"나 요즘 새로운 지표를 하나 공부했어! 그게 잘 맞더라고."

지표는 책을 통해서 공부했다고 한다. 그런데 친구가 읽었다는 책을 찾아보니, 해당 지표에 대한 부분은 고작 몇 페이지에 불과했다. 과연 깊이 있는 내용까지 제대로 이해했을지 걱정이 되던 순간이었다.

주식투자를 위한 경제지표라는 것이 모두 유기적으로 연결되어 있다. 그래서 하나의 지표만을 맹신하게 되면, 다양한 상황별 시나리오를 그릴 수 없다. 통계청이나 한국은행 등에서 발표하는 주요 경제지표가 어떻게 작성되고, 경제 이론과 어떻게 연결되며, 또 이를 토대로 현실 시장 상황을 진단하고, 나아가서는 미래 경제까지 전망할 수 있어야 한다.

운전하는 방법을 안다는 것은 사고 없이 목적지까지 안전하게 차를 운행할 수 있다는 뜻이다. 스키를 탈 수 있다는 것은 넘어지지 않고 가파른 슬로프를 자연스럽게 즐기며 내려갈 수 있다는 것이다. 수영할 줄 안다는 것은 물에 빠져 허우적거리지 않고 자연스럽게 이동할 수 있어야 한다.

지금 여러분이 주로 사용하는 매매법을 떠올려보자. 그 매매법이나 지표에 대해 정말 알고 있는 것이 맞는지 말이다. 만일 수익을 잘 올리고 있다면, 제대로 알고 사용하고 있는 것이 맞다. 하지만 투자 수익이 기대만큼 나오지 않는다면?

지금 알고 있는 것이 진짜 제대로 알고 사용하는 것인지를 되돌아볼 필요가 있다.

"선무당이 사람 잡는다."라는 속담이 있다. 서투른 투자 지식은 여러분의 투자금을 잡아먹는다. 그렇기 때문에 손실을 보고 있는 투자자라면 지금 잘 알고 있다고 생각하는 투자 지식들을 하나하나 뜯어봐야 한다.

투자 지식은 어떻게 뜯어볼 수 있을까? 여기서 문제는 딱히 찾아볼 곳이 없다는 데 있다. 투자 매매법에 대해 소개하고 있는 주식 책을 보면 하나의 매매법당 고작 몇 페이지 정도밖에 할애하지 않는다. 유튜브나 블로그를 찾아봐도 모두 비슷한 이야기뿐이다. 핵심 내용이 빠져 있거나 오류도 발견될 뿐더러, 책에서 읽었던 내용에서 크게 벗어나지도 않는다. 어차피 유튜브나 블로그 콘텐츠도 모두, 책과 다른 유튜브를 기반으로 공부한 내용이기 때문이다.

하지만 이것은 어쩌면 당연한 결과일지도 모른다. 기초 이론, 혹은 가장 정석적인 이야기를 뛰어넘는 뭔가 더 새롭고 발전된 투자 노하우? 이런 나만의 특별한 노하우는 책과 유튜브를 통해 온전히 공유하기 힘들다.

어떤 주식 책을 보면 하나의 매매법에 대해 다양한 차트를 사례로 들어가면서 설명한다. 책을 읽을 때는 그대로만 하면 정말 큰 수익을 거둘 것만 같다. 하지만 실제 매매에 활용해보면, 그 매매법을 벗어나는 경우가 부지기수다. 책에서는 매매법에 꼭 맞는 사례들만 추려서 모아둔 것이기 때문이다. 그래서 기초 매매법을 공부하고 투자의 세계로 뛰어든 수많은 투자자는 언제나 손실로 마감하곤 한다.

투자 손실의 이유? 당연히 기초 공식을 넘어서는 '활용과 응용'에 대해 생각해보지 않아서다. 주식 책을 통해 일반적으로 알려진 매매법들은 그야말로 기초 공식이다. 수학 공부를 생각해보자. 수학 교과서를 보면 책의 앞부분에는 공식을 소개하면서 가장 기초적인 문제들이 나온다. 정말 쉽다. 공식은 금방 외워지고 기초 문제도 너무 간단히 풀린다.

자, 그러면 방금 학습한 실력을 바탕으로 곧바로 대입 수능을 치루면 어떻게 될까? 당연히 처참하게 깨질 것이다. 어쩌면 몇 문제도 풀지 못하고 포기할지 모른다. 어찌 된 일일까? 분명 교과서의 기초 공식을 바탕으로 풀 수 있는 문제를 출제했을 텐데 말이다.

다양한 사례에서 나오는 경험, 문제 케이스별로 대입해야 하는 공식의 종류를 찾는 능력, 하나의 공식에서 끝나는 것이 아니라 다양한 공식을 복합적으로 생각하며 풀어야 하는 사고력 등 대입 수능은 호락호락하지 않다.

주식투자도 마찬가지다. 아니 오히려 더 복잡하고 어려운 세계다. 방금 기초 이론을 책으로 공부하고 뛰어든 투자자는 백전노장과 같은 프로 투자자들과 하나의 경기장에서 피를 튀기며 실전 경기를 치러야 한다. 그렇기 때문에 책이나 유튜브를 통해 공부한 기초 이론을 곧바로 실전투자에 활용하는 것이 얼마나 위험한 일인지 잘 이해하길 바란다.

그러면 개인투자자는 방법이 없는 것일까? 당연히 아니다. 개인투자자도 투자에서 성공할 수 있는 무수한 방법과 사례들이 있다. 마치 〈백종원의 골목식당〉처럼 말이다. 떡볶이 만드는 방법을 배워서 분식집을 차렸다면, 누군가는 장사에 성공하지만 누군가는 실패할 것이다. 이유는 다양하다. 음식 실력, 손님 응대, 가게 위치 등 여러 가지 변수에 따라 장사의 성패는 다양하게 갈린다. 이때 자신의 핵심적인 단점을 줄이고, 장점을 극대화할 수만 있다면 성공에 가까워질 수 있을 것이다.

성공하는 개인투자자가 되는 것도 마찬가지다. 식당 창업을 위해서는 준비해야 할 다양한 조건들이 있다. 그중에서도 가장 기본이 되는 것은 맛있는 요리법이다. 주식투자도 마찬가지다. 주식투자로 돈을 벌기 위해서는 당연히 돈이 될 수 있는 투자 이론부터 공부해야 한다. 제대로 된 이론을 공부하고, 다양한 사례에 접목해 가면서 내공을 키워야 한다.

내공을 키우는 방법은 복싱선수가 성장하는 과정과도 비슷하다. 프로 복서가 되면 랭킹이 정해진다. 이때 챔피언이 되고 싶다고 곧바로 랭킹 1등에게 도전하면 어떻게 될까? 당연히 깨진다. 그래서 처음 데뷔한 복싱선수들은 자신과 비슷한 실력의 적당한 상대를 찾아서 조금씩 랭킹을 올린다. 동시에 지난 경기 결과를 토대로 끊임없이 훈련하며 스스로 발전을 꾀한다. 그렇게 한 단계씩 챔피언의 자리를 노리는 것이다.

한 방에 일확천금이라는 챔피언의 자리를 거머쥘 수는 없다. 분산 투자, 분할 매수, 리스크 관리 등을 통한 방어 훈련은 기본이다. 복싱 경기라면 다운이 되더라도 이를 악물고 다시 일어서면 된다. 하지만 주식투자에서 날려 버린 투자금을 다시 찾기란 결코 쉽지 않다. 그렇기에 한 방에 챔피언이 되겠다는 과욕은 버리고 한 단계씩 오르겠다는 꿈을 가져야 한다.

이를 위해 자신의 매매법을 끊임없이 갈고닦아야 한다. 실전 매매에 적용해보고 제대로 이해하고 있는 것인지 확인해야 한다. **자신이 알고 있는 매매의 기초 공식을 다양한 상황 변화에 맞춰 적용할 수 있어야 한다. 이런 과정을 거쳐야 비로소 자신만의 확실한 매매법을 만들어, 실전투자에 활용할 수 있다.**

투자 이론에 대한 지식마저도 없는 투자자

"주식투자는 배워서 하는 게 아니에요."

세종시에서 주식 스터디 모임을 시작했을 때, 누군가 했던 말이다. 충격이었다. 그러면 대체 그 사람은 주식투자를 어떻게 하고 있는 것일까? 태어날 때부터 잘하던 사람일까? 아니면 신의 계시라도 받은 것일까? 투자금을 날리면서 실전에서 깨져 가며, 직접 굴러야만 가능할까?

이 세상에 배우고 공부하여 안 되는 것은 없다. 심지어 연애마저도 도움을 주는 컨설팅이 있고, 하다못해 책이라도 있지 않은가.

당연히 주식투자도 공부해야 한다. 그 수단이 책이든, 유튜브든, 스터디 모임이든 말이다. 앞에서 투자 이론을 애매하게 이해한 투자자는 돈을 벌기 힘들다는 것에 대해 이야기했다. 그런데 그 애매한 투자 이론마저도 없다면 정말 난감하다. 규칙이고 뭐고 없는 상황이 되어 버린다.

프로 기사들의 바둑 대국을 보면 하나같이 귀퉁이의 화점 근처에 돌을 먼저 두면서 시작한다. 바둑판에서 귀퉁이는 가장 적은 돌로 집을 만들 수 있는 유리한 지형이기 때문이다.

하지만 바둑의 기초 이론을 전혀 모르는 10살짜리 아들은 바둑을 두자며 정중앙에 떡하니 바둑돌을 둔다. 제일 넓어 보이고 좋아 보이기 때문일까? 바둑을 조금이라도 아는 사람에게는 돌의 효율과 기본 원리가 결여된 착수다.

주식투자도 마찬가지다. 투자에 대한 원칙이나 자신만의 이론도 없이, 그저 뉴스나 유튜브에서 좋아 보인다고 하니 매수하는 사람들이 대부분일 것이다.

'이 종목! 무조건 모아 가세요! 내년 급등할 단 하나의 종목!'

이런 자극적인 유튜브 섬네일을 볼 때마다 또 얼마나 많은 개미투자자가 털릴지 걱정이 된다. 하지만 오늘도 유튜브에는 수백, 수천 개 주식 관련 영상이 올라온다.

물론 유튜브 주식 방송이라고 하여 모두가 나쁜 것은 아니다. 그중에는 양질의 콘텐츠들도 많다. 그러나 뭐가 좋고 뭐가 나쁜지를 구분할 수 없는 투자자들에게는 모든 영상의 전문가들을 믿을 수밖에 없다. 대부분의 유튜브 영상 초반에는 '종목 추천 아님, 투자의 책임은 본인에게 있음'이라는 경고 문구가 나온다. 그럼에도 불구하고 영상 시청자들은 안심한다.

'설마, 구독자 수십만 유튜브에 나온 사람인데 틀리기야 하겠어?'

이런 생각으로 OOO 주식을 매수했던 수많은 개인투자자는 눈물을 머금고 손절하거나 지금도 반의 반토막이 난 계좌를 보면서 이를 갈고 있다. 하지만 어쩌겠는가? 모든 투자의 최종 결정은 본인 책임이라는 것을 말이다.

그렇기 때문에 투자자 스스로가 최소한의 투자 지식이라도 갖고 있어야 한다. 스스로 투자 종목 발굴까지는 못하지만, 누군가 어떤 종목을 이야기했을 때 그것이 맞는 말인지, 틀린 말인지 정도는 분간할 수 있어야 한다. 사실 이것이 조금 어려운 부분이기도 하다. 이 부분에 대한 오해로 인해 장기투자자와 단기투자자가 나뉘고, 가치투자자와 기술적 분석가가 나뉜다.

워런 버핏이 '오늘의 나를 만든 스승'이라고 했던 필립 피셔, 그는 《위대한 기업에 투자하라》라는 책을 통해 투자 대상 기업을 선정하는 방법에 대해 이야기했다. 제목만 들어보면 '위대한 기업? 좋은 기업이라는 뜻인가?'라는 생각이 든다.

어떤 기업이 위대하고 좋은 기업인지에 대한 기준도 모호하다. 좋은 기업이라고 해도 주식이 상승하는 것과는 상관이 있을 수도 있고, 없을 수도 있다. 그래서 필립 피셔는 투자 대상 기업을 찾는 15가지 포인트를 소개했는데, 그중 몇 가지는 다음과 같다.

① 향후 몇 년간 매출액이 늘어날 수 있는 충분한 시장 잠재력을 가진 제품이나 서비스를 갖고 있는가?

② 영업 이익률은 충분히 거두고 있는가?

③ 이익을 바라보는 시각이 단기적인가, 아니면 장기적인가?

④ 의문의 여지가 없을 정도로 진실한 최고 경영진을 갖고 있는가?

60여 년 전 책이지만 요즘 상황에 비춰 봐도 괜찮은 조건들이다. 특히 성장주투자를 중요하게 생각했다는 데 있어서, 나스닥 기술주들의 꾸준했던 상승을 잘 설명해주는 부분이라 할 수 있겠다.

그런데 2023년 상반기가 되자 상황이 바뀌었다. 이 시기를 전후하여 미국의 기준 금리는 가파르게 치솟으면서 유동성이 급속히 말라버렸기 때문이다. 이에 가장 큰 영향을 받은 것은 신규투자를 통해 몸집을 불리던 기술주와 성장주들이었다. 신규투자에 대한 돈줄이 막혀버리니, 더 이상 성장을 기대할 수 없게 된 성장 기업들은 가장 큰 주가 폭락을 경험하게 되었다.

경기 순환 주기와 국제 정세 등 다양한 상황에 따라 '좋은 기업'에 대한 기준이 변하고, 상승하는 종목도 달라진다. 그렇기 때문에 투자자는 끊임없이 상황을 분석하고 공부해야 한다. 각종 뉴스를 보고 앞으로 경제 상황에 미칠 영향을 평가하고, 최소한 내가 매수할 종목에 어떤 영향이 있을지 정도는 생각해봐야 한다. 너무 깊이 들어갈 필요도 없다. 그저 경제의 기본은 수요와 공급이라는 틀 안에서 일반인의 상식선에서라도 생각해보면 된다.

여기에 중간중간 재무제표와 차트 보는 방법, 그리고 주식투자를 위해 필요한 각종 용어에 대해서도 함께 공부해야 한다. 이런 지식들이 어우러지면서 여러 가지 투자자의 모습으로 완성될 것이다. 누가 맞고 틀리고는 없다. 그저 수익이 잘 나는 사람이 최고다.

아마도 2020년 초반, 코로나19 폭락장 이후 반등장에서 처음 주식시장에 발을 들인 사람들이 많을 것이다. 너도나도 주식투자에 대한 이야기만 하던 상황이었다. 뉴스를 봐도, 유튜브를 봐도 온통 주식 이야기로 도배되었다. 주식투자를 하지 않으면 혼자 뒤처지는 것만 같은 불안감마저 들었을지도 모르니 말이다.

그래서 많은 사람이 일단 주식 계좌부터 만들었다. 이때 마침 카카오뱅크, 빅히트하이브, SK바이오팜 등 대형 공모주를 청약만 하면 '따상'으로 손쉽게 수익을 볼 수 있다는 기대감까지 투자자들을 부추겼다. 주식투자에 대한 아무런 지식 없이 그저 점심 식사 이후 동료들과 이야기하며 나왔던 종목을 매수하고, 며칠만 기다리면 몇 %씩 수익이 나던 시절이었다.

불과 2년밖에 지나지 않았지만 꿈만 같았던 시절이 훌쩍 사라져 버렸다. 〈응답하라 1988〉에서 성동일이 "아 뭐, 은행 금리가 쪼까 떨어져 가꼬 15%밖에는 안 하지만 그래도 따박따박 이자 나오고, 은행만한 안전한 것이 더 없재."라고 했던 것처럼 말이다. 항상 지나고 나면 '그때 투자할 걸' 후회만 남게 된다. 그리고 후회만 남긴 채 투자 세계를 완전히 등지고는 또다시 일상으로 돌아간다.

하지만 세상일은 돌고 돈다. IMF 이후와 2008년 금융위기 이후 증시가 반등했으며, 코로나19로 인한 증시 폭락 이후에도 증시는 크게 반등했다. 이런 기회를 잡으려면 어떻게 해야 할까?

그리스 로마 신화에 나오는 기회의 신의 이름은 카이로스다. 카이로스의 모습은 앞머리는 길지만 뒷머리는 대머리다. 그리고 발에는 날개가 달려 있다. 왜 이런 모습일까? 그것은 기회가 다가올 때 재빨리 잡아채라고 앞머리는 길다. 그러나 이미 지나가 버린 기회는 잡을 수 없도록 뒷머리는 대머리다. 그리고 재빨리 지나치기 위해 발에는 날개가 달렸다.

우리가 앞으로 살아가면서 찾아올 기회는 몇 번이나 남았을까? 그리고 그 기회의 시기가 되었을 때, 우리는 기회를 제대로 잡아챌 수 있는 투자 기술과 실력을 갖추고 있을까?

자신의 부족함을 느꼈다면 지금이라도 늦지 않았다. 기회는 앞으로도 계속 찾아올 테니 말이다.

투자 대가들의
이론대로 했는데도
수익이 형편없다면?

투자자들을 만나보면 주식투자와 관련한 책을 다독한 사람들이 정말 많다. 몇 마디 이야기를 나눠 봐도 투자 이론에 대한 여러 가지 기본적인 이야기는 다 머릿속에 들어 있는 듯하다. 하지만 고민은 여전히 수익이 나지 않는다는 것이다. 왜 그럴까?

이것이 이 책을 쓰게 된 궁극적인 이유이자, 목표다. 온갖 주식투자와 관련한 책을 다 읽고 별의별 노력을 해봐도 수익이 안 나는 이유? 바로 주식투자에 대한 감이 아직 만들어지지 않아서다.

주식투자의 거장인 앙드레 코스톨라니는 증권 심리학 강의편인 《투자는 심리게임이다》에서 이런 이야기를 했다.

"완전한 투자 방법이 없는 것과 마찬가지로 완벽한 지침서 또한 없다. 사람들이 맹목적으로 따라 할 수 있는 방법도 있을 턱이 없다. 이러한 모든 것에 대한 해답을 나는 경험으로부터 얻는다. (증권시장 순환 국면에서) 한 단계에서 언제 다른 단계로 넘어갈 것인가를 정확하게 계산해낼 수 있는 과학적인 방법은 없다. 만약 증권시장의 시세 또는 추세를 학문적 방법을 가지고 예측하고자 하는 사람이 있다면, 그는 사기꾼이거나 바보다. **매우 오랜 경험을 통해서만이 흔히들 '손가락 끝 감각'이라고 부르는 것을 얻을 수 있다.**"

바로 이것이다! '손가락 끝 감각' 말이다. 그동안 벤저민 그레이엄, 워런 버핏, 피터 린치, 켄 피셔, 제레미 시겔, 데이비드 드레먼의 방식대로 투자했지만 투자 수익이 여전히 형편없다고? 그렇다면 바로 이 '손가락 끝 감각'이 아직 생기지 않아서일 것이다. **필자는 이것을 투자의 감感이라고 부른다.**

요즘은 데이터에 기반한 투자가 유행이다. 퀀트투자라고 하여 오로지 데이터와 숫자에만 근거해 투자 결정을 내리는 방식이다. 그런데 퀀트투자가 나오게 된 배경을 생각해보면, 투자의 불확실한 요소를 배제하고자 하는 노력에서 출발했다.

그리고 여기에 더하여 컴퓨터 알고리즘을 통한 투자 설계를 하다 보니, 자연스레 수학적 투자 결정 모델인 퀀트가 등장할 수밖에 없었다. 수학적 알고리즘의 활용이 먼저냐, 컴퓨터의 활용이 먼저냐! 이것은 닭이 먼저냐, 달걀이 먼저냐의 문제와 비슷한 상황이다. 어찌 되었든 데이터에 기반을 둔 숫자를 토대로 투자하는 것이 퀀트다.

여기서 하나 짚고 넘어갈 것이 있다. 퀀트투자는 곧 기본적 분석에 의한 가치투자라고 생각하는 투자자들이 있다는 것이다. 아무래도 PER, PBR과 같은 지표나 기업의 실적 숫자들을 데이터로 넣기 좋으니 그런 오해가 생긴 것 같다.

그러나 자동 알고리즘에 의한 퀀트의 조건은 단순히 기업의 가치지표뿐만 아니라 주식의 가격 변동, 모멘텀에 의한 조건들도 무수히 들어갈 수 있다. 따라서 퀀트라는 것이 단순히 가치투자자의 전유물은 아니다.

아무튼 가치투자에 퀀트를 활용하는 사람들은 이렇게 말한다.

"데이터는 거짓말을 하지 않는다."

그런데 생각해보라. 여러분이 활용하는 데이터 숫자는 지난 분기, 전년도의 결과인지 아니면 앞으로 다가올 미래의 숫자인지 말이다. 아마도 퀀트투자를 하는 대부분의 개인투자자는 이미 몇 개월 전의 '숫자'를 토대로 기업의 저평가를 논하고 있을지도 모른다. 주가는 이미 저만치 미래를 향해 달려가고 있는데 말이다.

데이터는 거짓말을 하지 않는다. 다만 과거의 데이터는 이미 과거의 주가에 반영되었고, 현재의 데이터는 현재의 주가에 반영되었으며, 미래의 데이터는 미래 주가에 반영될 것이다. 하지만 대부분의 개인투자자는 과거 데이터를 보면서 미래 주가를 기대한다. 그러면서 이렇게 생각한다.

'주가는 언젠가는 기업 가치에 수렴하게 될 거야!'

물론 주가는 기업 가치에 수렴하게 된다. 그러나 과거의 숫자를 통해 앞으로의 주가를 전망하는 것이 합리적인 일일까? 주가가 과거의 실적에 수렴하게 된다는 믿음이 과연 진실일까?

그래서 전문적인 퀀트투자를 하는 사람들은 다양한 미래의 전망치를 계산에 넣는 작업을 한다. 하지만 이것은 개인투자자로서 상당히 힘든 일이다.

양자역학을 공부하다보면 세상 만물에 대한 여러 가지 이치를 알게 되는 경우가 있다. 필자의 경우에는 평소 관심이 있는 주식투자와 관련하여 생각하다보니 여기까지 이르게 되었다. 특히 주식투자에 있어서 하이젠베르크의 불확정성의 원리이 부분에 대해서는 chapter 6의 양자증권역학에서 조금 더 자세히 다룬다가 있음을 받아들여야 한다.

불확정성의 원리란 미시 세계微視世界에서는 물질 입자의 위치와 운동량을 동시에 측정할 수 없다는 것이다. 입자의 위치를 알게 되면 운동량을 측정할 수 없게 되고, 운동량을 측정하면 입자의 정확한 위치를 알 수 없게 된다. 그래서 결국 통계적 확률로만 나타낼 수 있을 뿐이다.

주식투자도 마찬가지다. 모든 분석이 완벽한 듯싶지만, 결국 이런 것도 확률적으로만 가능할 뿐이다. 언제든 뒤집어질 수 있으니 말이다. 2025년부터 미국에서 금리 인상을 중단하고, 금리 인하를 시작하는 상황을 생각해보자. 그리고 2025년에는 반도체 경기가 바닥을 지나 호황 국면에 들어설 것이라는 분석 발표가 곳곳에서 나오고 있다면? 여러분은 어떻게 투자할 것인가?

2025년부터 금리가 낮아지고 반도체 경기 역시 호황이라고 했으니, 2024년 말에는 주식을 매수해야 할까?

아니면 2024년 말에 매수하려는 사람들이 몰릴 것이고 이로 인해 주가가 급등할 것이 예상되므로, 그보다 이른 2024년 중반부터 주식을 매수해야 할까?

이것도 아니라면 2024년 중반부터 매수하려는 사람들보다 앞서서, 2024년 초반부터 조금씩 분할 매수를 하는 것이 정답일까?

참 애매한 문제다. 그래서 투자자들 간에 눈치 싸움이 시작된다. 동시에 공매도 세력과 현물 매집 세력 간의 전투가 시작되지만, 결과는 그 누구도 예측할 수 없다.

그런데 불확정성의 원리와는 반대로 모든 것을 계산할 수 있다는 사람도 있다. 라플라스처럼 말이다. 프랑스의 수학자 피에르 시몽 라플라스는 한 에세이에서 "우주에 있는 모든 원자의 정확한 위치와 운동량을 알고 있는 존재가 있다면, 이것은 뉴턴의 운동 법칙을 이용해 과거와 현재의 모든 현상을 설명할 수 있고, 미래까지 예언이 가능하다."라고 했다.

훗날 사람들은 이러한 능력을 지닌 존재를 '라플라스의 악마'라고 했다. 과거와 현재에 대해 모든 것을 알고, 그것을 통해 미래를 완벽하게 그릴 수 있는 존재라는 뜻이다.

그러나 뉴턴은 주식투자에서 재산의 대부분을 날린 후, 이런 말을 했다.

"천체의 움직임은 계산할 수 있어도, 인간의 광기는 도저히 계산할 수 없다."

수많은 투자자의 심리가 어우러지면서, 그야말로 예측 불가능한 불확정성의 원리가 반영된 곳이 바로 증권시장이다. 그렇다고 하여 모든 것을 자포자기할 수만은 없다. 확률적으로 성공 가능성을 키울 수 있기 때문이다.

앙드레 코스톨라니는 증권시장의 시세를 결정짓는 두 가지 요소는 돈과 심리라고 했다.

시세 = 돈 + 심리

여기에서 돈이란 통화량이나 금리 등을 이야기한다. 퀀트투자는 오직 돈과 관련한 데이터에만 집중한다. 그러나 시세에는 투자자들의 심리도 무시하지 못할 요소다. 하나의 뉴스를 보고도 이를 악재로 또는 호재로 받아들인다. 주식시장에서 다양한 정보와 변수들이 존재하는 것처럼, 다양한 사람들의 심리 또한 존재한다.

예를 들어 미국의 경제지표들이 나쁘게 나왔다면 일반적으로는 증시에 악재일 것이다. 하지만 연준이 금리를 가파르게 인상시키는 시기에 경제지표의 하락은 오히려 호재로 작용하기도 했다. 금리 인상 속도를 늦출 수도 있다는 기대 때문이었다.

그런데 몇 개월 뒤 경제지표가 또다시 나쁘게 나오자 이번에는 증시가 하락했다. 경제 둔화를 걱정하는 투자자가 많아졌기 때문이다. 똑같은 지표 데이터를 두고도 이를 받아들이는 투자자의 심리에 따라 증시의 방향은 얼마든지 바뀔 수 있는 것이다.

모든 것이 불확실하다. 그저 확률로써만 존재할 뿐이다. 우리는 이런 증권시장에서 투자 성공 확률을 높일 수 있는 방법을 찾고자 노력하고 있는 것이고 말이다.

그러면 어떻게 그 확률을 높일 수 있을까?

이에 대한 해답은 역사상 수많은 투자자의 투자법들 가운데 나와 잘 맞는 무기를 선택하고, 승률을 높일 수 있는 감을 키우는 훈련뿐이다. 투자 이론을 공부했다고는 하지만 아직 수익이 마음에 들지 않는가? 그렇다면 지금부터는 투자의 감을 공부할 차례다.

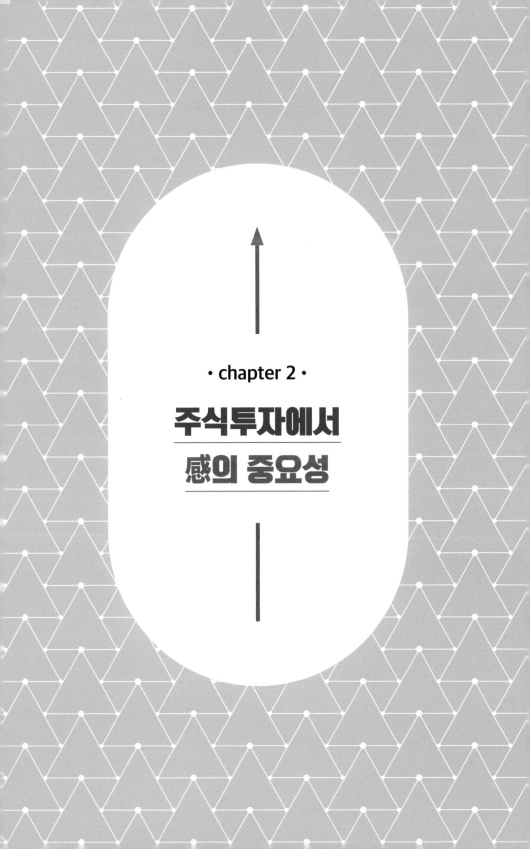

· chapter 2 ·

주식투자에서
感의 중요성

투자의 감이란 무엇인가?

뭔가 모를 이상함을 감지하면 이런 말을 한다.

"느낌이 싸한데?"

그 '싸한' 느낌을 파고들었더니 연인의 변심, 중고 거래의 사기, 보이스 피싱, 다가올 대형사고 등을 피할 수 있었다는 이야기를 뉴스나 각종 커뮤니티 게시판에서 심심치 않게 찾을 수 있다. 느낌이 전해주는 메시지가 있었던 것일까? 마치 인간에게도 개미의 더듬이, 거미줄 가닥을 잡고 있는 거미 다리와 같이 우리가 알지 못하는 안테나가 있는 것일까?

조직의 분위기를 잘 파악하여 관계를 잘 형성하는 사람, 일을 한 번 가르쳐줬는데도 어느새 전문가처럼 뚝딱 해내는 사람 등 소위 감을 잘 잡는 사람들이 있다.

반대로 분위기 파악을 못하고 끼어드는 사람, 하면 안 될 말을 꺼내어 분위기를 얼어붙게 만드는 사람, 똑같은 일을 여러 번 가르쳐줘도 같은 실수를 반복하는 사람도 있다. 우리는 이런 사람을 '감 못 잡는 사람' 또는 '감이 없는 사람'이라고 한다.

감이란 무엇인가? 단순히 '생각으로만 전해지는 느낌'이라고 하기에는 앞서 살펴봤던 감 잘 잡는 사람과 감 못 잡는 사람을 설명하기에 부족하다. 한 단어로 콕 집어 설명하기도 애매하지만, 마음속으로나마 막연하게 느낄 수 있는 그런 단어가 없을까?

여러분도 지금까지 살아오면서 무수히 많은 '감'을 잡았던 기억이 있을 것이다. 자전거를 혼자 힘으로 탈 수 있게 된 일, 스키와 스케이트를 넘어지지 않고 탈 수 있게 된 일, 골프채를 휘둘러 공을 저 멀리 쳐냈던 일, 운전을 배우고 운전면허 시험을 통과했던 일, 그림을 멋지게 그릴 수 있었던 일, 좋아하는 사람이 뭘 좋아하는지 간파할 수 있었던 일 등 말이다. 이런 모든 것은 단순히 지식의 습득을 넘어서 감을 잡는 단계까지 이르러야 가능하다.

여기서 중요한 것은 감을 잡기 이전까지의 과정이다. 아무런 준비 없이 하루아침에 뚝딱 감을 잡을 수는 없다. 감을 잡았다고 이야기하기 전까지는 그 분야에서 성공하기 위해 무수한 노력과 학습이 필요하다. 일의 난이도에 따라 달라지겠지만, 어렵고 힘든 일일수록 감을 잡기 위해서는 더 많은 시간과 노력이 필요하다는 사실은 누구도 부정할 수 없을 것이다.

주식투자에서도 감이 중요하다. 성공 투자를 위해서는 투자 지식과 더불어, '일반적인 노력'을 뛰어넘는 뭔가가 더 필요하다. 필자의 전작이었던 《주식 고수들은 투자 정보를 어디서, 무엇을, 어떻게 찾나? 네이버 증권》을 보면 네이버 증권만 봐도 무수히 많은 투자 정보가 매일 쏟아진다. 원·달러 환율, 미국 연준의 FOMC 의사록, 수출입 동향과 물가지표, 부동산 관련 뉴스, 전쟁과 원자재 가격 동향 등 끝이 없다.

우리나라 증시에 영향을 주는 요소들은 무수히 많다. 직장을 다니는 개인투자자라면 이런 모든 것들을 다 찾아다니며 분석할 수도 없을뿐더러, 모두 찾아다니더라도 그 이면에 숨은 의미까지 분석하기란 쉽지 않다. 이때 필요한 것이 투자의 감이다.

우리는 이성적인 투자자가 되고 싶다. 그래서 데이터로 하는 퀀트투자가 좋아 보이고, 기업의 가치를 분석하는 가치투자자가 되기를 원한다. 뭔가 더 과학적이고 합리적인 투자처럼 보인다. 그러나 기업의 현시점 실적과 다가올 다음 분기 실적 숫자를 통해, 기업의 가치를 분석할 수 없다면 어쩔 수 없이 투자의 감이 동원되어야 한다. 정보가 너무 많거나 제대로 된 정보가 부족하다면 데이터에 기반을 둔 분석이 불가능하기 때문이다.

감을 활용하는 것은 고대로부터 이어져 내려온 인간만의 능력이다. **누구든 사물을 관찰하고 원리를 파악하면, 감으로 핵심을 짚어내어 직관적으로 해결책을 제시할 수 있게 된다.**

아인슈타인은 일반상대성 이론을 1915년에 발표했다. 그런데 아인슈타인의 발표는 이론에 대한 증명이나 실제적인 사례가 없이, 그저 생각으로만 이루어진 사고 실험이 전부였다. 그래서 당시에는 논란만 불러일으켰다. 그러다 1919년이 되어서야 영국의 천문학자 에딩턴이 개기 일식을 촬영하면서 빛이 중력에 의해 휜다는 상대성 이론을 입증하게 되었다.

현대 과학의 최고봉이라고 할 수 있는 상대성 이론마저도 결국 따지고 보면 아인슈타인이라는 천재의 감에 의해 먼저 발견된 것이다. 그리고 아인슈타인의 감은 당연히 그 이전까지 행해졌던 무수한 학습과 노력의 결과로 인해 만들어진 것이다.

그렇다고 모든 감이 다 맞는 것도 아니니 조심해야 한다. 2022년 국세청 조사에 따르면 자영업자의 폐업률은 89%에 달했다. 장사를 시작할 땐 모두 들뜬 마음으로 시작했을 것이다. 주변의 모든 사람이 자영업은 힘들다고 하지만, 그래도 내가 하면 〈백종원의 골목식당〉만큼은 아니더라도 먹고살 수는 있을 것만 같다.

폐업률 89%에 속하는 자영업자들의 감이 틀렸던 것일까? 아니면 처음부터 감을 못 잡고 장사에 뛰어들었기 때문은 아닐까? 그리고 폐업하지 않고 살아남은 11%의 자영업자들에게는 어떤 장사의 감이 있는지 알고 싶지 않은가?

주식투자에서 감에 의한 투자를 이야기하면 분명 거부감부터 드러내는 투자자들이 많으리라 생각된다. 감이란 그저 막연한 느낌 정도로 치부되기 때문이다. 사실 아무런 투자 공부를 하지 않고 주식투자를 시작하는 대다수 개인투자자는 그저 감에 의해서만 투자하고 있는 것도 사실이다.

그러나 이 책에서 이야기하는 투자의 감이란 단순한 '느낌'의 수준을 넘어서는 성공 투자를 위한 감이어야 한다. 폐업하지 않고 살아남은 11% 자영업자들의 감이 무엇인지 분석하고 배우겠다는 열정으로, 투자자들도 어떻게 하면 수익을 낼 수 있는 투자의 감을 가질 수 있을지 공부해야 한다.

조지 소로스의 아들은 어릴 적 아버지 모습에 대해 이런 말을 했다.

"투자에 대해 물어보면, 아버지는 이런저런 투자 행동에 대한 여러 가지 이유와 근거를 설명하십니다. 하지만 그 절반은 허풍이라고 생각해요. 사실 아버지는 주식시장에서 입장을 바꿀 때면, 그 이유를 제일 먼저 등이 쑤시는 증상에서 찾으셨거든요."

조지 소로스도 뭔가 '싸한 기분'이 들면 이를 먼저 감지하고 투자 분석을 다시 했던 것이다.

개인투자자들은 기관이나 외국인투자자에 비해 자본, 정보, 투자 실력이 부족하다. 그렇기에 언제나 질 수밖에 없는 게임이라고 먼저 포기하는 사람도 많다.

하지만 이길 수밖에 없는 판을 짜 놓고, 열세의 전력으로도 승리를 쟁취했던 이순신 장군을 떠올려보자. 개인투자자도 반드시 수익이 날 수밖에 없는 판에서만 싸우면 이길 수 있다. 반대로 제아무리 이순신 장군일지라도 모든 병력을 이끌고 달려와 한양을 지키려 했다면 전멸했을지도 모른다.

기관과 외국인투자자는 일 년 내내 매매한다. 고객 예탁금을 놀리면 안 되기 때문이다. 그래서 매일매일 주식, 선물, 옵션을 거래한다. 경기 상황에 맞춰 상승이나 하락에 베팅하면서 말이다. 그런데 주식투자에 집중하는 개인투자자들 역시 일 년 내내 매매한다. 그러면서 하락장에서는 매일 주가를 하락시키는 연기금과 외국인을 욕하기 바쁘다.

물론 개인투자자로서 선물, 옵션에 투자하며 하락에도 베팅하는 등 다양한 투자 방법을 구사할 수 있다면 투자의 폭이 더 넓어질 수 있다. 하지만 대다수의 개인투자자로서는 그저 주식투자만으로도 머리가 복잡하기만 하다.

그렇다면 어쩔 수 없다. 개인투자자가 이길 수 있는 지형과 시기를 노려야 한다. 그래서 필자는 경기 사이클을 이해하고, 증시의 상승기에만 투자할 것을 당부한다.

그렇다고 증시가 하락할 때 완전히 관심을 끊어 버리면 곤란하다. 곤충을 살펴보면 가끔 더듬이를 앞발로 닦는다. 그 이유는 피부에서 배출되는 큐티클이 더듬이를 덮어 버리는데, 그러면 감각이 둔해진다. 감각이 둔해지면 먹이를 찾을 수 없을뿐더러 자칫 천적에게 죽을 수도 있다. 따라서 생존의 감을 유지하기 위해서는 끊임없이 더듬이를 닦고 세상을 관찰해야 한다.

투자자도 마찬가지다. 일 년에 단 한 건의 매매만 할지라도, 언제나 투자의 감각을 날카롭게 세우고 있어야 한다. 느낌의 안테나를 매일매일 닦으며 관심을 가져야 한다. 그렇지 않으면 기껏 만들어둔 투자의

감이 둔해지고, 결국에는 다시 손실을 내게 된다.

그래서 주식투자에 대한 예리한 감을 가져야 한다. 날카로운 촉을 세우고 투자의 시기와 종목을 살펴야 한다. 그러다가 결정적인 시기와 종목이라는 느낌이 든다면, 그제야 제대로 된 숫자의 분석에 들어가면 된다.

개인투자자가 일 년 내내 모든 종목의 숫자들을 분석한다는 것은 불가능한 일이다. 또한 종목에 대한 분석 과정이 생략된 채 그저 감에서 시작하여 감으로 끝나는 투자 역시 도박이나 마찬가지다. 따라서 이 책에서 설명하는 '투자의 감'이 어떤 것인지에 대해 감을 잘 잡아야 한다.

주식투자는 예술과 과학 Art and Science

《전쟁론》을 집필한 카를 폰 클라우제비츠는 나폴레옹 시대의 군사 사상가다. 그의 저서는 《손자병법》과 더불어 시대를 초월한 군사 전략서로 꼽히며, 지금도 군 장교들의 필독서로 여겨진다. 클라우제비츠는 전쟁에 대한 이론을 정립하면서 이것이 전쟁술인지 전쟁학인지에 대해 분석했다.

'학學'이란 과학적 영역이다. 수학, 과학과 같이 공식을 통해 누가 계산해도 같은 값이 나와야 한다. '술術'이란 예술과 창의적 영역이다. 그래서 이것은 상상력에 의해 사람마다 얼마든지 다른 결과가 나타날 수밖에 없다.

클라우제비츠는 전쟁이란 '사람들 간 이해관계의 분쟁'이라고 규정했다. 이 때문에 전쟁의 요소에는 과학적 측면의 '전쟁학' 개념도 있지만, 그 이면에는 전쟁의 불확실성을 극복해야 하는 창의적 영역으로 인해 '전쟁술'의 개념이 필수라고 강조했다. 전쟁은 인간 이익 활동에서 빚어진 분쟁의 결과다.

이 내용은 조금 난해한 부분도 있기에 오늘날까지도 수많은 군사학자는 다양한 시각에서 현대전의 결과와 결부시키며, 클라우제비츠의 전쟁론을 끊임없이 연구하고 있다.

그러면 주식투자는 '술'인가? '과학'인가? 이 질문에 대해 퀀트투자나 가치투자를 하는 사람들은 주식투자 역시 과학적으로 접근해야 한다고 이야기할 것 같다. 숫자와 데이터를 통해 기업의 가치를 분석하고 저평가된 주가의 종목을 찾아서 투자한다는 것이, 그들의 과학적 기본 투자 원리다.

그러나 모든 투자자가 성공하는 것은 아니다. 이에 대해 모건 하우절은 《돈의 심리학》에서 **"분석의 실패가 아니라 상상력의 실패다."** 라는 말을 했다. 한 번도 일어난 적이 없는 일은 반드시 일어나게 마련이라면서 말이다. 대공황, 제2차 세계대전, 닷컴 버블, 9·11 테러, 2008년 금융위기, 코로나19 등 무수한 사건들이 금융시장을 뒤흔들었다.

이런 사건들이 일어나는 이유는 무엇일까? 대부분의 사람들은 앞으로 일어날 일을 과거에 일어났던 일들을 바탕으로 대비한다. 그리고 과거를 되돌아보며, 과거의 변수들을 통해 수많은 공식과 원칙을 만들어낸다. 하지만 과거의 변수가 미래의 변수와 동일할 수는 없다. 미래의 변수는 항상 과거의 변수를 뛰어넘기 때문이다.

이 때문에 모건 하우절은 금융위기에 대해 공부하면서, 투자의 실패 원인은 금융이 아니라 심리학적 측면에서 바라볼 때 더 이해가 쉽다는 사실을 깨달았다. 사람들이 빚에 허덕이는 이유를 이자율의 변화에서 찾는 것이 아니라 탐욕과 불안, 낙천주의의 역사를 공부해야 하는 것처럼 말이다.

왜 투자자들이 하필이면 주가의 바닥에서 주식을 다 팔아 버리는지를 이해하려면, 미래의 기대 수익을 계산하는 방법이 중요한 것이 아니라 돈이 떨어져 고통받게 될 가족들을 생각하면 쉽게 이해가 된다고 했다.

한편, 볼테르는 **"역사가 반복되는 것이 아니다. 사람이 반복하는 것이다."**라는 말을 남겼다. 이 말은 주식투자에 대한 우리의 행동에도 그대로 적용된다. 주식시장 역시 수많은 투자자에 의해 움직인다. 다만 사람들의 행동은 때로는 비슷하지만, 또 한편으로는 전혀 엉뚱한 방향으로 전개되기도 한다. 그렇기에 100% 완벽한 예측과 전망은 불가능하다.

주식시장은 투자자들의 수요와 공급에 의해 가격이 결정된다. 장기투자를 하려는 사람과 단기투자를 하려는 사람, 기업의 가치를 보고 매수하려는 사람과 차트 움직임을 보면서 매수하려는 사람, 현재의 주가가 싸다고 느끼는 사람과 현재의 주가가 비싸다고 생각하는 사람이 증권시장에서 만나 거래가 성사된다. 그리고 그 결과가 오늘의 주가로 나타난다.

만일 앞으로 주가가 더 오를 거로 생각하는 사람들이 많아지면 현재가보다 다소 비싼 가격일지라도 주식을 매수하려고 할 것이다. 그러면 주가는 오른다. 하지만 주가가 떨어질 거로 생각하는 사람이 더 많아지면 조금 손해를 보더라도 가격을 낮춰 얼른 매도하고 싶어 할 것이다. 그러면 주가는 하락한다.

앙드레 코스톨라니는 '이런 군중들의 심리를 계산하여 하나의 법칙으로 정립할 수 있지 않을까'를 연구했다. 그러나 결국 다음과 같은 말을 남기며 연구를 마쳤다.

"개인 또는 대중의 심리적 동기, 특정 상황에서의 그들의 반응은 사실 예측할 수 없다. 그리고 개개인이 내리는 결정들이 모였을 때 그 합계의 강도, 즉 대중의 심리적 반응의 강도와 시점들 역시 보통 사람들은 알 수 없다."

그러면 주식투자는 어떻게 해야 하는가? 이에 대해 그는 다음과 같이 설명했다.

"경험 있는 증권인이라면 주가의 방향을 '예측'할 수는 없겠지만 가끔은 빗나갈 수도 있는 '추측'은 할 수 있다. 이런 추측을 위해 증권시장에서 심리적 역할은 매우 중요하다. 증권시장에서 심리학은 매우 섬세한 손가락 끝 감각으로 운영되어야만 하는 하나의 '학문'이며, 그것은 거의 '예술'에 가깝다."

이 부분이 바로 카를 폰 클라우제비츠가 전쟁에 대하여 술과 과학의 영역을 넘나들며 설명했던 것과 일치하는 부분이다. 투자 이론이라는 것은 주식투자에 있어서 과학적인 지식이다. 이것은 주로 재무제표와 차트를 분석하는 각종 기술이 여기에 속한다. **그러나 아직 원하는 수익이 나오지 않는다면, 섬세한 손가락 끝 감각으로 운영되어야만 하는 '예술' 또는 전쟁에서의 '술'의 영역에 대한 감을 잡지 못한 것은 아닌지 생각해봐야 한다.** 바로 투자의 감이 주식에서 예술적 영역에 해당하기 때문이다.

투자 세상은 너무나도 불확실한 요소들이 많다. 경기 변동에 흐름이 있다고는 하지만 당장 다음 미국 대통령이 누가 될지, 다음 미국 FOMC에서 또 어떤 발언이 나올지 알 수 없다. 심지어는 연준 의장마저도 다음 FOMC에서 자기가 무슨 말을 할지 알 수 없을 것이다. 각종 경제 상황과 지표들을 확인한 이후, 그것에 맞춘 대응책을 발표하기 때문이다.

그러면 각종 경제지표, 금융 정보, 경제적 사건들을 추적하면 될까? 이런 것들이 증권시장에 호재로 반영될지 악재로 반영될지는 아무도 모른다.

이에 대해 앙드레 코스톨라니는 "주식시장은 자주 술주정뱅이처럼 행동한다."라고 했으며, 벤저민 그레이엄은 "주식시장은 조울증에 걸린 미스터 마켓과 같다."라고 표현했다.

사건이 발생한 이후 시장의 반응은 나중에 따라온다. 똑같은 사건에 대해서 수많은 시장 참여자는 서로 정반대의 주장을 하며 매수와 매도 주문을 날린다. 그리고 결국 이긴 세력의 주장이 맞는 설명이 되어 버리는 것이다.

우리 같은 개인투자자들로서는 이런 거대한 시장의 움직임을 세부적으로 쫓아갈 수 없다. 그러나 투자의 감을 키운다면, 그리고 조금 더 날카롭게 갈고닦는다면, 미약하게나마 그들의 큰 흐름을 이해하게 될 것이다.

당장 내일의 정확한 날씨와 기온을 알 수는 없지만, 8월에는 더울 것이고 1월에는 추울 것이라는 건 누구라도 알 수 있듯이 말이다.

사실 이 정도만 이해해도 개인투자자로서 잃지 않는 투자가 가능하다. 그런데 여기에서 조금 더 투자의 감을 갈고닦아, 다음 계절의 날씨나 다음 주의 날씨까지도 전망할 수 있는 감을 가지게 된다면 어떨까? 어느덧 여러분도 투자 고수의 반열에 올라 있음을 느끼게 될 것이다.

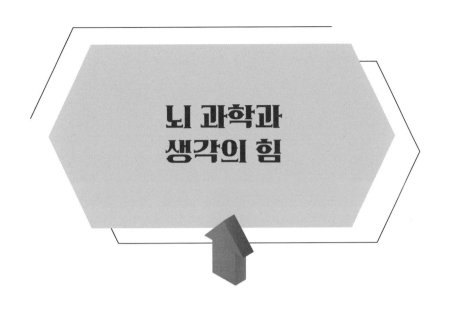

뇌 과학과
생각의 힘

감이란 우리 몸 어디에서 오는 것일까? 두말할 나위 없이 두뇌활동의 결과다. 따라서 감을 제대로 이해하기 위해서는 뇌 과학의 근원을 살펴보는 것이 도움이 된다.

우리 뇌는 매 순간 모든 영역이 동시에 움직이는 것이 아니다. 필요한 순간, 필요한 부분이 움직인다. 그리고 실제 의식적 활동에 활용되는 뇌의 부분보다는 무의식에 관여하는 부분이 더 크다는 것도 밝혀졌다. 이런 모든 활동은 뇌의 전기 작용과 신경 다발의 생성에 의해 이루어진다.

그러면 생각은 어디에서 오는가? 박문호 박사는 《뇌, 생각의 출현》

을 통해 생각의 원리에 대해 설명했다.

"언어를 매개로 하여 고차 의식이 생성된다. 고차 의식은 현재의 연속적인 흐름을 통해 미래와 과거를 인지하게 된다. 이때 인간은 매 순간 외부 자극을 처리하여 생존에 중요한 정보를 기억에 저장한다. 저장된 기억을 불러내어 새로운 입력에 대응할 때, 과거라는 의식이 생긴다. 그리고 과거의 정보가 쌓여 이루어진 상태가 바로 현재다. 현재의 자극 입력을 뇌가 처리한다는 것은 과거의 기억을 현재와 대조한다는 것이고, 이는 바로 다음 순간이 어떻게 전개될 것인지 무의식적으로 인식하는 것이다. 즉 미래를 예측한다는 것과 같다. 현시점까지 쌓인 정보를 가지고, 아직 오지 않은 미래를 미리 그려볼 수 있는 것이다."

여기에서 감에 대한 힌트를 얻을 수 있다. **좋은 감을 만들기 위해서는 과거의 기억이 풍부해야 한다는 것이다. 미래에 대한 예측은 모두 과거에 대한 기억들을 바탕으로 추론되기 때문이다.**

우리 뇌 활동 가운데 의식의 영역은 5%에 불과하다. 인간이 생각하는 데는 뇌의 5%만 사용하면 된다. 그러면 나머지 부분은 뭘까? 이 부분에 대해 박문호 박사는 이렇게 설명한다.

"이 95%의 무의식 영역이 바로 자동적 항상성恒常性 시스템과 관련 있다. 나머지 5%만이 의식 상태가 되는 것이다. 의식은 뇌의 굉장히 중요한 자원이다. 5%의 의식 상태에서만 다양한 감각 입력이 통합된다. 더 중요한 것은 뇌로 들어간 많은 입력 정보가 적시에 통합될 수 있다는 것이다. 그것이 바로 느낌이 되고, 그 느낌은 의식적 활동 즉

의식 상태가 된다. 여기서 감정이 아닌 느낌에서 가능해진 의식 상태라는 것, 그렇게 강력한 뇌의 능력이 생겨난 이유는 무엇일까?"

박문호 박사의 설명은 계속된다.

"불확실성에 대처하기 위해서다. 불확실한 입력 정보에 대처하기 위해서 느낌이 진화되어 온 것이다. '왠지 어떤 느낌이 들어.' 이런 말은 구체적으로 설명할 수는 없지만 우리는 안다. 내 몸 전체가 알고 있다. 즉 느낌의 세계는 우리가 왠지 뭔가를 알고 있는 세계와 같다. 의식되고 있다는 것이다. 5%의 의식을 쓰기 때문에 왠지 '뭐뭐한' 느낌이 나오는 것이다. 이것이 다가올 상황에 대해 미리 낌새를 알아채는 전조가 된다. 예측할 수 있는 것이다. 예측이 뭘까? 불확실성에 대처할 수 있는 것! **느낌을 통해 구현되는 예측이야말로 우리가 불확실성에 대처할 수 있는 방법이다.**"

우리가 생각을 통해 미래를 예측하는 것, 이것은 불확실성에 대처할 수 있도록 인류의 뇌가 진화를 거쳤기 때문에 발생한 최종 산물이다. 주식투자의 감 역시 이러한 개념에서 출발한다. 훈련을 통해 더 나은 감을 갖기 위해서 말이다. 우리의 뇌는 훈련하고 사용되는 대로 얼마든지 발달할 수 있다.

나이는 중요하지 않다. 오히려 나이가 많을수록 기억에 축적된 더 많은 자료를 통해 창의적인 미래의 예측이 가능해진다. 이 때문에 고대부터 어려움이 닥칠 땐 젊은이들이 나이 많은 어른들에게 가르침을 구했던 것이 아닐까?

이쯤에서 하나의 의문이 생긴다. 증권시장의 앞날은 그 누구도 예측할 수 없다. 주가의 방향 역시 예측하기 어렵다. 그런데 어떻게 뇌를 훈련하여 미래를 예측한다는 것일까?

주가 예측은 당연히 불가능하다. 그러나 시장 가격에 대한 투자자들의 군중 심리와 반응을 예측하는 것은 일정 부분 가능하다. 그리고 가장 쉬운 것은 실제 벌어진 상황을 확인한 이후, 시장 상황에 재빨리 대응하는 것 역시 가능하다.

증권시장의 움직임은 조울증에 걸린 미스터 마켓처럼 과장되어 움직인다. 군중들의 심리가 일순간에 편향되어 휩쓸리기 때문이다. 따라서 이러한 심리의 움직임을 사전에 예측하든지, 아니면 심리의 과장으로 인해 과잉 반응을 보인 주가가 다시 제자리를 찾아가리라는 것을 예측할 수 있다.

2020년 3월에는 코로나19로 인해 엄청난 폭락이 발생했었다. 마치 세상이 멸망할 듯이 모든 주가가 하락했다. 그러나 이후 주가는 얼마 지나지 않아 다시 제자리를 찾기 위해 반등했다. 그렇게 반등하던 주가는 2020년을 넘어 2021년 6월까지 계속 상승을 이어 갔다.

그런데 주가가 너무 상승만 해도 문제가 발생한다. 아직 상황이 나아진 것은 없는데 너무 과장되게 상승한 것이다. 당연히 이후 주가는 다시 제자리를 찾기 위해 하락하기 시작했다. 이와 같은 증시의 큰 흐름 속에서 투자 종목만 잘 선택했어도 실패하지 않는 투자가 가능했을 것이다.

이런 감은 뇌를 훈련함으로써 개발할 수 있다. 뇌 과학자 모기 겐이치로는《창조성의 비밀, 번뜩이는 생각들은 도대체 어디서 오는 걸까?》를 통해 '생각의 비밀'을 설명했다.

"우리가 '아하!' 하고 무릎을 칠 때 그 대상은 뭘까? 바로 오랫동안 알고 싶었지만 답을 몰랐던 일들, 머릿속에 불확실하게 남아있던 질문이다. 이때 중요한 것은 충분한 학습량이 있어야 번뜩임이 일어난다는 것이다. 창의성은 머리 좋은 사람이 아무런 정보도 없이 어느 날 갑자기 뚝딱 하고 만들어낼 수 있는 게 아니다. 창의성도 정보의 양이 먼저 충분해야 한다. 그래서 어느 분야든 창의적인 결과물을 내려면 10년 이상 학습에 몰입하여 집대성해야 한다. 창의성의 전제 조건은 공부의 양이다. 일단 정보량이 임계치를 넘어서야 한다. 임계치를 넘는 정보는 질로 바뀐다. 정보와 정보를 변형시키고 새로운 정보와 정보를 연결시키는 정보의 편집이, 바로 창의성을 키우는 과정이다. 창의성은 어디서 갑자기 툭 떨어져서 생겨나는 것이 아니다."

IMF와 2008년 금융위기 이후 증시가 어떻게 흘러갔는지 공부할 수 있다. 여기에 최근 코로나19로 인한 증시의 폭락과 폭등 그리고 다시 이어지는 제자리 찾기 과정을 직접 겪으며, 증시의 흐름을 몸소 경험했을 것이다.

단순히 증시의 흐름을 봤다고 끝나는 것이 아니다. 당시의 환율, 금리, 무역, 국제 정세, 유가 등등 다양한 변수들이 어우러지면서 증시에 영향을 준다. 그리고 업종별, 산업별로도 영향을 받는 종목이 다르기 때문에 공부해야 할 부분이 늘어난다. 세부적으로는 개별 종목에 대한 재무제표와 차트까지는 기본적으로 이해할 수 있는 지식이 있어야 한다. 이런 정보들이 하나하나 쌓이고 쌓여서 투자의 밑거름이 되는 것이다.

클라우제비츠는 《전쟁론》을 통해 불확실한 전쟁에서 승리하기 위해서는 '군사적 천재'가 필요하다고 역설했다. 단순히 군사적 지식이 많은 사람이 아니라 정신적 역량까지 뛰어나며, 전장의 불확실성을 지배할 수 있어야 승리할 수 있기 때문이다.

천재란 무엇인가? 과학 칼럼니스트 이인식 씨는 실험 데이터를 설명하면서 '천재는 머리보다 땀'이라고 설명했다. 천재라는 사람들은 특별한 방식으로 사고하고 추론하는 것이 아니다. 천재라 불리는 사람들의 머릿속에는 이미 방대한 데이터베이스가 확보되어 있기 때문에, 새로운 생각이 나올 수 있었던 것이다.

불확실한 주식시장에서 승리하기 위해서 투자자는 주식투자의 천재가 되어야 한다. 그리고 이를 위해서는 투자자의 머릿속에 투자에 대한 방대한 데이터베이스를 마련해야 한다. 즉 투자 지식을 공부해야 한다는 뜻이다. **투자 지식을 공부하다보면 어느 순간 증시의 불확실한 상황에 대한 예측과 전망이 가능해지는 시기가 찾아올 것이다. 바로 그것이 주식투자의 감이다.**

시간은 끊임없이 흐른다. 시간의 흐름에 따라 지금 이 순간에도 세상 어딘가에서 또 우리가 알지 못하는 새로운 사건이 발생하고 있다. 그리고 그 사건은 나비 효과가 되어 주식시장을 뒤흔든다.

정말 가끔은 긴급 속보에 의한 뉴스로 증시가 흔들릴 때가 있다. 2016년 6월 23일은 영국이 EU를 탈퇴한다는 국민투표 결과가 발표된 날이다. 브렉시트가 발표된 이후에 우리나라 코스피지수는 장중 4.73% 폭락했다. 이후 낙폭을 줄이며 3.09% 하락하여 장을 마쳤다. 그러나 폭락 이후 반등은 며칠 걸리지 않았으며, 이내 이전의 상승 흐름을 이어 갔다.

브렉시트 다음 날 코스피 폭락

🔴 브렉시트 발표 다음 날 코스피지수는 폭락했다.

주식투자를 하다보면 이와 같이 일회성 악재에 시장이 출렁이는 경우가 가끔 발생한다. 미스터 마켓이 흥분하며 매도를 외친다. 이런 일회성 악재는 무수히 많다.

2010년 11월 23일은 북한이 우리나라 연평도에 선전포고도 없이 170여 발의 포탄 사격을 했던 날이다. 이로 인해 해병대 전사자 2명, 민간인 사망자 2명이 발생하는 등 큰 피해를 입었다. 한국전쟁 이후 북한이 우리나라 영토를 직접 타격하여 민간인이 사망한 최초의 사건이었다. 그래서 당시만 해도 진짜 전쟁이 나는 것이 아닌가 하는 일촉즉발의 상황이었다.

연평도 포격전이 발생했던 11월 23일 전후의 코스피지수 차트를

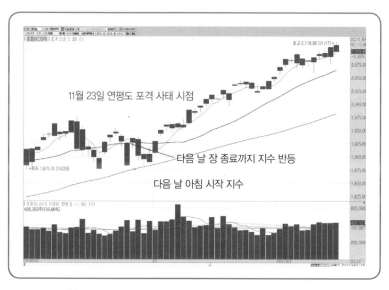

11월 23일 연평도 포격 사태 시점

다음 날 장 종료까지 지수 반등

다음 날 아침 시작 지수

💿 연평도 포격전 이후 증시는 급락했으나, 다음 날 크게 반등했다.

보자. 연평도 포격전은 오후 2시 30분경 발생했기 때문에 주식시장이 거의 끝나 갈 때쯤이어서, 아직 상황의 심각성이 전파되기 전이었다. 아직 위기감이 주식시장에 반영되지 않았다.

이후 투자자들은 밤새 뉴스를 통해 포격에 의한 연기가 피어오르는 연평도의 모습을 보면서 사태의 심각성을 느끼기 시작했다. 그래서 다음 날인 24일 아침이 되자마자, 코스피지수는 -2.33% 갭 하락으로 장을 시작했다. 물론 장중에 다시 큰 반등을 이어 가면서 그날은 양봉으로 마치긴 했지만 말이다.

그렇다고 모든 악재가 곧바로 반등하는 것은 아니다. 2020년 2월 24일은 코스피지수가 3.87% 하락했던 아시아의 검은 월요일이었다.

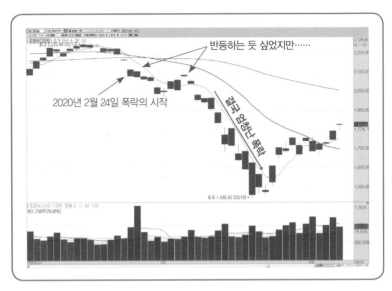

반등하는 듯 싶었지만……

2020년 2월 24일 폭락의 시작

결국 엄청난 폭락

최저 1,439.43 (03/19)

코로나19로 인한 폭락장은 하루이틀의 하락으로 끝나지 않았다.

코로나19에 대한 확산 뉴스가 간헐적으로 나오면서 증시를 조금씩 흔들다가, 주말을 지나면서 전 세계적으로 공포가 커졌다.

폭락이 시작되자 많은 주식 전문가는 TV나 유튜브를 통해 향후 증시 전망을 쏟아내기 시작했다. 역사는 반복된다는 생각으로 비슷한 코로나 계열의 사스, 메르스 사태와 증시 상황을 비교했다. 특히 많았던 분석은 과거 사스나 메스르 사태로 인한 증시의 조정은 곧바로 회복되었기 때문에 너무 걱정하지 마라는 것이었다. 그래서인지 증시는 살짝 반등하는 듯했다.

하지만 결국에는 우리나라뿐만 아니라 전 세계의 증시가 동시에 코로나19로 인한 폭락장이 나왔다. 세계 경제가 흔들릴 것이라는 우려 때문이다. 중국의 공장이 움직임을 멈추면서 세계의 공급망이 흔들렸다. 여러 나라가 외출을 통제하기 시작하면서 소비가 줄어들고, 이 역시 심각한 경제 둔화를 초래할 것이라고 우려했다.

그 결과 증시는 다시 3월 6일부터 3월 23일까지 12거래일 동안 하락장을 만들면서 코스피지수는 2,085에서 1,439까지 폭락했다. 섣불리 예전과 같이 빠른 반등을 기대했던 많은 투자자는 엄청난 손해를 보면서 손절할 수밖에 없었다.

악재에 대한 반응만 있었던 것은 아니다. 코로나19로 인한 폭락 이후에는 다시 큰 반등이 터졌다. 전 세계가 경기 침체를 걱정하면서 엄청난 돈을 뿌리기 시작했다. 각종 경기 부양책과 더불어 낮은 금리, 현금 지원 등 돈이 넘쳐났다. 그리고 이런 돈은 모두 투자시장으로 흘러들었다.

정부가 금리를 낮추고 돈을 뿌리면 증시는 오른다. 기업들이 돈을 빌리기 쉬워지고 이를 통해 신규투자를 하면서 더 많은 매출을 올릴 수 있기 때문이다. 돈이 넘쳐나니 소비 역시 늘게 되므로 경기 또한 활성화된다.

코로나19로 인한 폭락과 폭등 당시, 2020년 초부터 2021년 7월까지의 코스피지수 주봉 차트를 보자. 코로나19로 인한 폭락장 이후 경기 침체를 우려한 세계 각국 정부는 경기 부양책을 속속 발표했다. 그러자 코스피지수는 1,439에서 3,316까지 폭등했다.

지수가 이 정도 상승한 것이고, 개별 종목에 따라서는 20배 이상 급등한 종목들도 있었다. 특히 이 시기에 전기차 배터리 관련주들의 상

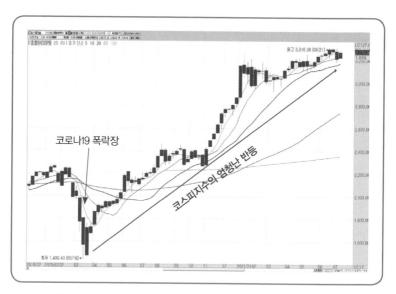

코로나19 폭락장

코스피지수의 엄청난 반등

👀 코로나19로 인한 폭락장 이후 쏟아진 경기 부양책으로 증시는 반등했다.

승이 눈에 띄었다. 미래 신사업에 대한 성장성 기대와 배터리 가격 상승 때문이었다.

이런 여러 가지 투자의 감은 끊임없는 투자에 대한 관심, 공부, 경험으로부터 차곡차곡 누적되는 부분이다. 책을 아무리 읽는다고 할지라도 직접 경험해보지 않고서는 한순간에 생기기 어렵다.

큰 경기의 흐름을 읽는 감도 필요하지만, 세세한 뉴스를 읽고 이를 투자로 연결시키는 감도 필요하다.

"이제 주식투자를 시작하려는데, 뭐부터 공부해야 도움이 될까요?"

"그러면 경제신문부터 보세요."

이런 조언은 초보투자자에게는 조금 오해를 불러일으킬 수 있다.

경제신문에 나오는 각종 경제 용어는 투자에 도움을 줄 수 있다. 더불어 경제신문에는 매일 여러 가지 기업과 주식 종목에 대한 정보들로 가득하다. 그런데 이제 막 투자를 시작한 사람은 경제 뉴스에서 다룬 종목이라고 하면 믿음이 샘솟는다. 그리고는 덜컥 매수해 버린다.

상당히 위험한 일이다. 경제 뉴스는 결과론적인 이야기를 하는 경우가 많다. 예를 들어보자. 이런 뉴스가 나온다면?

"지난해 A기업의 실적이 크게 증가하여, 이 기업의 주식에 대한 투자자들의 관심이 뜨겁습니다."

지난해 실적이 증가한 것은 이미 현재의 주가에 모두 반영이 끝난 상태다. 그동안의 주가 상승이 있었으니, 이 주식을 보유 중인 투자자들은 이미 수익을 충분히 거둔 상황이다. 여기에 지금에서야 새로 뛰어든다는 것은 고점 끝물에 들어가는 상황이다. 물론 A기업의 성장이 올해도 계속 된다면 주가 상승은 계속 이어질 수도 있겠지만, 이것은 순전히 '운'이다. **중요한 것은 이전까지의 실적이 아니라 다가올 실적이다.**

그렇기 때문에 뉴스를 너무 경제 분야에서만 한정 지어서 보는 것은 넓은 투자의 시야를 가리는 행동이다. 투자자로서 투자의 힌트를 얻기 위해서는 세상 전반의 모든 것에 관심을 갖고, 관찰하며, 들어야 한다. 언제 어디에서 투자의 힌트가 튀어나올지 모른다.

매년 봄이면 중국에서 미세먼지와 황사가 날아온다. 미세먼지는 단순히 호흡기 질환뿐만이 아니라 혈관 질환, 뇌 질환까지 불러일으키는 무서운 재난이다. 이런 심각성을 느끼기 시작한 사람들은 너도나

63

매년 봄 황사, 미세먼지 시기의 주가 상승

매년 봄 미세먼지가 발생할 때쯤이면 공기청정기 관련주가 상승한다.

도 공기청정기의 중요성을 인식하기 시작했다.

공기청정기를 만드는 위닉스의 2014년 이후 월봉 차트를 보자. 매년 봄이면 한 번씩 큰 상승이 나왔다. 다만 2022년에는 다소 청명한 날이 많았던 탓인지 상승하지 못했던 해도 있으니, 무슨 투자든 100%는 없음을 항상 유념하자.

드라마 〈재벌집 막내아들〉을 본 독자들이 있을지 모르겠다. 필자는 〈재벌집 막내아들〉을 웹툰을 통해 먼저 접했다. 그런데 너무 재밌었다. 그래서 웹툰의 다음 화를 기다리지 못하고, 웹툰의 원작인 웹소설을 찾아서 며칠에 걸쳐 단숨에 읽었다. 스토리의 구성이 탄탄하고 흥미로웠다. 그런데 이걸 드라마로 만든다고? 거기에 주인공을 〈태양의 후예〉와 〈빈센조〉의 주인공인 송중기가 한다고?

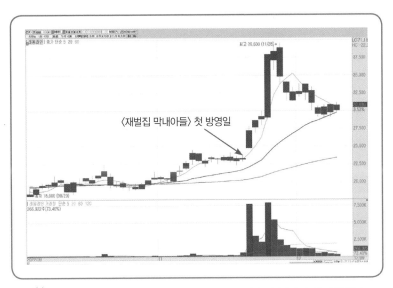

〈재벌집 막내아들〉 첫 방영일

드라마 〈재벌집 막내아들〉 첫 방영 이후 다음 날 드라마 제작사의 주가는 급등했다.

대박의 조짐을 느낄 수 있었다. 역시 드라마가 방영된 이후, 〈재벌집 막내아들〉을 제작한 '래몽래인'의 주가는 급등했다. 그리고 래몽래인과 관련이 있는 종목들의 주가 역시 상승했다.

그러나 영원한 것은 없다. 〈재벌집 막내아들〉이 아무리 잘 나간다고 하더라도 영원할 수는 없다. 23,000원 하던 주가가 4만 원 가까이 급등했다면 분명 차익 실현이 나올 때다. 적당히 수익을 내고 욕심내지 말고 나올 줄 아는 감 역시 필요하다.

세상의 모든 것이 투자의 힌트다. 경제신문과 기업의 숫자만 본다고 하여 돈을 버는 게 아니다. 일기예보도 보고, 드라마와 웹툰, 웹소설을 보면서도 얼마든지 투자의 힌트를 찾을 수 있는 세상이 되었다. 피터 린치는 던킨도너츠, 타코벨, GAP 등을 일상 속에서 발굴하여 높은 수익률을 기록했다.

일반적으로 자신이 잘 아는 분야의 기업에 투자해야 한다. 술을 좋아한다면 술과 관련한 기업의 주식을 살펴볼 수 있다. 게임을 좋아한다면 게임 산업, 중국과의 관계, 신작 출시 등을 관심 있게 살펴보면서 남보다 빠른 감을 갖고 있을 것이다. 꾸미기를 좋아한다면 옷이나 패션 관련 기업의 종목을 살펴보면서, 앞으로 잘 나갈지 아니면 나오는 제품이 별로인지를 먼저 알 수 있다.

만약 투자자가 주부이면서 평소 가정용품이나 생활용품에 관심이 있다면, 관련 분야의 기업들을 분석해야 한다. 가정용품이 실용성은 있는지, 디자인이 만들어진 제품에 맞게 잘 실체화되어 있는지, 다양한 기능이 갖추어져 있는지, 다른 주부들에게 좋은 평을 받고 있는지 등 주부의 위치에서 쉽게 알 수 있는 부분부터 시작하면 된다.

자신이 잘 아는 분야의 기업이라는 뜻은 해당 분야에 대한 감이 남들보다 뛰어나다는 뜻이기도 하다. 이런 감을 갖고 있다면 좁은 사무실에 앉아 모니터 속 숫자들만 들여다보는 투자자들보다, 한발 앞서 투자할 수 있는 역량을 갖췄다고 할 수 있겠다.

자신만의
매매법이란?

아무리 영웅일지라도 무기는 중요하다. 영화 〈어벤져스 엔드게임〉
을 보면 다양한 영웅들이 나온다. 캡틴 아메리카는 비브라늄 방패를
들고 싸운다. 아이언맨은 로봇 슈트를 입고, 토르는 망치를 휘두른다.
호크아이는 활을 쏘며, 앤트맨은 핌 입자를 이용해 몸의 크기를 조절
한다. 무기 없이 초능력을 사용하는 영웅들도 있지만 그들 역시 모종
의 이유로 인해 몸속 자체에 무기로 쓸 수 있는 힘이 깃들게 된 것일
뿐, 무기는 반드시 필요하다.

그렇다면 **여러분의 주식투자 무기는 무엇인가? 주식투자에서 무기
란 자신만의 매매법이다.** 이 세상에는 투자자의 숫자만큼이나 많은

수의 매매법이 존재한다. 물론 투자의 기본 이론은 책 몇 권으로 요약 정리가 가능하다. 그러나 기본 이론을 이해하는 깊이는 모두 다르다. 그리고 그것을 실제 사례에 적용하는 방식 역시 다를 수밖에 없다.

PER_{Price Earning Ratio}도 마찬가지다. PER이란 주가수익비율로써 주가가 그 회사의 1주당 수익의 몇 배가 되는가를 나타내는 지표다. 만일 주가가 10,000원이고 1주당 수익이 1,000원이라고 하면 PER은 10이 된다.

PER지표는 주로 주가가 저평가되었는지를 살펴보는 데 활용한다. 일반적으로는 10을 기준으로 이보다 낮으면 저평가로 본다. 하지만 투자에 있어서 모든 상장 기업에 똑같은 기준으로 PER을 적용해서는 안 된다. 업종별 특징 때문에 다른 기준의 PER이 적용되고, 재무제표 해석도 모두 달라진다.

그래서 투자자에 따라서는 PER 9보다 낮은 종목을 저평가로 볼 수도 있고, 때로는 PER이 20을 넘어가는 상황에서도 충분히 싸다고 생각하면서 투자할 수도 있다. 정답은 없다. 수익이 나면 그 방법이 결국에는 정답이 되어 버리기 때문이다. 때로는 정답이 두 개나 세 개일 때도 있고, 정답이 하나도 없을 때도 있다. 결과는 언제나 최종 수익이 알려준다.

간단한 지표인 PER 하나에서도 아주 다양한 활용이 나올 수 있듯이, 차트 분석에서도 마찬가지로 여러 가지 분석이 가능하다.

이동평균선을 예로 들어보자. 이동평균선이란 일정 기간 동안의 주가를 산술 평균한 값을 차례로 연결하여 만든 선이다. 일반적으로 5

일, 20일, 60일, 120일 등을 많이 사용한다. 그런데 이러한 이동평균선은 투자자에 따라 얼마든지 달리 설정이 가능하다. 혹시 3일 이동평균선이 중요하다고 생각하는가? 그렇다면 지금 차트에서 설정을 통해 새로 만들면 된다. 15일 이동평균선을 통해 새로운 흐름을 찾고 싶은가? 만들면 된다. 지표를 설정하고 활용하는 것은 투자자의 몫이다.

김정운 교수는 《에디톨로지》를 통해 창조란 있는 것을 편집하여 새롭게 만드는 것이라고 설명했다. 뭔가 새로운 것을 만드는 것은 이전에 전혀 없는 것에서 갑자기 '짜잔!' 하고 나타날 수 없다. 이미 예전부터 있던 것들을 새로운 시각에서 편집하여 만드는 것이 창조며, 창의성이다. 이것은 투자에서도 고스란히 적용된다.

주식투자서를 보면 다양한 투자의 기본 이론들이 있다. 이들은 주로 '어떠어떠한 상황이라면 주가의 상승 확률이 높다'라는 식으로 설명한다. 먼저 초보투자자라면 다양한 투자의 기초 이론을 공부해야 한다. 그런데 이때 단 하나의 이론에만 매달릴 필요는 없다.

가치투자를 한다고 해도 누군가는 산업의 전망과 기업의 매출액 및 매출액증가율 위주로 볼 수 있고, 투자자에 따라서는 현금 흐름이나 배당수익률을 더 중요하게 생각할 수도 있다. 자신이 중요하게 여기는 여러 가지 지표들을 서로 엮어서 투자의 그물을 만들고, 여기에 걸리는 종목들을 선별하면 된다.

차트 분석도 마찬가지다. 차트에 나오는 여러 가지 보조지표에서 공통적으로 상승을 이야기하는 조건들을 설정하면 된다. 그물이 너무

헐거우면 종목이 하나도 안 걸릴 수도 있고, 너무 촘촘하면 한꺼번에 많은 종목들이 나오게 된다. 따라서 조건들의 그물코를 적절하게 편집하는 감도 필요하다.

가치투자와 차트 분석이라는 그물을 동시에 던져도 된다. 먼저 산업과 기업의 실적이 유망한 종목을 선별하고, 그 가운데 주가의 상승이 시작되려는 종목을 찾으면 투자금의 회전을 더 빠르게 할 수 있으므로 좋다.

여러 가지 기본 투자 이론을 어떻게 조합하여, 자신만의 그물을 만드는가!

바로 이것이 자신만의 매매법을 만드는 방법이다. 그래서 자신만의 매매법을 만들기 위해서는 먼저 기본적인 투자 이론에 대해 다양하게 공부해야 한다. 투자 매매법을 위한 그물을 더 정교하게 만들 수 있도록 말이다.

'그냥 남이 만들어둔 매매법으로 투자하면 안 되나? 매매법을 제공해줄 수는 없는가?'

어떠한 경우든 100%는 없다. 주식시장의 상황은 매일 바뀐다. 시시각각 변화하는 세상의 흐름 속에서 고정된 투자의 틀을 가지고서는, 초반에야 몇 번 정도 성공할지는 모르지만 언젠가는 큰 손실을 보게 될 것이다.

모건 하우절은 《돈의 심리학》에서 투자에 관한 의사 결정을 내릴 때

역사적 변화를 고려해야 한다고 했다. 이를 설명하기 위해 모건 하우절은 벤저민 그레이엄의 《현명한 투자자》를 사례로 들었다. 이 책은 1949년 초반이 발간된 이래 오늘날까지 읽히는 주식투자서의 고전이다. 하지만 모건 하우절은 책 《현명한 투자자》에 대해서 "지혜는 담겨 있을지언정 실제로 효과가 있는 공식은 별로 없다."라고 평가했다.

가치투자와 벤저민 그레이엄을 신봉하는 투자자라면 '어찌 감히!'라고 생각할지도 모르겠다. 하지만 그의 이런 생각은 벤저민 그레이엄의 책 개정판에 주석을 달았던 제이슨 츠바이크의 설명에 의해 이해될 수 있다.

"그레이엄은 자신의 가정을 끊임없이 실험하고 어느 것이 효과 있는지 찾으려 했다. **어제 효과 있었던 것이 아니라, 오늘 효과 있는 것을 찾았다.** 《현명한 투자자》 개정판이 나올 때마다, 그레이엄은 이전에 제안했던 공식을 버리고 새로운 공식으로 그 자리를 대체했다. 그레이엄에게 제기되는 비판은 1972년판에 실린 투자 공식들이 이제는 모두 구닥다리라는 것이다. 당연하다. 그 공식들은 그가 1965년판에 만든 공식을 대체하려고 쓴 것들이니까. 1965년판의 공식들은 1954년판의 공식들을 대체한 것이고, 1949년판의 공식들은 그가 1934년에 내놓은 《증권 분석》의 공식을 강화하려 쓴 것이다."

벤저민 그레이엄은 1976년에 죽었다. 그 이후 벤저민 그레이엄은 다시 유효한 공식을 만들지 않았다. 지금 여러분이 읽고 있는 《현명한 투자자》는 그저 1972년판의 공식들을 계속 우려먹으며, 표지만 바꿔 가며 나온 책이라는 것이다.

모건 하우절은 예전에 비해 세상의 상황이 많이 달라졌다고 했다.

"투자의 기회가 알려지면서 경쟁이 심해졌다. 인터넷 등 기술의 발달로 누구나 정보를 쉽게 얻을 수 있게 되었으며, 공업 경제에서 기술 부문으로 산업이 이동했고, 경기의 순환과 자본의 사용 방법이 변했다. 상황이 완전히 변했다."

예전에 비해 오늘의 상황이 달라진 것으로 끝난 것이 아니다. 내일은 또 달라질 것이고, 모레는 전혀 상상하지 못할 새로운 일이 생길지도 모른다. 이런 상황에서 스스로 투자 매매법의 그물을 만드는 방법을 모르고서는 살아남을 수 없다. 어제의 매매법, 남이 만들어준 매매법 그물은 경제 흐름의 변화 속에서 금세 찢어져 버릴 것이기 때문이다.

하지만 스스로 투자 매매법의 그물을 만들 수 있다면, 상황이 바뀔 때마다 찢어진 부분을 보수해가면서 대응할 수 있다. 그렇게 자신만의 매매법 그물을 다듬어 가다보면, 언젠가는 투자의 바다에서 거대한 고래를 낚아 올릴 기회가 분명히 찾아올 것이다.

투자의
자신감

베스트셀러 《시크릿》을 기억하는 독자가 있을지 모르겠다. 간절히 바라고 생생하게 꿈꾸면 반드시 이루어진다는 메시지를 담고 있는 자기계발서다. 요즘 이런 종류의 책이 나온다면 '꿈 팔이'라며 욕먹을지도 모르겠다. 하지만 당시에는 '시크릿 열풍'이라고 할 정도로 수많은 사람이 자기계발서에 몰두했다. 저마다의 꿈을 지갑 속에 적어서 다녔던 시절이었다.

주식투자도 매수 후 주가 상승을 간절히 바라고, 생생하게 꿈꾸면 수익으로 이루어질까? 물론 '기도 매매법'에 대해 이야기하고자 하는 건 아니다. 다만 그 반대의 경우는 생각해볼 만하다.

심리학자 마틴 셀리그먼은 1964년, 개를 케이지 속에 가두고 전기 충격 실험을 했다. 첫 번째 케이지에 있는 개들은 전기 충격을 받을 때 앞에 놓여진 패널을 코로 누르면 전기가 사라졌다. 그러나 두 번째 케이지에는 이런 패널이 없었기에 전기 충격을 고스란히 받을 수밖에 없었다. 이런 식으로 수십 차례 실험을 실시했다.

다음 날 개들을 큰 케이지에 한데 넣고 한쪽 귀퉁이에만 전기를 흘려보냈다. 이때 전날 패널로 전기를 스스로 멈췄던 개들은 이리저리 달리다가 재빨리 전기가 흐르지 않는 곳을 찾아 달아났다. 그러나 전날 패널이 없어서 전기 충격을 고스란히 받았던 개들은 피할 곳이 있음에도 불구하고 그저 바닥에 붙어서 끙끙댈 뿐이었다.

'학습된 무기력'에 빠진 것이다. 그 개들은 전날 어떤 몸부림을 쳐도 상황을 바꿀 수 없다는 것을 인지한 순간, 기대를 완전히 접고 완전한 무기력만이 남게 되었다. 학습된 무기력은 개인투자자들이 특히 조심해야 하는 부분이다. 특히 2022년 이어진 증시 하락장과 같이 대폭락을 경험한 초보투자자라면 말이다.

'주식투자는 계속 잃기만 해. 재미없어'라고 생각하며, 투자의 세계를 떠날지도 모른다. 2024년 3월의 주식시장 고객예탁금은 55조 원이었다. 2021년 5월의 78조 원에 비해 크게 줄어든 것이다. 투자 무기력에 빠져 버린 개인투자자들은 증시에서 돈과 관심을 완전히 거둬들였다. 그러나 평생 투자를 하지 않을 것인가? 언젠가는 다시 투자를 시작해야 하지 않을까? 월급만으로는 살아가기 힘든 세상에서 말이다.

따라서 여러 번의 실패로 인해 낮아질대로 낮아진 자존감과 무기력에 빠진 투자자에게 필요한 것은 성공의 경험을 통한 자신감 회복이 급선무다. 이를 극복하려면 먼저 작은 성공부터 시작해야 한다.

1% 수익부터 시작해보자. 처음부터 목표를 5%나 10% 이상 크게 잡을 필요도 없다. 1% 수익부터 시작하면 된다. 1% 수익이라면 시장 상황이 좋은 날 아침에 매수했다가 장중에 매도해도 가능한 수익이다. 이렇게 1%씩 차근차근 수익의 경험, 성공의 기쁨을 통해 자신감을 회복해야 한다.

투자자들은 이전에 손해본 투자금에 매몰되어 투자에 완전히 자신감을 잃어버리곤 한다. 그럴 수밖에 없는 것이 50% 손실을 다시 만회하기 위해서는 100% 수익이 발생해야 하기 때문이다. 엄청나게 힘든 일이다. 따라서 이미 지나 버린 일은 깔끔하게 잊어야 한다. 다만 이전의 교훈은 잊지 말고 다음번 투자에서 실수를 반복하지 않도록 주의하면 된다.

또 다른 문제는 일반적인 투자자들의 심리에 욕심이 너무 크다는 것이다. 몇 번의 투자로 일확천금을 노린다. 100만 원을 투자하여 20% 수익이 발생했다면 여유 자금이 20만 원이 생겼다. 그러나 20만 원 자체로는 별 감흥이 없다. 있어도 그만, 없어도 그만인 돈 같아 보인다.

그래서 투자금은 작더라도 5배, 10배, 혹은 100배 그 이상의 투자 성과를 기대한다. 물론 이런 종목이 아예 없는 것은 아니다. 몇 년에 한 번씩은 그런 종목이 가끔 출현하기도 한다.

그러나 한 방에 인생 역전을 노리고 대박의 환상만을 쫓다 가는 결국 점점 더 위험한 종목으로 빠져들 수밖에 없다. 위기로 인해 일시적으로 주가가 하락한 기업이, 위기를 극복하여 대박을 터트릴 거라는 기대 때문이다. 하지만 생각해보라. 이런 것이 과연 투자인지, 도박인지 말이다.

10만 원으로 처음 투자를 시작하려는 투자자에게 코스피 시가총액 상위의 대형주를 투자하라고 하면, 조금 멋쩍은 웃음을 지을지도 모른다.

"저는 투자금도 작은데, 그런 종목은 너무 느리게 움직이지 않나요?"

일단 처음부터 반복적인 성공의 연습이 중요하다. 대형 우량주를 통해 1%의 수익도 어렵다면, 등락이 더 심한 작은 종목에서는 더 크게 깨지기 십상이다.

성공에 대한 자신감을 쌓아 가다보면 언젠가는 큰 기회가 찾아올 것이 분명하다. 기회의 순간을 기다리면서 차근차근 내공과 경험을 축적하는 과정이 필요하다. **자신감이 없다면 기회가 찾아와도 자신 있게 낚아채지 못할 것이고, 내공과 경험이 없다면 지금 자신 앞에 놓인 것이 기회인지조차도 모르고 그냥 지나쳐 버릴 것이다.**

《시크릿》에서 "생생하게 꿈꾸면 이루어진다."라고 했다. 성공을 시각화할 정도로 매일 생각하고 반드시 성공하고야 말겠다는 믿음을 갖고 열심히 일한다면, 그 이미지는 현실이 될 수 있다고 강조한다.

요즘은 이런 종류의 이야기가 크게 먹히지는 않는다. 그래도 시사하는 바는 있다. 우리가 투자하면서 투자 성공의 모습을 생생하게 그려보고, 그 모습을 이루기 위해 노력해야 한다는 것이다. 물론 투자 성공은 이런저런 도전 몇 번에 이루어지는 것은 절대 아니다. 만일 그렇다면 이 세상 모든 사람이 투자를 통해 부자가 되었어야 할 테니까 말이다.

쉬운 일은 아니다. 하지만 그렇다고 아예 불가능한 일도 아니다. 투자를 통해 성공한 사람은 무엇이 나와 다른지를 생각해보고, 그들의 투자 방식을 연구해보자. 그렇게 나의 투자 매매법을 끊임없이 발전시키다보면, 언젠가는 생생하게 꿈꾸던 투자 성공의 최종 단계에 오르게 될 것이라 믿는다.

다만 그 과정은 조금 길고 지루해질 수도 있다. 기회의 순간이 언제 찾아올지는 아무도 모른다. 언제 올지 모를 기회를 '이번에는 반드시' 잡겠다는 신념을 갖고 지금부터라도 준비한다면, 성공의 확률은 조금이라도 높아질 것이다.

감을 키우기 위한 최선의 방법

2020년 코로나19 이후 해외여행이 모두 막혀 버렸다. 그러자 사람들이 갑자기 골프장으로 몰리기 시작했다. 뜬금없는 골프 붐이 일어난 것이다. 원래 골프를 치던 사람들은 해외로 나가 골프를 즐겼다. 하지만 가까운 동남아라도 가고 싶지만, 코로나19 여파로 인해 어쩔 수 없이 국내에서만 쳐야 했다.

이와 동시에 실내 활동과 모임이 제한되자, 넓은 야외에서 모임을 가질 수 있는 골프가 사람들의 관심을 끌게 되었다. 2030세대 젊은 층과 여성들의 골프에 대한 관심이 크게 늘면서, 골프 패션 관련 산업도 덩달아 매출이 늘었다. 코로나19로 인한 해외여행 제한, 그리고 골프 관련 산업의 성장이라는 논리 전개의 감이 있는 투자자라면 큰 수익을 거둘 수 있었을 것이다.

필자는 골프를 시작한 지 10여 년이 되었는데, 처음 배울 때가 아직도 생각난다. 별거 없었다. 티칭프로가 공치는 방법을 알려주고 자세를 봐주는 시간은 10여 분 남짓이었다. 나머지 시간은 나 홀로 골프공이 나오는 기계 앞에서 '똑딱똑딱' 공을 바로 앞으로 톡 쳐내는 훈련을 해야만 했다.

이런 공치기를 매일같이 반복하는 것은 몹시도 지루했다. 그렇게 며칠 동안 공을 치며 어느 정도 익숙해지면 채를 조금 더 높이 들었다가 조금 더 세게 휘두르며 공을 쳤다. 이런 연습을 상당 기간 무수히 반복했다.

이런 지루함은 골프에 대한 감을 익히기 위해서다. 수백 번 같은 동작을 반복하지만, 실제 늘어나는 골프의 감은 정말이지 '개미 눈물'만큼도 안 되는 듯했다. 실내 골프연습장에서는 공이 잘 나가는 듯하지만, 실제 필드에 나가면 실력이 형편없었다.

무엇이든 배울 때 기초 이론은 얼마 되지 않는다. 이보다는 실전을 통해 몸으로 익히고, 감을 잡는 것이 학습의 대부분을 차지한다. 감을 잡지 못한다면 백날 골프채를 휘둘러봐야, 공은 엉뚱한 방향으로 날아가게 된다.

의사가 되기 위해서는 대학을 6년이나 다녀야 한다. 그만큼 배울 것이 많다는 뜻이기도 하다. 그런데 이게 끝이 아니다. 대학을 졸업하고 의사 고시를 치른 후 인턴수련의 1년과 레지던트전공의 4년이 더 기다리고 있다. 이렇게 총 11년간의 배움을 마친 후, 다시 자격인증 시험을 통과해야 비로소 전문의가 되는 것이다.

하지만 큰 병을 앓고 있는 환자라면 이제 갓 전문의가 된 의사를 찾지 않는다. 전문의가 된 이후에도 수년간의 진료 경험을 통해 의술이 더 깊어진 의사를 찾아야, 자신의 병을 더 잘 고쳐줄 것이라고 믿기 때문이다.

골프채를 수백 번 휘두르며 연습해도 실제 필드에서의 성적이 좋지 않은 것, 그리고 10년이 넘는 교육 과정과 수련 과정을 마쳤지만 그래도 더 많은 경험의 의사를 찾아가려는 환자, 이 모든 것은 실전 경험의 차이에서 비롯된다.

"훈련에서 땀 한 방울이 실전에서 피 한 방울과 같다."라는 말이 있다. 실전을 대비하여 미리 열심히 훈련해두라는 의미다. 그러나 사실 훈련에서 땀의 가치는 미약하다. 훈련에서 땀은 고작 한 방울이 아니라 수백, 수천 방울을 흘리면서 연습해야 실전에서 피 한 방울을 아낄 수 있을 것이다. 그만큼 훈련과 실전의 간극은 크다. 이것 때문에 군대에서는 이런 말도 한다.

"훈련은 실전같이! 실전은 훈련같이!"

훈련할 때는 설렁설렁하지 말고 실전이라는 생각을 갖고 최선을 다하라는 말이다. 그리고 실전에서는 긴장하지 말고 훈련했던 것처럼만 하면 된다는 독려의 말이기도 하다.

그러나 이 역시 그저 허황된 모토에 지나지 않는다는 것은 군 경험이 있는 사람이라면 누구나 잘 알 것이다. 현재 한국군 가운데 실전을 경험해본 사람이 얼마나 되겠는가. 그 '실전같이'라는 말의 무게를 아는 사람이 말이다. 긴장감, 그리고 죽음을 목전에 둔 흥분의 감정을 어떻게 훈련장에서 익힐 수 있겠는가.

이것 때문에 미군이 세계 최강이라는 수식어가 붙는 것이다. 미국 하나의 나라에서 사용하는 국방비가 전 세계 2~10위의 국방비를 모두 더한 것보다 더 많다는 것만으로 최강이라 불리는 것이 아니다_{국방}

_{기술진흥연구소, 2022년 세계 방산시장 연감}. 미국은 지난 역사상 무수한 전쟁 경험을 가진 나라기 때문이다. 전 세계 다양한 전장에서 수많은 전쟁을 통해 엄청난 전쟁 경험이 있는 국가다. 실전의 경험이 강함의 척도인 것이다.

골프와 의사도 마찬가지다. 아무리 실내연습장에서 골프채를 휘둘러봐야 필드에서의 감을 잡기는 어렵다. 조금 길다고는 하지만 전문의 이후 실전 진료 경험의 누적이 없다면, 여전히 환자는 의사를 수련의로 생각하지 전문의로 대접하지 않는다.

주식투자는 어떨까? 주식을 처음 시작하는 사람들에게 혹자는 '모의투자'부터 시작해보라고 한다. 하지만 모의투자는 그저 모의투자일 뿐이다. 분석의 맞고 틀림은 나중에 확인할 수 있지만, 실전투자에서의 긴장감을 느낄 수는 없다. 내 돈이 한 푼이라도 들어가 있어야 관심이 간다.

그렇다고 시작부터 돌이킬 수 없는 큰돈을 투자하는 것도 무리다. 투자를 처음 시작할 때는 반드시 손실을 경험하기 마련이다. 그런데 이때 큰 손실이 발생하여 돌이킬 수 없게 된다면 그야말로 낭패다. 따라서 너무 많지는 않지만, 그래도 적당히 긴장감을 유지할 수 있을 정도의 투자금을 운용하면서 투자를 시작해야 한다. 이것이 '훈련을 실전같이' 하는 방법이다.

그리고 이런 훈련이 하루이틀에 끝나는 것도 아니다. 의사가 11년의 수련 과정을 통해 전문의가 된 이후에도 환자 입장에서는 새내기 취급받는 것처럼, **투자에서도 경험 축적의 시간이 필요하다. 작은 수익이 나기 시작하면 이후 연속으로 수익을 누적시키는 시간을 지속시키면서, 투자의 내공을 쌓아야 한다.**

그렇게 내공을 다지다보면 인생에서 커다란 투자 기회와 마주치게 될 날이 온다. 그 기회를 실수 없이 잡을 수 있도록, 실전투자 경험을 통해 '투자의 감'이라는 칼을 매일 갈아둬야 한다.

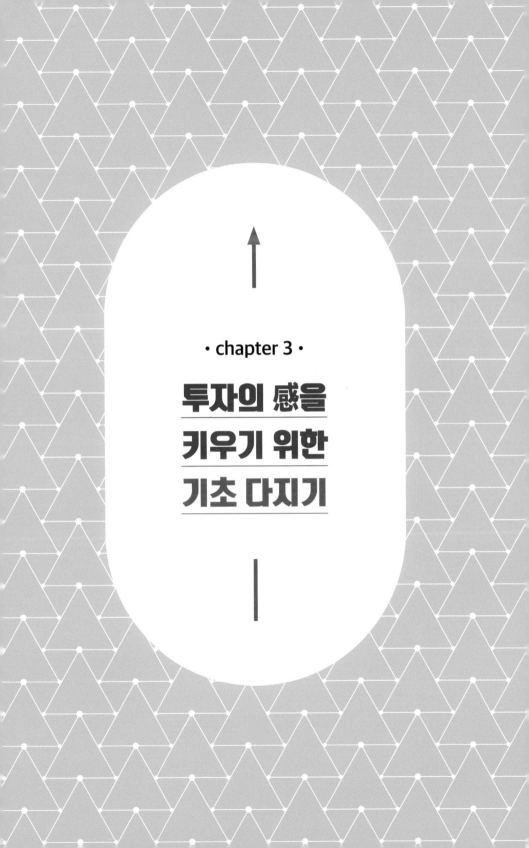

· chapter 3 ·

투자의 感을
키우기 위한
기초 다지기

투자의 빈틈을
공략하는 감

    자동차를 운전하기 위해서는 면허증이 필요하고, 면허증을 따기 위해 운전을 배운다. 이때 운전을 배우면서 F1 그랑프리에 출전하여 1등을 하려는 사람은 없다. 그저 사고 없이 안전하게 운전할 수 있으면 족하다. 골프를 배울 때도 마찬가지다. 물론 가끔 욕심이 생길지 모르겠지만, 그렇다고 PGA나 LPGA 우승을 목표로 골프를 시작하는 사람은 없다. 불가능에 가깝다는 것을 잘 알기 때문이다.

    그런데 주식투자는 어떠한가? 지금도 많은 사람이 단숨에 투자금을 10배, 20배 불려보겠다는 대박을 꿈꾼다. 세계 최고의 투자가로 알려진 워런 버핏이나 월스트리트의 대형 투자 회사들을 뛰어넘는 투자 수익이 목표다. 왜 이런 일이 생길까?

사기꾼들이 너무 많기 때문이다. 유튜브에서 주식에 대해 이야기하는 사람들을 보면, 몇 백만 원으로 시작하여 수십억 원을 벌었다는 사례가 자주 나온다. 뭔가 특출하게 보이지도 않는다. 그저 하루에도 몇 번씩 마주칠 수 있는 평범한 사람들이다. 그런 사람들이 수십억 원을 벌었다며, 돈을 벌 수 있었던 자신만의 투자 방법을 이야기한다.

이런 이야기를 듣다보면 왠지 나도 할 수 있을 것만 같은 자신감이 든다. 워런 버핏만큼 큰 부자를 바라는 것도 아니다. 통장에 있는 몇 백만 원을 수억 원으로 불릴 수만 있다면, 손해볼 것도 없이 남는 장사라고 생각한다. 그래서 주식투자를 시작하는 대부분이 대박 환상을 꿈꾸며 투자 세계로 들어온다.

그런데 세상은 만만치 않다. 주식투자를 처음 시작하는 사람은 대부분 주변에서 주식투자에 대한 이야기를 듣고는 '나도 한번?' 이런 생각으로 투자를 시작했을 것이다. 여러분 주변의 모든 사람이 주식투자 이야기를 한다는 것은, 지금이 엄청난 증시 활황기라는 뜻이다. 아무 주식이나 매수해도 모두가 수익을 거둘 수 있는 시기다. 엊그제 주식 계좌를 처음 만든 사람도 바로 수익이 가능하다.

'오늘 하루 만에 3% 수익이네. 이렇게 한 달간 꾸준히 수익을 내면?'

주식투자는 복리다. 어제의 수익금을 기준으로 다시 오늘의 수익이 가산된다. 그렇기에 매일 3%의 수익이 이어질 수만 있다면 엄청난 투자 성과를 기대할 수 있다.

그러나 언제나 증시 활황의 끝에는 거품이 터지기 마련이다. 너도 나도 주식 계좌를 만들고, 오늘 계좌를 처음 만든 투자자도 수익을 낼 수 있는 장이라면 조만간 거품이 터질 때가 된 것이다. 하루이틀, 아니면 한두 달은 수익이 가능할지도 모른다. 하지만 조만간 터질 증시의 거품은 초보투자자들의 심리를 기막히게 꿰뚫는다.

'매일 이렇게 수익이 나는데, 투자 원금이 더 컸다면?'

초보투자자들은 몇 번의 수익에 도취되어 이런 생각을 한다. 그래서 큰 대출을 감행하고, 적금과 보험을 해지한다. 이렇게 마련한 목돈은 이름도 처음 들어보는 종목으로 바뀌어 버린다. 차라리 삼성전자 같은 우량주를 매수했다면 다행이다. 3년이든 5년이든 기다릴 수 있다. 반도체 경기 사이클은 순환하며 장기적으로는 전고점을 돌파해왔으니 말이다.

하지만 조금 더 대박 환상을 좇는 투자자들은 주식 유튜브나 블로그에서 이야기하는 코스닥 변두리의 작은 종목에 몰빵하곤 한다. 그리고 네이버 종목게시판으로 달려가서 "영차! 영차!"를 끊임없이 남길 뿐이다.

그래서 주식투자를 시작한다고 하면 먼저 공부부터 하라고 강조한다. 그런데 지금 이 책을 읽는 독자들은 이미 느끼고 있는 부분이 있다. 아무리 책을 읽고, 유튜브를 보며, 투자 공부를 해도 수익이 신통치 않다는 것을 말이다.

분명히 기업의 재무제표를 읽고 돈 잘 버는 기업에 투자하면 주가는 기업의 가치를 따라간다고 했는데, 왜 내가 매수한 종목의 주가는 하락하는 걸까?

이걸 생각해보자. 중국의 경제 성장률은 거의 매년 6% 이상을 유지한다. 미국의 경제 성장률은 3% 내외다. 수치만 두고 본다면 당연히 중국 주식시장에 몰빵해야 한다. 매년 엄청난 경제 성장을 하고 있으니 말이다.

하지만 세계의 투자 자금은 미국으로 향한다. 단순히 숫자를 넘어서는 무언가가 있기 때문이다. 주가는 기업의 실적과 더불어 그 기업의 주식을 사려고 하는 투자자들의 수요가 있어야 오를 수 있다. 제아무리 돈을 잘 번다고 하더라도 투자자들이 어떤 이유로 인해 해당 주식의 투자를 꺼리게 된다면, 당연히 주가는 떨어질 수밖에 없다.

혹시 이런 생각을 하고 있는 투자자가 있을까?

'나는 주식투자 공부를 열심히 했고, 재무제표도 잘 분석할 수 있으니까, 가치투자를 하면 안전하게 투자할 수 있어!'

20세기 최고의 펀드매니저 중 한 명인 존 템플턴은 투자에서 제일 위험한 말이 이것이라고 했다.

"이번엔 달라!"

개인투자자들은 언제나 이번에는 다르다며 과감히 지른다. 그러나 개인투자자가 보는 재무 숫자들은 이미 모두 공개된 자료일 뿐이다. 내가 아는 자료는 옆집 투자자도 알고 있다. 그리고 그런 정보는 이미 몇 개월 전 투자 전문가들이 분석한 후 투자에 적용했던 자료의 찌꺼기에 불과하다.

아무리 개인투자자가 뛰어나다고 한들 거대 자본과 정보력을 이길 수는 없다. 그래서 **개인투자자까지 알게 된 정보들은 모두 현재 주가에 반영되어 있다고 봐도 무방하다.**

중요한 것은 앞으로의 주가 흐름이다. 미래 주가는 앞으로의 실적에 따라 움직일 것이다. 그런데 그 누구도 내년의 기업 실적을 알 수 없다. 그래서 투자가 힘든 것이다.

그러면 대체 어떻게 주식투자에서 수익을 낼 수 있단 말인가? 모든 개인투자자의 노력이 그저 '헛된 발악'에 불과한 상황인데 말이다. 어쩔 수 없다. 그럼에도 그저 공부하고 준비하는 수밖에는 말이다. 다만 이전까지 해왔던 공부의 틀에서 조금 벗어나보자.

이것이 이 책을 쓰게 된 동기다. 앞에서 주식투자는 과학적인 측면도 있지만 그것보다는 '술'적인 측면, 그러니까 예술Art에 가까운 면이 있다고 했다. 그 이유는 세상이 너무나도 불확실하고 우연에 의해 흘러갈 때가 많기 때문이다.

개인투자자의 분석이나 노력이 헛된 몸짓이라는 것을 먼저 인정해야 한다. 그럼에도 불구하고 공부하고, 투자 연습하며, 투자의 기본기를 갈고닦아야 한다. 개인투자자가 노릴 수 있는 주식시장의 빈틈은 '운'과 '감'을 통해 공략이 가능하기 때문이다.

과거 IMF 이후 증시 반등, 2008년 금융위기 이후 증시 반등, 코로나19 폭락장 이후 증시 반등과 같은 대형 반등의 시기는 인생에서 몇 번 마주칠 수 없는 거대한 기회의 장이다. 그리고 그사이 무수한 기회들이 우리의 옆을 스쳐 가고 있다.

그런 찰나의 기회를 잡기 위해서는 사전에 준비가 충분히 되어 있어야 한다. 골리앗을 쓰러트리기 위해 돌을 강하게 던질 능력을 이미 예전부터 익혔던 다윗처럼 말이다.

그리고 순간의 기회를 만나기 전까지는 우량주에 분산투자하면서 최대한 길게 살아남아야 한다. 살아남아야 다음번 기회도 있다. 투자의 세계에서 '잡주'에 눈을 돌리게 되면 헤어나올 수 없게 된다. 일확천금에 눈이 멀어 한 방에 10배 이상의 수익을 목표로 이런 종목만 찾아다니다가는 한 방에 '훅'하고 나가떨어진다.

기회는 언제나 우연히 찾아온다. 그런 기회를 잡을 수 있는 투자금과 용기, 투자 지식과 감이 필요하다. 인생의 쓴맛을 보며 칼을 갈다가 제대로 카운터펀치와 같은 일격을 날릴 기회를 기다려야 한다. 그 순간을 모든 독자 여러분이 잡을 수 있기를 바란다.

투자의
성공 확률을
높이는 감

주식투자는 일종의 도박이다. 미래의 불확실성에 돈을 베팅하기 때문이다. 실제로 1900년대 초 미국의 증권시장은 도박장이나 다름없었다고 한다. 하지만 오늘날에 이르면서 주식투자는 합리적인 분석 결과를 토대로 베팅한다는 것을 통해 '도박'에서 발전하여 '투자'가 되었다.

투자란 이익을 얻기 위해 불확실성과 리스크가 있는 어떤 일이나 사업에 돈을 대는 것이다. 도박 역시 돈을 걸고 내기를 하는 것은 마찬가지지만, 여기에 요행수를 바란다는 조건이 들어간다. 그러니까 가치 있는 곳에 분석을 토대로 돈을 베팅하는 것은 투자가 되고, 내재 가치가 없는 곳에 별다른 분석 없이 우연한 성공을 바란다면 도박이 되는 것이다. 필자는 여기에서 '우연한 성공'의 여부를 특히 중요하게 생각한다.

도박 가운데에서도 투자자라 불릴 수 있는 사람들이 있을 수 있다. 예를 들면 2008년 상영된 〈21〉이라는 영화를 보면 블랙잭에서 엄청난 암기력과 분석력을 통해 MIT 천재들이 라스베이거스에서 큰돈을 딴다. 이 정도 수준이라면 충분히 투자자라 불릴 만하다.

경마에서는 말의 걸음걸이와 눈빛만 보고도 그날의 컨디션을 알아챌 수 있을 정도로 말에 대해 공부하고, 말의 종류나 최근 승률, 날씨와 습도에 따른 경마장 모래의 상태, 기수의 체중과 성향 등을 통해 승률을 분석할 수 있다면? 이 역시 투자자라고 할 수 있다.

그러나 대부분의 사람은 그저 '왠지 이번엔 이게 걸릴 것 같아'라는 느낌만 갖고 돈을 베팅한다. 우연에 따른 요행수만을 바라기 때문에 도박이 위험한 것이다.

그러면 주식투자는 어떨까? 혹시 지금 보유 중인 종목을 왜 매수했는지 설명할 수 있는가? 무슨 매수 이유를 갖고, 어떤 분석 과정을 거쳐서 지금의 종목을 매수했는지 말이다. 혹시 단순히 최근 뉴스나 유튜브 한 토막을 보면서 '왠지' 그 종목이 앞으로 오를 것 같다는 느낌만으로 매수했는가?

그렇다면 지금 여러분의 투자는 도박을 하고 있는 것이다. 분석의 근거가 미약한 상황에서 요행을 바라며 돈을 베팅하는 것이, 바로 도박이다.

주식에 투자하고자 한다면 돈을 베팅하는 데 이유가 될 수 있는 분석이 필요하다. 통찰력의 핵심은 본질에서 생각하는 것이다. 그리고 투자 분석 방법의 본질을 제대로 이해하지 못하면, 절대로 올바른 해답이 나올 수 없다.

주식의 분석은 크게 '기술적 분석'과 '기본적 분석'으로 나뉜다. 기술적 분석이란 미래 주가 추세를 예측하기 위해 차트를 통한 주가 움직임을 연구하는 것이다. 기술적 분석이 가능하기 위해서는 다음 네 가지의 전제가 선행되어야 한다.

① 현재 주가는 과거, 현재, 미래의 모든 정보를 정확하게 반영하고 있다.

② 주가는 추세를 이루면서 움직인다.

③ 시장은 결국 사람들이 만드는 것이고, 사람의 심리는 언제나 반복된다. 따라서 주가의 움직임 역시 과거를 되풀이한다.

④ 개별 주가의 움직임은 전체 지수의 영향에서 벗어나지 못한다.

기술적 분석의 효용에 대해서는 오늘날까지도 다양한 논란이 있다. 그러나 분석 방법의 학문적 진위를 떠나서, 차트 분석을 통해 수익을 내는 투자자가 있다면 공부하고 활용할 필요가 있다. **이론이나 도구는 잘못이 없다. 단지 그것을 사용하는 사람이 서툴렀을 뿐이다.** 하나의 칼을 두고도 누군가에게는 무시무시한 흉기가 되지만, 누군가에게는 사랑하는 가족들에게 따뜻한 저녁 식사를 해주는 조리 도구가 될 수 있다. 따라서 차트 분석이라고 하여 너무 색안경을

끼고 볼 필요는 없다.

차트 분석에서 가장 핵심 단어는 두 가지다.

[차트 분석에서 가장 중요한 핵심 단어]
추세와 심리

먼저 차트를 분석하는 목적은 현재의 추세를 이해하는 데 있다. 현재 주가 추세가 상승에 힘이 실려 있다면, 앞으로의 주가가 상승할 가능성이 커졌다는 의미다. 당연히 베팅할 수 있는 여건이 마련된 것이다. 무조건 상승한다는 것이 아니다. 단지 '상승의 가능성이 커졌다' 정도로 이해해야 한다.

반대로 주가 추세가 하락 방향이라면 앞으로의 주가는 더 하락할 것이라고 분석하여 매도를 결정한다. 이것은 뉴턴의 운동 제1법칙, 관성의 법칙과 비슷하다.

추세를 읽는 능력은 아주 중요하다. 왜냐하면 개인투자자들이 주가를 움직이는 세력의 개입을 읽을 수 있는 유일한 방법이기 때문이다. 어떤 기업에 호재가 있다면 먼저 내부자들이 알게 된다. 그래서 그 정보를 알고 있는 내부자들부터 사돈의 팔촌 돈까지 끌어와 매집을 시작한다. 그러면 정보가 서서히 전파되면서 기관이나 외국인 투자자에게까지 들어간다. 기관과 외국인 역시 이런 정보들을 통해 주식을 매집한다. 그로부터 몇 달 뒤 이런 뉴스가 나온다.

"OO기업의 실적이 크게 증가할 것으로 전망되면서 투자자들의 관심이 뜨거워지고 있다. 이에 주가는 지난 3개월간 30%가 넘게 상승을 이어 오고 있는 것이 확인되었다."

이런 경제 뉴스의 한 꼭지를 읽은 개인투자자자는 이렇게 생각할 것이다.

'나는 가치투자를 하는 사람이야. 앞으로 이 기업의 전망이 밝군. 매수해야겠어.'

개인투자자들이 돈을 싸 들고 매수하기 시작하면서 주가는 반짝 더 상승한다. 그러면 가장 먼저 주식을 매집했던 내부자들은 주식을 고점에서 털고 나가고, 기관과 외국인투자자 역시 개인들에게 물량을 건네준다.

차트 분석을 하다보면 최초 내부자가 주식을 매집하는 단계에서부터 주가 흐름의 이상 징후를 눈치챌 수 있다. 주가의 흐름과 거래량 등을 통해서 말이다. 여기에서 기술적 분석의 감이 함께 필요하다. 단순히 주가가 출렁이는 것인지, 아니면 진짜 내가 알지 못하는 호재들로 인해 누군가 주식을 매집하고 있는지 분간할 수 있어야 한다.

기술적 분석에서는 추세를 중요하게 생각한다. 그리고 이는 뉴턴의 운동 법칙과도 유사하다. 여기에서 여러 가지 감을 함께 익혀야 한다. 뉴턴의 운동 제2법칙, 가속도의 법칙에서 $F_\text{힘} = m_\text{질량} \times a_\text{가속도}$다. 질량이 무거울수록, 그리고 가속도가 클수록 힘이 커진다. **이 공식을 주식에 적용시키면 F는 주가의 상승이나 하락을 이끄는 힘이고, m은 시가총액으로 생각할 수 있다.**

시가총액이 큰 종목이라면 작은 힘으로는 움직이기 힘들다. 하지만

94

일단 움직이기 시작하면 그 방향의 관성을 유지하려는 힘이 생기고, 방향을 바꾸는 데 그만큼 더 큰 힘이 필요하다. 삼성전자 같은 종목이 일단 상승을 시작하면 그 추세는 꽤 오랫동안 이어진다. 반대로 삼성전자처럼 시가총액이 큰 종목의 추세가 하락 전환하면, 다음 반도체 사이클의 반전이 있기 전까지는 계속 하락하는 것과 같은 이치다.

시가총액이 작은 종목은 처음 움직이려 할 때 힘이 덜 든다. 그래서 많은 개인투자자는 시가총액이 작은 종목을 통해 더 큰 차익을 기대한다. 그러나 시가총액이 작은 종목은 작은 힘만으로도 크게 출렁이고, 방향을 제멋대로 바꿔 버린다. 따라서 추세를 갖기 힘들고, 추세가 생겼다고 하더라도 이를 계속 이어 가기도 어렵다.

시가총액과 주가의 관성, 추세의 관계를 이해할 수 있다면 내가 투자하는 종목이 차트 분석으로 돈을 벌 수 있는지 없는지를 알 수 있을 것이다. 만일 차트 분석에 비중을 두고 있는 투자자라면 추세가 만들어진 이후 추세가 유지될 수 있는 종목에 관심을 가져야 한다.

즉 시가총액이 큰 종목을 위주로 살펴야 하는 것이다. 하지만 대부분의 기술적 분석을 하는 투자자들은 쉽게 출렁이는 작은 시가총액의 종목들을 따라다닌다. 이런 종목은 기술적 분석에서 "추세가 있어야 한다."라는 전제를 성립시키기 힘든 종목인 데도 불구하고 말이다.

차트 분석에서 중요한 두 번째 단어는 심리다. 모든 투자는 사람이 하는 것이고, 사람들의 심리는 반복된다. 따라서 주가의 움직임 역시 반복될 것이라는 생각으로 여러 가지 분석 방법들이 생겼다.

그런데 요즘에는 AI를 통한 트레이딩 시스템이 등장하면서, 이런 심리적인 분석 부분이 조금 흔들리고 있다. 컴퓨터에 상승 종목의 조건을 걸어 두고 자동 주문을 통해 엄청난 거래를 한다. 이 때문에 개인투자자가 차트를 보고 데이트레이딩하면서 수익을 내기는 어려워졌다. 애초에 이길 수 없는 게임이고, 도박의 영역과 경계가 모호해질 수 있다. 그럼에도 불구하고 장기간에 걸친 심리적 분석은 여러모로 유용하다.

차트에서 심리란 저항선과 지지선을 이해하는 중요한 요소다. 단순 캔들의 배열만 가지고는 현재의 추세를 이해하기 어렵다. 그러나 여기에 이동평균선과 거래량, 여러 가지 보조지표가 더해지면 추세를 이해하기 쉬워진다. 그리고 이런 보조지표들은 저항선과 지지선이라는 심리적 요소에 힘을 실어 줌으로써, 향후 주가의 흐름을 예측하는 데 도움을 줄 수 있다.

그러나 차트 분석을 잘못 이해하고 맹렬한 신봉자가 되어서는 곤란하다. 차트 분석을 공격하는 약점은 우매한 맹신자들 때문에 발생한다. 과거의 주가 흐름이 미래의 주가를 완벽하게 예측하는 도구로 사용될 수는 없다. 과거 주가는 단지 과거의 흐름일 뿐, 미래 주가는 아무도 모른다. 단지 성공의 가능성에 대한 영역일 뿐이다.

하지만 풋내기 투자자가 주가 예측에 대한 여러 가지 차트의 기술을 처음 접하게 되면, 무협지 속 무공 비급을 익힌 듯 자신감에 차오른다. 그래서 일목균형표, 패턴 분석, 피보나치, 엘리어트 파동 이론 등을 통해 다음 반등과 하락 시기를 예측한다.

그러나 주가가 먼저 움직이고 추세가 결정되는 것임을 잊으면 안 된

다. 주가를 올리는 군중이나 세력이 엘리어트 파동 상승 5파에 맞춰 주가를 올린다고 생각하는가? 테슬라 주가를 관리하기 위해 일론 머스크가 피보나치 되돌림을 살펴보고 트위터에 한마디씩 신호를 준다고 생각하는가?

이미 지나간 주가에 무수한 선을 그어 가며 꿰맞출 뿐인 무의미한 분석이다. 수십 년간 주식투자를 연구하고, 공부하며, 주식투자로 밥을 먹고 살아가는 기관과 외국인투자자들이 한국의 개인투자자들보다 더 많은 차트 분석에 대한 지식이 있음을 생각해보면 투자에 겸손함이 조금은 생길지도 모르겠다.

지금부터는 기본적 분석에 대해 생각해보자. 기본적 분석에서는 여러 가지 경제 변수 데이터를 분석한다. 특히 기업의 재무제표와 각종 통계 자료 등 숫자를 통해 기업의 내재 가치를 분석하고자 한다. 기본적 분석의 아버지로 불리는 존버 윌리엄스는 주식에 대하여 '할인된 현재 가치'라는 개념으로 기업의 내재 가치를 생각했다. **주가가 기업의 내재 가치보다 낮아지면 이를 저평가된 주식으로 보고 투자의 기회로 삼는다. 이것이 기본적 분석의 가장 핵심적인 요소다.**

[가치투자에서 가장 중요한 핵심 단어]
내재 가치와 저평가

기업의 내재 가치가 커지기 위한 네 가지 요소는 다음과 같다.

① 기업의 성장률이 높고, 성장 지속 기간이 길어야 한다.

② 배당금 지급액이 커야 한다.

③ 주식의 위험도가 낮아야 한다.

④ 금리 수준이 낮아야 한다.

가치투자자들은 기업의 재무제표를 중심으로 여러 가지 경제 상황을 분석한다. 이를 통해 기업의 내재 가치가 현재 주가보다 싸면 매수하고, 주가가 비싸지면 매도하는 전략을 취한다.

주가는 미스터 마켓에 의해 언제나 과도하게 출렁이며 움직인다. 따라서 기업의 내재 가치보다 주가가 낮아질 때도 있고, 때로는 기업의 내재 가치보다 비싸질 때도 있다. 이것은 주식시장이 불완전하며 모든 정보가 공개되지 않았다는 가정에서 출발한다.

기본적 분석을 통해 돈을 벌려면 이론이 성립하기 위한 전제를 이해하는 것이 중요하다. 다시 설명한다. 기본적 분석을 통한 가치투자자들은 주가에 모든 정보가 담겨 있지 않으며, 미스터 마켓에 의해 저평가되었다가 고평가되는 등 크게 출렁이며 움직인다고 믿는다.

이것은 기술적 분석과 정면으로 대치하는 가정이다. 차트 분석은 모든 정보는 주가에 반영되어 있다는 전제에서 출발한다. 그래서 기본적 분석가들과 기술적 분석가들은 언제나 자신이 믿고 있는 이론이 맞다고 주장하며 서로 싸운다.

하지만 여러분은 싸우지 않았으면 좋겠다. 논문을 써서 학위를 받고자 하는 게 아니다. 활용을 통해 수익을 내려 함이다. 그리고 애초에 전제가 다른 두 가지 분석 방법이기에, 투자 대상 종목군도 달라져야 한다. 노는 물이 다르다는 뜻이다.

우리는 앞서 차트 분석의 적당한 투자 대상 종목으로 시가총액이 큰 대형주가 유리하다는 것을 살펴봤다. 추세와 관성에 따른 힘 때문이다. 그런데 기본적 분석에서는 반대로 시가총액이 작은 소형주가 유리하다. 그 이유는 두 가지다.

첫째로 정보의 공개 수준이 다르다. 기본적 분석을 통한 가치투자는 모든 정보가 공개되지 않았다는 전제에서 출발한다. 사실 이런 가정은 가치투자가 처음 태동하게 된 1900년대 초에는 상당히 맞는 이야기였다. 그러나 요즘은 모든 재무 자료가 공개되어 있다. 기업 관련 뉴스도 하루에 수십 개씩 쏟아진다. 특히 삼성전자 같은 대형주는 어떤 반도체를 몇 개 만들어서, 몇 개를 수출하고, 창고에 몇 개가 쌓여 있는지 계산하는 사람들이 수두룩하다.

이처럼 대형 우량주일수록 모든 정보가 공개되어 있다. 모든 투자 전문가가 눈에 불을 켜고 살펴보고 있기 때문에, 주가가 저평가되려야 될 수가 없는 상황이다. 따라서 **개인투자자 입장에서 대형 우량주는 기본적 분석보다는 차트 분석이 유리하다.**

반면 작은 소형주는 어떤가? 증권사 리포트 하나 찾아보기 힘든 종목들이 많다. 이런 기업의 투자 정보는 방구석에 틀어박혀서는 절대로 찾아볼 수 없기 때문에, 모든 기업 정보가 주가에 반영되기 힘든 종목이다.

따라서 기본적 분석을 통해 가치투자를 하는 투자자라면 이런 소외

된 종목을 위주로, 남들이 찾지 못한 금맥을 찾는 것이 가치투자의 전제에도 부합하는 투자법이다.

그러나 문제는 가치투자라고 하면 자연스레 우량주투자를 생각하는 것이다. 그리고 우량주는 주로 시가총액이 큰 대형주다. 증권사 리포트도 많이 나오기 때문에 보고서들을 읽다보면, 왠지 기업의 내부 사정까지 알게 된 것 같아 뿌듯하기까지 하다.

이런 것은 전혀 감을 못 잡은 투자 방식이다. 자신이 사용하는 분석 방법의 기본 전제를 다시 한 번 생각하고 이해해야 한다. 주가와 기업 가치의 괴리에서 오는 차익을 먹으려면, 기업의 내재 가치와 주가가 다르다는 불완전한 시장을 가정해야 한다.

기본적 분석을 통한 가치투자에서 시가총액이 작은 종목을 찾아야 하는 두 번째 이유는 가격의 변동성 때문이다. 가치투자는 기본적으로 장기투자다. 내재 가치보다 저평가된 종목을 찾아서 매수하면, 수익이 날 때까지 기다려야 한다. 미스터 마켓이 주가를 내재 가치보다 더 높은 곳으로 끌어올릴 때까지 말이다.

그런데 제아무리 미스터 마켓이 주가를 흔든다고 할지라도 시가총액이 무거운 종목은 천천히, 그리고 느리게 움직일 수밖에 없다. 그리고 이런 대형 우량주들은 미스터 마켓의 조울증보다는 경제 전반의 사이클, 금리 등에 영향을 더 크게 받는다. 대형 우량주의 주가 움직임은 제아무리 미스터 마켓일지라도 한 수 접고 자리를 내줄 수밖에 없다.

그러나 시가총액이 작은 종목은 미스터 마켓의 조울증에 엄청난 영향을 받는다. 끊임없이 환희와 절망 사이를 오간다. 경제 상황이나 금리와는 상관없이 엄청난 저평가와 고평가 사이를 넘나든다. 이런 성향 때문에 시가총액이 작은 종목에서는 가치투자를 하는 투자자들은 큰 기회를 찾을 가능성이 커진다.

결국 기술적 분석을 중요시하는 투자자는 대형 우량주를 살펴야 하고, 기본적 분석을 중요시하는 가치투자자는 소형주를 면밀히 분석해야 투자 성공 확률을 높일 수 있는 것이다.

이쯤에서 이런 의문이 생길지도 모르겠다.

'무슨 소리야? 워런 버핏은 애플, 뱅크오브아메리카, 셰브론, 코카콜라 같은 대형 우량주에만 투자하고 있는데 말이야!'

어쩔 수 없다. 그들은 수백조 원을 투자해야 하기 때문이다. 이 정도 자금이 들어갈 수 있는 종목은 전 세계를 찾아봐도 몇 십 개 종목 정도로 압축될 수밖에 없다.

그러면 워런 버핏은 대형 우량주에 가치투자를 하는데, 우리도 그렇게 하면 되지 않는가? 그래도 된다. 하지만 개인투자자는 워런 버핏과 같은 경제를 읽는 안목이나 분석력, 그리고 막대한 투자금이 없다는 게 문제다.

2008년 금융위기나 코로나19 폭락장과 같은 대폭락 시기에 모든 투자자가 돈이 없어서 허덕일 때, 워런 버핏은 이전보다 더 많은 주식을 쓸어 담을 자금이 있었다. 그리고 한 번 투자하면 10년이고 20년이고 기업이 성장할 때까지 느긋하게 바라볼 돈도 많다. 당장 증권 계좌의 돈을 빼서 집 사는 데 보태야만 하는 한국의 개인투자자들과는

격이 다르다.

　자기 체급에 맞는 투자법을 찾는 것도 투자의 성공 확률을 높이는 데 중요한 요소다. 키가 크고 팔이 긴 복싱선수라면 아웃복서 스타일이 유리하다. 그런데 이런 선수가 인파이터 스타일을 고집한다면? 두들겨 맞기 십상이다. 키가 작고 팔이 짧은 복싱선수라면 빠른 발을 이용하여 안으로 파고드는 인파이터 스타일로 싸울 수밖에 없다. 애초에 아웃복싱을 할 신체 구조 자체가 성립하지 않는다.

　전 세계적인 정보력과 자금을 가진 투자자가 사용하는 투자법이 있고, 돈 한 푼이 아쉬운 투자자가 사용할 수밖에 없는 투자법도 있다. **자신의 상황과 여건, 투자 성향과 능력을 고려하면서 다양한 투자법을 공부하고 알맞은 곳에 사용할 수 있어야 한다.**

경제를 읽으면 실패하지 않는다

하루에도 몇 번씩 이런 스팸 문자가 날아온다.

"그동안 힘드셨죠? 모든 정보를 무료 정보방에서 나누고 있습니다. 입장 링크 : 카카오톡 XXX."

이들은 증시 상황과는 상관없이 언제나 수익이 난다고 자신한다. 카톡방에 들어가 보면 매일의 수익을 자랑한다. 그러다가 한 달 정도 지나면, 경영상 어려움으로 유료방으로 전환한다. 또는 조금 더 고급 정보는 유료방에서 나누고 있다며 은근슬쩍 유료 결제를 유도한다. 하루 종일 카톡방에서 이런저런 종목 정보를 공유하다가, 옆구리를 쿡 찌르며 앞으로 더 큰돈을 벌 수 있음을 암시한다.

하지만 이런 곳에서 투자자들은 큰 손해를 볼 수밖에 없다. 제아무리 종목을 잘 찍는다고 하더라도 하락장에서는 어쩔 도리가 없다. 몇 번의 연이은 투자 실수는 큰 손실로 이어진다. 그러면 해당 카톡방은 사라지고, 또 새로운 카톡방을 만든 다음 스팸 문자를 뿌린다.

실제로 이런 유료 종목 추천 업체를 통해 큰 손실을 입고, 스스로 투자 공부를 해야겠다며 필자를 찾아온 투자자가 꽤 있다. 적게는 수백만 원에서 많게는 수천만 원까지 손실을 본 후에야, 투자 공부의 필요성을 절실히 느꼈기 때문이다. 남이 잡아다 주는 물고기를 받아먹었지만, 썩은 물고기였다. 이런 아픔을 당하지 않기 위해서는 직접 낚시하는 방법을 공부해야 한다.

심지어 투자의 신이라 할지라도 오로지 주식투자만으로는 일 년 365일 수익을 낼 수 없다. 주식시장은 큰 흐름을 만들며 상승과 하락을 반복한다. 상승장에서는 초보투자자가 방망이를 휘둘러도 안타를 칠 수 있다. 눈을 감고 찍어도 수익을 낼 수 있는 시기다.

그러나 하락장에서는 답이 없다. 물론 하락장에서도 상승하는 종목은 있다. 우리나라 코스피 1,000여 개의 종목, 코스닥 1,500여 개의 종목이 온통 파란색으로 크게 하락하는 날에도 몇 종목 정도는 상승한다. 이런 종목을 찾아다니며 항상 수익을 낼 수 있다는 스팸 문자를 받는다면 정말 조심, 또 조심하시길 바란다.

그런데 워런 버핏 같은 유명한 투자자는 언제나 수익을 낸다고 알려져 있다. 연평균수익률이 20% 정도 된다고 하니 말이다. 그러나 그 수익률은 '평균'이라는 점을 알아야 한다. 증시가 하락하는 시기에는 워런 버핏의 보유 종목들도 모두 하락한다. 그래도 워런 버핏은 팔지 않는다. 그러면 어떻게 연평균 20%의 수익이 가능했던 것일까?

그것은 시장의 흐름을 읽고 모든 종목의 주가가 떨어질 대로 떨어져서 공포에 질렸을 때, 정말 싼 가격에 이전보다 더 많이 매수할 수 있기 때문이다. 워런 버핏 같은 투자자는 증시가 오르면 오히려 싫어한다. 주가가 올라서 내재 가치보다 비싸져서 매수할 만한 종목이 줄어들어서다.

워런 버핏은 오히려 주가가 하락하는 것을 좋아한다. 주가가 싸지면 매수할 수 있는 종목들이 많아지니 말이다. 이런 투자자는 계좌의 잔고가 늘어나는 것보다 보유 주식 수가 늘어나는 것을 더 즐긴다. 지금 당장 돈이 필요해서 빨리 돈을 불려야 하는 우리로서는 거시 경제의 흐름을 읽고, 엄청난 장기간의 투자를 지속해야 하기 때문에 감당하기 힘든 투자법이다.

그러나 단 한 가지, 시장의 흐름을 읽고 주가가 저평가되었을 때 주식을 매수하는 것은 우리도 충분히 따라 할 만하다. 당연하다. 그리고 너무 쉽다.

증시의 바닥에서 주식을 매수해야 한다는 것은 주식투자를 하는 사람이라면 따로 공부하지 않아도 모든 이가 알고 있는 내용이다. 그러나 머리로 알고 있는 것과 실제 상황이 닥쳤을 때 행동으로 옮기는 것은 전혀 다른 문제다. 투자 전문가들은 이렇게 조언한다.

"주식시장이 공포에 휩싸이고 군중들의 투매가 나올 때가 증시의 바닥이므로, 이 시기에 주식을 적극적으로 매수해야 한다."

마치 자신만이 알고 있는 굉장한 비밀을 알려주는 양 공포에 매수하라고 한다. 그런데 개인투자자들은 매일이 공포다. 음봉이 하루이틀 연달아 발생하고, 계좌에 손실 금액이 생기기 시작하면서부터 엄청난 두려움에 빠진다. 하지만 초보투자자들은 간신히 손실 계좌의 공포를 딛고, 대출까지 하여 주식을 계속 사들인다. "공포에 매수해야 성공한다!"라는 조언을 굳게 믿는다. 그 '공포'는 진짜 '공포'가 아님에도 말이다.

그러면 증시의 흐름을 어떻게 읽을 수 있을까? 숲속에서는 산의 모습을 알 수 없고, 산을 빠져나와야 지나온 길이 보인다. 시간이 지나고 보니 그때가 증시 상승기였다는 것을 알게 되는 것처럼 말이다.

증권사 리포트, 경제 뉴스, 유튜브에서는 매일 전문가들이 현재와 미래의 경제 상황을 이야기한다. 그러나 분석은 반반이다. 어떤 이는 지금의 불황이 내년까지 이어질 거라 말하고, 다른 이는 지금 불황이 거의 끝났으니 이 종목을 모아 가라고 부추긴다.

항상 부정적 의견을 내는 분석가는 일명 '닥터 둠'이라는 별명을 자랑스러워하며 내년은 더 하락한다고 겁을 준다. 반면 어떤 분석가는 하락장이 거의 끝났으며 반등의 시점이 거의 왔다고 꿈을 키워 주기도 한다. 대체 누구의 말이 맞을까? 여기에서 여러분만의 시장을 읽는 감이 필요하다.

주식시장은 어떤 흐름으로 흘러가는 것일까? 앙드레 코스톨라니가 설명한 '코스톨라니의 달걀'을 이해하면 도움이 된다. 특히 2022년 이후 금리 인상과 경기 침체의 우려로 흔들리는 증시 상황에 대해 아주 잘 설명하고 있다.

코스톨라니는 투자자를 소신파와 부하뇌동파, 두 부류로 나눴다. 소신파는 가치투자자로만 해석할 것은 아니고, 워런 버핏과 같이 큰돈을 가진 투자 전문가로 이해하는 것이 좋다. 반면 부하뇌동파는 시장 상황에 따라 흔들리며 남의 말만 쫓아다니는 대부분의 초보투자자다. 물이 위에서 아래로 흐르듯, **경제의 흐름에 따라 돈은 부하뇌동파에서 소신파에게 점점 흘러간다.**

주식시장의 흐름에 대한 그림을 보자.

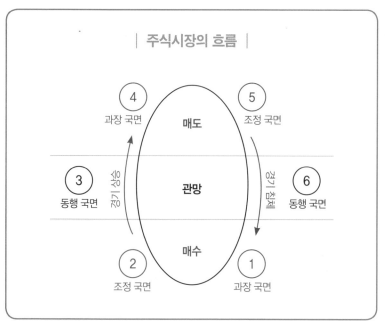

경기와 금리 흐름에 따른 증시 대응.

① 하락 과장 국면매수 타이밍

금리가 높아지면 경기가 침체된다. 이 때문에 주가는 하락을 지속하다가 결국에는 기업 본래의 가치보다 낮은 수준까지 하락하게 된다. 더 큰 하락장이 두려운 초보투자자는 주식을 매도한다. 그리고 소신파는 기업 가치보다 싸게 거래되는 주식을 매집한다.

자연히 시중에 거래되는 많은 물량의 주식은 소신파의 손으로 들어가게 된다. 거래될 수 있는 대부분의 주식이 소신파의 손에 들어가게 되면, 이때부터 경제에 대한 나쁜 뉴스가 나와도 주가는 더 이상 크게 빠지지 않는다.

소신파는 경제의 흐름을 알고 있고, 반등할 때까지 기다릴 수 있는 체력이 있으니 주식을 팔지 않는다. 아무리 나쁜 뉴스가 쏟아져도 소신파는 아랑곳하지 않는다. 이때부터 증시는 바닥권을 다지면서 횡보를 시작한다.

② 상승 조정 국면매수 타이밍

경제 상황은 사이클이 있다. 하락이 있으면 반드시 반등이 나오기 마련이다. 중앙은행은 침체된 경기를 다시 살리기 위해 금리 인상을 멈춘다. 그리고 금리를 천천히 내려야 하는 순간이 찾아온다. 금리가 낮아지면 기업들은 돈을 빌려 새로운 투자를 시작한다. 이런 상황을 포착한 노련한 투자자들은 은행에 묵혀 뒀던 돈을 인출하여 주식을 사기 시작한다.

하지만 이들은 소신파보다는 조금 높은 가격에 주식을 매수할 수밖에 없다. 조금이라도 비싼 가격에 매수해야 소신파의 주머니에서 주식이 나오기 때문이다.

이때부터 주가가 조금씩 오르기 시작하면서 비관주의가 약해진다. 증시는 경제 상황을 선행한다는 믿음으로 주가가 오르니, 조만간 경제도 나아질 거라는 생각이 서서히 증가한다. 그 결과 점점 증시에 매수자들이 많아지게 되는데, 이때가 상승의 첫 국면이다. 새로운 투자자가 시장에 계속 들어오게 되고, 증시는 하락을 멈추고 반등하는 종목의 수가 많아지게 된다.

③ 상승 동행 국면

금리 인하가 계속 진행되면서 경제 상황 역시 활성화된다. 기업의 이익이 증가했다는 뉴스가 나오기 시작하면서, 증시는 상승을 이어 간다.

이 시기, 새로운 투자자들이 증시에 계속 들어온다. 이미 저점은 지나면서 주식을 가장 싸게 매수할 기회는 지나갔지만, 그래도 상승장에 맞춰 매수를 이어 간다.

④ 상승 과장 국면 매도 타이밍

모든 뉴스에서 증시 활황을 이야기한다. 엄청난 수의 투자자와 더불어 노름꾼, 초보투자자들이 주식을 매수한다. 기업의 이익은 여전히 잘 나오고 있기 때문에 증시에는 끝없는 낙관주의만 가득 찬다. 주가는 고평가 수준을 넘어선 지 오래다. 그래도 계속하여 더 높은 가격에 매수자가 나타난다. 심지어는 보험, 적금을 깨고 대출까지 받아 매수에 동참하면서 시장에 거품이 끼고 과열되기 시작한다.

낮아진 금리에 더 많은 사람이 돈을 빌려서까지 주식을 매수한다. **이 시기 소신파는 주식을 팔기 시작한다. 증시는 고점이고 거품이 끼었다는 것을 알기 때문이다.** 그래서 소수의 소신파가 보유했던 주식은 다수의 개인부하뇌동파에게 넘어가면서 거래량이 폭증한다.

다수의 개인투자자는 증가하는 거래량을 보면서 증시의 활황을 더욱 확신하며 계속 매수를 이어 간다. 증시의 고점이라는 소리를 듣고 매도했다가도 계속되는 주가 상승을 보면서, 이전보다 더 큰 빚을 끌어와 다시 매수에 동참한다.

⑤ 하락 조정 국면 매도 타이밍

경기에 거품이 끼기 시작하면 중앙은행은 인플레이션을 우려하여 금리 인상을 시작한다. 그 결과 시중에 유동 자금이 줄어들기 시작한다. 더 이상 새로운 자금과 투자자가 증시에 들어오지 않는 상황이 되었다. 그러면 여전히 기업의 실적이 좋다는 뉴스가 나오더라도 주식은 예전처럼 오르지 못한다.

이것을 포착한 노련한 투자자들은 주식을 팔기 시작한다. 그러면 주가는 정점을 찍고 하락을 시작한다.

⑥ 하락 동행 국면

돈줄이 마르면서 기업은 대출을 통한 사업 확장이 제한된다. 사람들도 돈을 빌려서 소비하기 힘들어진다. 자연히 기업의 이익은 감소하게 되고 이런 내용이 뉴스에 슬슬 등장한다.

기업의 악재 소식과 더불어 계속 하락하는 증시에 두려운 나머지, 더 낮은 가격에서라도 매도하고 싶어 하는 투자자들이 계속 늘어난다. 결국 증시 하락은 계속 가속화된다.

① 다시 **하락 과장 국면으로**매수 타이밍

증시에 온통 악재만 가득하다. 시중에 유동 자금은 거의 없다. 금리가 최고조에 이르면서 대출이 있는 투자자들은 대출 이자에 허덕인다. 한푼이라도 현금이 중요한 부하뇌동파는 보유하고 있던 모든 주식을 가장 낮은 가격에 던져 버린다. **소신파들은 이런 주식을 다시 매집하면서 이전과 똑같은 사이클로 돈을 번다.**

주식시장은 이와 비슷한 과정을 반복한다. 여기서 각 국면의 기간이 어느 정도 이어지는지는 아무도 모른다. 아마 미국 연준 의장도, 구독자 수백만의 경제 유튜버도 모를 것이다. 여러 가지 경제 상황과 함께 무수한 지표와 경제 변수에 따라 달라지기 때문이다. 당장 다음 달 소비자물가지수CPI나 시간당 임금상승률이 얼마나 나올지는 통계가 집계되기 전까지 알 수가 없다. 그저 각각의 지표들이 발표된 이후에 이를 평가할 수 있을 뿐이다.

여기에 주식시장은 대중의 심리까지 반영된다. 소신파가 언제를 저점으로 잡고 매집을 시작하느냐가 기준이라면 기준이 될 수 있겠다. 다만 우리는 대형 자본을 가진 소신파가 아니기에 그들의 매집 시기를 정확하게 알지 못한다.

문제는 또 있다. 주식시장은 경제 상황과 함께 흘러갈 때도 있고, 때로는 반대로 움직이기도 한다. 그래서 경제 상황만 잘 지켜본다고 하여 주식시장의 흐름을 정확히 알 수도 없다. 뉴스에서는 기업의 이익이 계속 증가할 것이라고 하지만 주가는 하락한다. 뉴스를 믿을 것인가? 아니면 주가의 흐름을 믿을 것인가?

경제 상황에 따라 증시의 국면이 넘어가는 것은 누구도 정확하게 알지 못한다. 반등이 몇 달 만에 끝날 때도 있고, 때로는 몇 년간 지속될 수도 있다. 이런 경제의 추세를 정확히 알 수 있다고 주장하는 사람들은 일단 의심의 눈초리로 살펴볼 필요가 있다.

증시의 흐름을 읽기 위해서는 투자의 감을 키우는 수밖에 없다. 이러한 감을 키우는 데 도움이 되는 자료를 적극 활용해보자. 증시의 흐름을 읽는 방법은 필자의 전작이었던 《주식 고수는 투자 정보를 어디서, 무엇을, 어떻게 찾나? 네이버 증권》에서 자세히 설명한 바 있다. 그만큼 중요한 내용이기에, 이 책에서도 다시 풀어서 설명한다.

네이버 증권의 리서치 활용

증시의 흐름에 대한 감을 잡기 위해서는 일단 많이 읽어야 한다. 투자를 크게 하지 않더라도 시장의 기회를 노리면서 꾸준히 빈틈을 찾아야 한다. 이를 위해 네이버 증권의 리서치를 시간이 나는 대로 읽어보면 도움이 된다.

초보투자자에서 '초보'란 어떤 의미일까? 처음 투자를 시작하면 초보투자자다. 그런데 투자한 지 10년이 지나도 여전히 초보투자자인 경우도 있다. 경제와 증시에 대한 용어를 모르기 때문이다. 해당 분야에서 사용되는 용어에 익숙해지지 못하면 아무리 그 바닥에 오래 있었다고 하더라도 초보 딱지를 뗄 수 없다. 이런 의미에서 네이버 증권의 리서치에서 제공되는 리포트는 아주 좋은 교재가 된다.

다음 페이지에 나오는 그림의 좌측 배너를 보면 시황 정보 리포트부터 채권 분석 리포트까지 다양한 리포트가 있다.

네이버 증권에서 제공하는 다양한 리서치 정보.

1. 시황 정보 리포트

시황이란 주식시장의 전반적인 시세, 거래 동향 등에 대한 증시 상황이다. 증권사별로 발표되는 리포트를 참조하면 최근 증시 상황을 이해할 수 있다.

증시 움직임을 보면서 왜 그렇게 움직이는지 알고 싶을 때가 있다. 어제 상승한 증시는 왜 상승했으며, 하락한 증시는 어떤 이유에서 하락했는가? 이것을 알 수 있다면, 다음번 유사한 상황이 반복될 때 조금 더 빠른 대응이 가능해질 것이다. 이런 것이 내공이며, 이런 훈련을 통해 감이 생긴다.

2. 투자 정보 리포트

다양한 경제 흐름에 따른 투자 정보를 얻을 수 있다. 경제 상황에 따라 미국에 투자할 것인가? 아니면 중국에 투자할 것인가? 그것도 아니면 신흥국에 투자해야 하는가? 또는 각각의 국가별로 자산을 어떻게 배분할 것인가?

주식에 투자할 것인가? 펀드에 투자할 것인가? 채권에 투자할 것인가? ETF에 투자할 것인가? 달러에 투자할 것인가? 원자재에 투자할 것인가? 또는 각각의 투자처별로 자산을 어떻게 배분할 것인가?

이런 고민을 해본 적이 있다면 투자 정보 리포트를 통해 데이터와 분석에 기초한 전략을 수립할 수 있다.

3. 종목 분석 리포트

예전에는 네이버에서 종목 추천까지 지원해준 적이 있었다. 증권사별로 추천 종목을 선별하여 네이버의 '추천 종목' 카테고리에서 제공했다. 그런데 네이버 증권의 개편에 따라 이 서비스는 사라져 버렸다. 누군가 알려주는 투자 대상 종목이 있다면 얼마나 편할까?

하지만 절대 잊지 말아야 할 것! 투자 종목은 오직 본인이 발굴하고 분석하여 최종 투자 결정까지 이르러야 한다. 그런데 이 과정이 너무나도 힘들다. 특히 다른 생업을 병행하면서 주식투자를 하다보면 투자 정보에 항상 목마를 수밖에 없다. 그렇다고 하여 누군가 알려주는 종목에만 너무 매달리다보면 큰 손실을 볼 수 있으니, 항상 주의해야 한다.

종목 추천에 대해 이야기한 이유는 종목 분석 리포트를 마치 종목 추천처럼 받아들이는 초보투자자들 때문이다. 종목 분석 리포트는 절대로 종목 추천이 아니다. 이 부분을 이해해야 한다. 종목 분석은 어디까지나 종목에 대한 분석일 뿐이다. 그러나 종목 분석 리포트를 보면 지금 당장 이 종목을 매수해야 할 것만 같은 생각이 들 정도로 잘 정리되어 있다. 이런 리포트를 보면서 이렇게 생각하는 투자자들이 많을 것이다.

'내 종목은 호재가 많은데, 왜 주가는 이리도 안 오를까.'

종목 분석 리포트에서는 기업의 실적 전망과 현재 상태를 분석하고, 그 결과에 따라 목표 주가를 제시한다. 그리고 대부분의 목표 주가는 현재 주가보다 높게 설정되기 마련이다.

증권사 리포트 분석 결과에 따르자면 우리나라의 대다수 종목은 저평가되어 있으며, 향후 실적 전망은 언제나 밝다. 그렇다고 저평가된 종목이니 모든 종목을 매수해도 될까?

당연히 아니다. 이 부분이 종목 분석 리포트와 종목 추천이 다른 것이다. 참고로 어떤 기업에 대하여 부정적인 리포트가 나오게 되면 해당 기업의 항의를 받는다고 한다. **그래서 증권사에서는 거의 모든 리포트 결과를 '매수' 또는 '유지' 정도로 발표한다. 그러니 중립의 투자 의견을 담은 리포트를 내면 이는 사실상 매도 의견인 셈이다.**

그리고 기본적으로 기업은 돈을 벌기 위해 조직된 단체다. 돈이 벌릴 것이라는 강력한 전망과 분석, 믿음으로 똘똘 뭉친 조직을 분석한 결과라면 당연히 향후에 더 큰돈을 벌 수 있을 것이라는 전망과 자신감이 보고서에 나올 수밖에 없다.

이런 이유로 종목 분석에서 긍정적인 결과나 나왔다고 하여 반드시 주가가 상승하는 것은 아니며, 반대로 종목 분석에서 부정적인 결과가 나왔다고 무조건 주가가 하락하는 것도 아니다. 물론 부정적 리포트가 주가에 악재가 되는 경우는 많지만 말이다. 결국 투자자 스스로가 종목 분석 리포트를 제대로 활용할 수 있어야 한다.

증권사의 종목 분석 리포트가 대부분 긍정적으로 작성되었다고 해도 완전히 무시하기는 어렵다. 전문성을 가진 애널리스트가 해당 기업을 탐방하고, 업종과 경기 상황을 분석하여 정리한 결과기 때문이다.

그렇다고 있는 그대로 믿기도 힘들다. 리포트를 작성하는 애널리스트일지라도 미래를 예측할 수는 없다. 그들은 단지 현시점에서 기업의 실적과 업종 현황에 대한 분석을 기반으로, 여러 가지 숫자들을 제시해줄 뿐이다. 따라서 종목 분석 리포트가 나오게 되기까지의 상황을 이해하면서 투자에 활용하면 좋겠다.

삼성전자와 같이 대표적인 종목의 경우에는 일 년 내내 분석보고서가 나온다. 그리고 삼성전자와 같은 대형주는 산업과 업종 경기에 대한 분석과 같은 경제 분석 리포트가 더 도움이 될 것이다.

증권사 리포트가 가끔 나오는 작은 종목의 경우는 리포트의 내용뿐만 아니라, 최근 리포트의 개수와 매수 추천의 빈도 추세를 보면서 투자에 활용할 수도 있다. 특히 최근까지 종목 분석 리포트가 거의 없다가 갑자기 리포트가 자주 나오기 시작한 종목이라면, 장기적인 상승 추세를 타게 될 가능성이 있다.

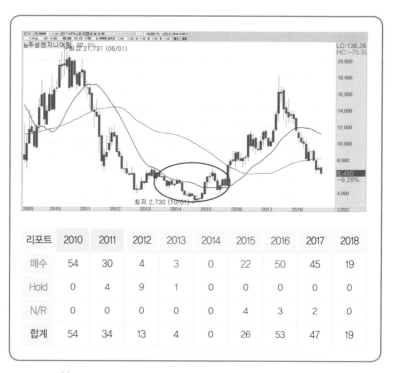

리포트	2010	2011	2012	2013	2014	2015	2016	2017	2018
매수	54	30	4	3	0	22	50	45	19
Hold	0	4	9	1	0	0	0	0	0
N/R	0	0	0	0	0	4	3	2	0
합계	54	34	13	4	0	26	53	47	19

주성엔지니어링에 대한 연도별 종목 분석 리포트 수와 주가의 흐름.

그림에서 연도별 증권사 리포트 개수와 주가 변화를 살펴보자. 2012년까지 하락하던 주가는 2013년에 이르러 바닥처럼 보인다. 이 시기의 증권사 리포트는 예년에 비해 개수가 크게 줄어들었다. 심지어 2014년에는 해당 종목에 대하여 증권사 리포트가 한 건도 나오지 않았다. 주가가 바닥일 때는 해당 기업에 대한 비관론도 그만큼 커졌기 때문이다. 하락 추세의 기업 분석에 노력을 낭비하려는 증권사는 없다.

그러나 2015년에 접어들면서 해당 기업이 바닥을 치고 상승한다는 인식이 많아질 때 즈음, 증권사들도 일제히 분석보고서를 내놓기 시작했다. 바로 이 시점, 그동안 증권사의 관심을 받지 못했다가 어느 순간부터 많은 증권사의 분석 대상이 되는 종목을 살펴봐야 한다. 이것은 꾸준한 노력을 요구한다.

종목 분석 리포트의 또 다른 활용은 관심 종목을 분석하기 위한 참고 자료로 보는 것이다. 내가 먼저 투자 대상 종목을 선정하고 이를 분석하는 가운데 증권사의 리포트를 참고하는 방식이다. 관심 종목의 리포트를 여러 개 읽다보면 대부분 비슷한 내용으로 보인다. 하지만 애널리스트마다 각기 다른 분석 점을 찾아본다면, 미처 발견하지 못했던 부분을 공부하고 투자에 활용할 수 있다.

주의해야 할 점은 증권사에서 어떤 종목에 대한 매수 추천 리포트가 나왔다고 해서 바로 매수하는 것은 위험할 수 있다. 왜냐하면 지금 이 순간에도 수많은 매수 추천의 종목 리포트들이 쏟아져 나오고 있으며, 그중 상당수는 하락하고 있기 때문이다.

종목 분석 리포트란 최대한 긍정적인 관점에서 분석된 자료라는 것을 잊지 말자. 비록 리포트에서 제시된 목표 주가가 현재가보다 높을지라도 '종목 추천'이 아님을 이해해야 한다. 이런 생각을 갖고 종목의 '분석 용도'로만 활용한다면 아주 좋은 투자 자료가 될 것이다.

4. 산업 분석 리포트

산업 분석 리포트는 시장의 큰 흐름을 읽는 데 중요하다. 큰 흐름을 읽을 수 있다면 실패할 확률이 줄어든다. 어떤 업종의 분위기가 좋아진다고 하면, 해당 업종의 종목에 분산투자할 경우 수익이 날 확률이 높아진다.

2018년 삼성전자의 주가가 크게 하락했던 원인은 세계 시장의 반도체 업황이 나빠졌기 때문이고, 2019년 말이 되면서 다시 삼성전자의 주가가 상승하게 된 것도 반도체 업황이 좋아질 것이라는 기대 때문이었다. 이것은 삼성전자의 주가만 상승하는 것이 아니라, SK하이닉스를 비롯하여 반도체 업종 내 대부분의 종목이 상승하게 되는 계기를 만들어준다. 그리고 이런 분석들이 바로 이곳, 산업 분석 리포트에 정리되어 있다.

2022년 2월 이후 반도체 업종에 대한 리포트들을 모아 놓은 그림을 보자. 2022년 반도체 관련 리포트를 살펴보면 업종 현황이 개선될 것

🗨️ 산업 분석 리포트에서 업종별 리포트를 따로 모아볼 수 있다.

삼성전자 시 60,800 고 61,900 저 60,800 종 61,700 ▲ 600 +0.98% 거 6,574,102
이동평균 5 20 60 120

Linear ∨

▼최고 80,800 (-23.64%)

79,352
76,300
73,248
70,196
67,144
64,092
61,700
57,988
54,936
37.9m

최저 55,700 (10.77%) ▲

거래량 6,574,102

2022   2월   3월   4월   5월   6월   7월

🔴 산업 분석 리포트와 연계하여 주가의 흐름을 읽어보자.

이라는 이야기는 보이지 않는다. 그 대신 지정학적 리스크, 신냉전, 수요 부진과 같은 단어들이 보인다. 대략적인 산업의 분위기를 읽으며 감을 잡아야 한다.

이후 삼성전자의 주가는 어떻게 흘렀을까? 2022년 2월 이후 삼성전자 주가 흐름은 하락을 이어 갔다. 미국의 금리 인상과 인플레, 경기 침체에 대한 뉴스가 계속 쏟아졌다. 이 때문에 기관과 외국인은 삼성전자를 비롯한 거의 모든 주식을 매도했다. 심지어는 동학 개미들마저도 삼성전자를 팔고 떠났다는 뉴스가 나오던 시기다.

그러니 자신이 투자하려는 종목이 있다면 먼저 해당 업종에 대한 산업 분석 리포트에서부터 시작하는 것이 좋다. 업종 경기가 좋지 않다면 제아무리 좋은 기업일지라도 주가의 하락을 피할 수 없다.

반대로 업종 경기가 좋아질 것이라는 분석이 많아진다면 장기적으로 좋은 흐름이 될 가능성도 커진다.

5. 경제 분석 리포트

경제 분석 리포트에서는 각종 경제지표에 대한 분석이 정리되어 있다. 초보투자자라면 이곳의 리포트를 정확히 이해하고 투자에 활용하기 힘들 수 있다. 그래도 여러 리포트에 노출된다면 경제 전반이 돌아가는 상태에 대한 감을 잡을 수 있다.

산업 분석 리포트가 업종별 경기에 대한 분석이었다면, 경제 분석 리포트는 전체 경기에 대한 내용을 다룬다. 예를 들어 OECD 경기선행지수를 분석하면서 현시점의 경기가 완만한 상승 국면에 접어들었다는 것을 이야기하기도 하고, 해외 경제지표를 통해 우리나라의 수출 증감을 짐작할 수도 있다. 따라서 앞서 설명한 '경기 순환'을 생각하며 경제 분석 리포트를 읽어보자.

언제가 금리의 최저점 또는 최고점일까? 주식투자자들이 언제 가장 많이 몰리고, 또 언제 떠난 상태일까? 이 부분을 정확히 알기는 매우 어렵다. 경제 분석 리포트는 여러 가지 경제지표를 기반으로 분석된 경제 흐름의 방향을 알려준다. 하루하루의 주가 변동만을 따라다니는 투자자라면 조금 지루하고 난해할 수 있다.

그러나 큰 투자 수익을 위해서라면 증시의 대세 상승기를 읽어야한다. 단기투자자일지라도 경제의 흐름을 이해한다면 실패 확률을 줄일 수 있다. 물론 경제 분석 리포트의 내용들 역시 분석가마다 다를 수 있음을 참고해야 한다.

네이버 증권에서 쉽게 지나치기 쉬운 정보 중 하나였던 리서치! 어쩌면 '공짜'로 제공되고 있기에, 그 가치를 모르는 사람들이 많았는지도 모른다. 하지만 해당 분야를 전공한 전문가들이 고민하며 분석한 내용이라는 것을 생각해본다면, 투자에 활용해보는 것이 조금이라도 도움이 될 것임은 두말할 나위 없다.

남들이 알지 못하는 정보를 나만 알게 된다면 어떨까? 증권사 리포트를 읽고 투자하는 투자자가 얼마나 있을지 생각해봤는가? 최소한 기관이나 외국인이 어떤 근거에 의해 주식을 거래하는지는 알아야 한다.

네이버 증권에서 리포트별 조회 수를 살펴보라. 물론 각 증권사에 직접 접속하거나 다른 경로를 통해 읽을 수도 있다. 하지만 우리나라 주식투자 인구 천만 명 시대를 생각해보면, 투자 정보 리포트의 활용도가 상당히 낮다는 것을 알 수 있다. 유명 경제 유튜버의 조회 수보다도 낮으니 말이다. **남들이 아직 많이 모르는 분석 정보를 내가 먼저 활용할 기회를 놓치지 말자.**

경제 흐름을 읽는 데 도움이 되는 정보

1. 한국개발연구원KDI 보고서

한국개발연구원은 국무총리 산하 경제사회연구회 소관 연구기관으로서 국내외 경제를 종합적으로 연구하는 정부 출연 연구기관이다.

한국개발연구원(KDI)의 경제 전망 분석 자료.

네이버에서 '한국개발연구원' 또는 'KDI'를 검색하면 찾을 수 있다.

주식시장과 관련한 정보는 그림과 같이 '연구'에서 '경제 전망'과 '현안 분석'을 참고하면 된다. 아무래도 정부기관이다보니 경제 전망을 긍정적인 시각에서 볼 가능성이 있다. 그럼에도 경제 분야를 전문적으로 다루는 국가 연구기관의 분석 자료이니, 일반 경제 유튜버들보다는 훨씬 전문적일 수 있다.

2. OECD 경기선행지수

OECD란 경제협력개발기구Organization for Economic Cooperation and Development 의 약어다. 이는 회원국 간 상호 정책 조정 및 협력을 통해 세계 경제의 공동 발전 및 성장과 인류의 복지 증진을 도모하는 정부 간 정책 연구 협력 기구다. 현재 35개국의 민주주의, 시장 경제 체제의 국가들

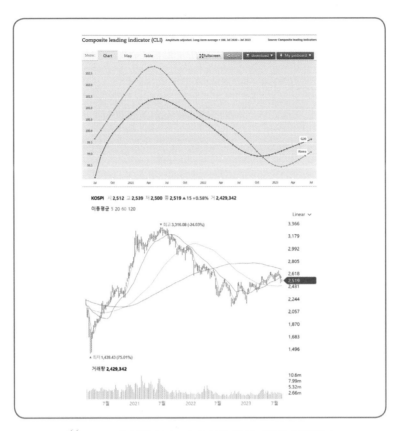

📍 OECD 경기선행지수와 코스피지수의 흐름은 거의 함께 움직인다.

이 가입되어 있다.

OECD 경기선행지수란 가입국의 3~6개월 후의 경기 흐름을 가늠할 수 있는 지표다. 그런데 주식시장은 경기에 선행한다. 따라서 경기선행지수를 살펴본다면 주식시장과 유사하게 흘러가는 것을 볼 수 있다. 간단하게 경기선행지수가 전월보다 상승하면 경기가 상승 국면, 내려가면 경기의 하강 국면으로 생각할 수 있다.

전월 대비 상승과 더불어 전년 동기 대비의 상승도 중요한 자료가 될 수 있다. 선행종합지수의 수치가 100을 기준으로 이상이면 경기 상승, 이하면 경기 하락 상태로 분석하기도 한다.

네이버에서 'OECD 경기선행지수'를 검색하면 그림과 같은 Composite Leading Indicator cLI를 볼 수 있다. 여기에서 Korea를 추가하면 우리나라의 선행지수가 함께 보인다. 이 경기선행지수와 코스피지수를 함께 놓고 보면 거의 비슷하게 흘러가는 것을 확인할 수 있다.

주가의 방향을 판단할 때 단순히 코스피지수의 흐름만 보면 된다고 생각할 수 있다. 그러나 매일 발생하는 자잘한 상승과 하락의 소음으로 인해 투자자는 혼란을 겪는다. 이때 조금 더 진득하니, 무겁지만 확실하게 움직이는 지표를 참고하는 것도 때로는 필요하다. 그럴 때 이와 같은 거시 경제의 지표를 참고하면 큰 도움이 된다.

핵심 정보를
가려내는 감

　주식시장을 읽는 데 도움을 줄 수 있는 자료들은 많다. 앞서 소개한 네이버 증권의 각종 리포트와 경기선행지수, KDI의 경제 전망 등의 정보들은 증시 흐름을 읽는 데 반드시 필요한 자료다.

　그런데 경제 뉴스들을 보면 경제 흐름을 이야기할 때 훨씬 더 많은 지표가 등장한다. 미국만 해도 소비자신뢰지수, 소비자물가지수, 내구재 수주, 민간주택 착공 건수, 신규 주택 판매량, 시간당 임금 상승률 등 무수한 지표들이 경제의 방향을 나타낸다.

　그러나 자료가 너무 많아지면 핵심 정보가 흐려질 수 있다. 결국 중요한 것은 주식시장인데 말이다. 경제 정보를 읽는 진정한 목적을 기억하자. 우리가 경제 정보를 찾는 이유는 주식투자를 위해서다. 여기에서 벗어나거나 불필요한 것은 모두 치워 버리고, 오직 단 한 가지의 목적만을 생각하며 활용해야 한다.

리처드 번스타인은 《소음과 투자》를 통해 불필요하게 많은 정보는 오히려 투자 성공을 방해한다고 했다. 정보량이 많아지면 투자자는 이런 정보를 통해 올바른 방향을 잡는 것이 아니라, 소음을 바탕으로 투자 결정을 내리게 되기 때문이다. 지금도 증권 관련 뉴스를 보면 지라시, 루머, 비공식 예상 실적 등 다양한 소음들이 투자자의 눈과 귀를 혼란시킨다.

증권사 리포트에서도 소음을 발생시키는 애널리스트가 많다. 그들은 리포트를 통해 기업과 경제 전망에 대해 긍정적으로 전망하고, 높은 수치를 제시한다. 하지만 주가가 크게 하락하며 투자자들에게 큰 손실이 발생시킬 때가 있다. 그러면 그제야 부정적인 낮은 수치의 데이터를 어디선가 들고 와서는 "자! 제가 분석한대로 경제 상황이 흘러가고 있죠?"라며 얼굴에 철판을 깐다.

그러면 어떻게 이런 소음들을 걸러낼 수 있을까? 리처드 번스타인은 투자 정보를 비판적으로 바라볼 수 있어야 한다고 강조했다. 요즘 뉴스들은 조회 수 장사를 하고 있다. 많은 조회 수가 돈이 되는 세상이다. 그래서 사람들은 더 자극적인 뉴스를 찾아다니고, 거기에 맞춰 투자자를 현혹하는 뉴스가 많아졌다.

인터넷 뉴스뿐만이 아니다. 요즘은 유튜브가 최고의 소음 발생기다. 매일 "지금이 바닥입니다. 돈 생기는 대로 이 종목 모아 가세요.

내년 돈 벌 수 있는 기회는 바로 이곳에 있습니다."라며 여러 가지 주식 종목과 경제 상황을 이야기한다.

물론 증시의 상승기에는 모든 이야기가 맞는 말이다. 사실 이런 것 안 보고도 그냥 아무 종목이나 매수했어도 다 올랐을 테니 말이다. 그런데 2022년 이후 증시 하락기가 되자, 소음에 휘둘렸던 투자자들의 계좌는 처참하게 박살나기 시작했다. 카카오는 $\frac{1}{3}$ 토막이 났고, 셀트리온 주가는 반토막이 되어 버렸다.

투자 수익을 투자자가 모두 챙겨 가듯이, 손실이 발생해도 모든 책임은 투자자에게 있다. 따라서 다양한 정보를 접할 땐 반드시 비판적인 시각, 조금은 삐딱한 눈으로 바라봐야 한다.

'이놈이 왜 하필 현시점에서 저런 종목을 이야기하는 걸까?'

세상에 가득한 투자 정보의 소음 때문에 가치투자자를 더 좋게 바라보는 시선이 생겼는지도 모르겠다. 가치투자자는 소음과는 상관없이 흔들리지 않고 기업의 실적에 기반한 투자를 한다고 믿는다. 하지만 시장의 소음은 가치투자자나 기술적 분석을 하는 차트투자자 모두에게 영향을 준다. 가치투자자가 시장의 소음에서 조금 더 살아남을 수 있는 이유는 장기투자를 할 수 있기 때문이다.

일기예보를 생각해보자. "내일은 많은 비가 내리겠으니 우산을 준비하세요."라며 기상 캐스터가 날씨를 알려준다. 다음 날 아침 출근길에 우산을 들고 나가지만, 날씨는? 오라는 비는 안 오고 하루 종일 해가 쨍쨍 내리쬔다. 또 다른 날은 어떤가? 내일은 화창하다는 예보가 있었지만 주룩주룩 비가 내린다.

이럴 때면 기상청의 컴퓨터 성능이 부족하다거나 지구 온난화로 인한 기상 변덕 때문이라며, 뜬금없이 플라스틱 빨대 사용을 줄여야 한다는 결론으로 마무리 짓는다. 이렇게 다음 날, 다음 주의 날씨는 정확하게 맞추기 힘들다.

반면 1월의 날씨는 어떨까? 8월의 날씨는? 지금 여러분이 이 책을 읽는 시기가 언제든, 필자는 지금 이 자리에서도 예보가 가능하다. **"1월은 추울 것이니 외투가 필요하고, 8월은 더울 것이니 반팔 옷을 준비하세요."라고 말이다. 이 정도 예측이라면 100%다.**

물론 가끔 겨울철답지 않게 따뜻하다느니, 여름이 시원해졌다고 할 때도 있다. 그럴지라도 다른 해에 비해 상대적으로 덜 춥거나 덜 더울 뿐이지, 대한민국에서는 겨울에 외투를 입고, 여름에 반팔 옷을 입는 것은 변함이 없다.

우리가 증시의 방향을 읽기 위해 뉴스를 보는 것도 이와 같이 생각해야 한다. 너무 단기적인 이야기는 언제나 틀릴 수 있다는 점을 알아야 한다. 당장 다음 FOMC에서 연준 의장의 발언이 어떻게 나올지는 아무도 장담할 수 없으니 말이다. 시장 상황은 언제든 바뀔 수 있다. 이런 불확실한 상황 속에서도 가장 가능성이 있는 정보를 종합하여 나만의 이야기를 만들 수 있어야 한다.

그리고 조금 긴 호흡에서 경제와 뉴스를 생각할 필요도 있다. 앞서 살펴본 코스톨라니의 경제 순환을 생각해보면, 그 사이클 주기가 어느 정도인지 아무도 모른다. 몇 개월 만에 지날 수도 있고, 몇 년에 걸쳐 이어질 수도 있다. 숲을 먼저 보고 방향을 정해야 길을 잃지 않는다. 눈앞을 가리는 무수한 나뭇가지에 둘러싸이면 전혀 엉뚱한 길로 들어서게 된다.

기본으로 돌아가야 한다. 시장의 소음에 휘둘리지 않고 투자를 안정적으로 이어 가기 위해서는 말이다. 결국 장기투자와 분산투자를 하여 위험을 줄이고, 증시의 저점에서 주가 상승이 기대되는 좋은 주식을 찾을 수 있는 눈을 키워야 한다.

장기투자와 분산투자는 투자 손실을 줄이기 위한 최선의 방법이다. 그러나 투자 수익을 최고로 높이기는 조금 애매할 수 있다. 이론적으로는 가장 많이 오를 종목에 몰빵하는 것이 가장 큰돈을 벌 수 있기 때문이다.

하지만 그런 투자 방법은 한 방에 망할 수 있다. 우리가 노리는 기회는 진짜 안정적인 큰 기회다. 저런 자잘하고 위험한 기회 속에 나의 투자금을 노출시킬 수는 없다. 진짜 큰 투자의 기회가 오기 전까지는 살아남아 있어야 한다. 따라서 장기투자와 분산투자를 통해 위험을 낮춰야 한다.

무엇보다 좋은 주식을 찾을 수 있어야 한다. 좋은 주식은 좋은 기업과는 다른 의미다. 좋은 기업은 소위 우량주라고 불리는 기업들, 그러니까 모든 이가 보기에 다 좋아 보이는 기업들이다. 이들은 누가 봐도 좋기 때문에 언제나 적정 가치를 보장받는다. 때로는 적정 가치에 위험이 줄어든 가치까지 더하여 조금 고평가되기도 한다.

이런 종목에서는 기술적 분석을 통한 투자를 제외하고는 장기투자를 통해 큰 성과를 거두기 힘들 수 있다. 정말로 긴 시간, 그러니까 10

년 이상의 투자 기간 동안 매월 정액적립식으로 시장 상황과 상관없이 투자가 가능하다면 무조건 우량주여야 한다.

그러나 10년 이상 시장 상황에 휘둘리지 않을 자신이 없다면 시장을 분석하고, 기업을 분석하여 앞으로 크게 오를 '좋은 주식'을 찾아야 한다. 번스타인은 이런 좋은 주식에 대해 '지금은 조금 힘들어 보이지만 앞으로 돈을 더 많이 벌 수 있는 기업의 종목'이라고 했다.

그렇다고 적자투성이의 가망 없는 관리 종목은 아니다. 싹수가 보여야 한다. 이런 좋은 주식을 찾을 수 있도록, 이 책에서 설명하는 다양한 투자의 감을 키우는 방법을 여러분만의 것으로 만들어보기 바란다.

투자의 정답을 찾는
역발상투자의 감

투자 대상 종목은 어떻게 찾을까? 그 방법은 이 세상에 존재하는 주식투자 매매법 만큼이나 다양하다. 크게는 기본적 분석과 기술적 분석을 통해 종목을 찾을 수 있다. 기본적 분석 내에서도 여러 가지 지표들 가운데 어떤 부분에 가중치를 둘지에 따라 종목이 달라진다. 기술적 분석 역시 보조지표와 이를 읽는 시점에 따라 투자 대상 종목과 시기가 바뀐다.

투자의 정답을 찾기는 언제나 어렵다. 경제 상황에 따라 바뀌는 변수들 때문이다. 어떤 시기에는 A라는 투자 방법이 잘 먹힌다. 그런데 상황이 바뀌면 A투자법으로 찾은 종목들의 하락률이 오히려 커진다.

2000년대 초반 닷컴 버블 당시가 그랬고, 2022년 하락장에서 카카오를 비롯한 기술주들의 하락이 컸다는 것은 많은 투자자가 기억하는 사례다.

그러면 어떻게 정답을 찾을 수 있을까? 주식의 역사가 생긴 이래로 투자자들은 언제나 성공할 수 있는 최고의 매매법을 찾기 위해 노력했다. 그러나 아쉽게도 어떤 상황에서든 최고의 성과를 올릴 수 있는 마법과도 같은 매매법은 없다. 마치 무지개 끝에 숨겨진 요정의 보물을 찾기 위해 길을 나섰지만, 무지개 끝은 영원히 찾을 수 없는 것처럼 말이다.

그나마 지금까지 알려진 제법 괜찮은 투자법으로는 벤저민 그레이엄이 《현명한 투자자》를 통해 알려준 정액적립식 장기투자 정도다. 최소 10년 이상의 기간 동안 증시 상황과 관계없이 좋은 종목들에 분산하여 정액의 투자금을 꾸준히 적립해가는 것이다. 그러면 시장의 평균 상승률과 비슷한 수익을 거둘 수 있다고 한다.

워런 버핏은 11세에 처음으로 시티즈서비스라는 회사의 주식을 1주당 37달러에 3주를 매수했다. 그 이후로 2023년 93세가 될 때까지 투자를 계속하여, 158조 원이라는 막대한 자산을 이뤄냈다.

하지만 말이 10년이지, 10년이라는 기간을 버틸 수 있는 투자자를 적어도 필자 주변에서는 보지 못했다. **손실이 분명하다는 것을 알면서도 납입한 지 몇 년 되지 않은 보장성 보험을 해지하는 것이 우리 같은 일반인이다. 장기투자는 그만큼 힘들고 고통스럽다.**

그렇다고 단기적인 관점에서 빈번하게 거래한다고 하여 수익이 늘어나는 것도 절대 아니다. 이론상으로는 출렁이는 증시의 흐름에 따라 저점 매수, 고점 매도를 반복하면 엄청난 수익이 가능하다. 그러나 언제가 저점이고 언제가 고점인지는 아무도 모른다. 혹여 주식투자의 신이 있다면 알고 있을까?

어쩌면 주식투자의 신마저도 주식의 저점과 고점을 맞추기는 어려울 것이다. 광기 어린 집단 심리, 미스터 마켓, 세상의 불확실성은 언제나 투자자의 생각과 반대로 움직인다.

'반대로 움직인다고?'

여기에 힌트가 있다. 시장의 흐름을 예측하기 힘든 이유는 주식시장이 군중의 기대와 반대로 움직이기 때문이다. 대다수의 투자자가 앞으로 더 큰 상승을 기대하는 상황이라면? 상승장의 막바지에 도달한 것이다. 모든 투자자가 비명을 지르며 주식시장을 탈출하는 상황이라면? 군중의 마지막 투자자가 탈출한 순간이 바로 증시의 저점인 경우가 많다.

이 때문에 데이비드 드레먼은 《역발상투자》를 통해 군중과 전문가들이 좋아하는 주식을 매수하면 절대로 안 된다고 역설했다. 이런 인기주들은 투자자들이 열광하며 매수하게 되고, 그 결과 내재 가치보다 엄청나게 비싸진다.

그런 이유로 저평가 종목을 찾아 매수한 다음, 인내를 가지고 기다리는 장기투자 원칙을 주장했다. 여기에서 저평가 종목을 찾는 5가지 방법은 다음과 같다.

① 저PER 전략

② 저PCR 전략

③ 저PBR 전략

④ 고배당 전략

⑤ 업종 저가주 전략

　물론 이런 투자 방법 역시 언제나 정답이 될 수 있다는 보장은 없다. 장기투자가 위험을 줄이는 데 가장 좋은 방법이긴 하지만, 앞서 언급했듯이 우리의 성격은 그리 느긋하지만은 않다. 돈이 급하다. 그렇다고 데이비드 드레먼의 투자법을 완전히 무시할 수도 없다. 결국 시장 상황에 따라 적절히 활용할 수 있는 다양한 투자 방법을 익혀 두는 것이 유리하므로 공부를 지속할 뿐이다.

　왜 높은 PER의 종목이 발생하는 것일까? 전문가와 대중이 그 종목을 좋아하기 때문이다. 서로 매수하기 위해 더 높은 가격을 제시하면서 주가가 오른다. 앞으로 더 큰 성장을 기대하면서 미래 가치까지 현재로 끌어와 주가에 반영시킨다. 2차전지 관련주 에코프로의 PER은 2023년 8월 기준으로 550이 넘었지만, 네이버 종목토론실에서는 아직도 주가가 싸다며 추가 매수를 독려했다.

　하지만 외상 장부는 부실을 초래한다. 시장은 변화한다. 기업의 매출이 지금 높다고 하더라도 내년의 매출까지 좋다는 보장은 누구도 할 수 없다. 경쟁 업체의 등장, 신기술의 발전, 대체재와 보완재는 언제나 재빠르게 나타난다.

예전 유명했던 카스텔라 가게를 생각해보자. 동네에 하나밖에 없던 OO카스텔라는 초창기에 엄청나게 손님들이 몰려들었다. 그러나 한 집 건너 하나씩 생기는 유사 업체, 그리고 뜬금없이 방송에서 건강 유해성 논란이 불거지자 카스텔라 가게들은 순식간에 전멸해 버렸다. 그래서 이런 사업은 적당히 장사가 잘 될 때 권리금을 받고 넘기는 것이 승자라는 말이 있다.

주식도 마찬가지다. 적당히 수익을 남기고 파는 사람이 승자다. 천년만년 기다리다보면 언젠가는 수익이 날 수도 있다. 하지만 그것은 단 1%의 수익만 거둬도 수백억 원의 차익이 가능한 투자자들이나 가능한 투자법이다. 그들은 수익률보다는 위험을 줄이는 것이 더 큰 수익으로 연결되기 때문이다.

그러나 지금 당장 몇 백만 원, 몇 천만 원으로 조금 더 큰 수익을 원하는 사람들은 위험을 감수해야 수익이 높아진다. **이때 여기서 발생한 위험은 감수할 만하고, 극복 가능한 위험으로 만들어야 한다.** 이것은 다양한 투자 지식과 투자의 감을 통해 극복할 수 있다.

데이비드 드레먼이 저PER 종목을 강조한 이유를 생각해보자. 그의 가르침 이면에 숨어 있는 근본적인 이유를 이해해야 한다. 그저 블로그나 유튜브에 정리되어 있는 '데이비드 드레먼의 종목 찾는 5가지 방법!' 이런 이야기만 따라가면 안 된다.

낮은 PER의 종목에 투자하라고 하여 단순히 조건 검색을 통해 PER 최하 순위 1등부터 10등까지의 종목을 모두 매수하는 것은 위험하다. 단순히 PER이 낮다고 무조건 좋은 주식이 아니다.

데이비드 드레먼이 저PER 종목을 찾은 이유를 생각해야 한다. 그 것은 내재 가치보다 주가가 더 싼 종목을 찾기 위함이다. 이를 위해 PER, PCR, PBR, 배당, 업종 저가주를 분석하며 종목을 선별하는 것이다. 따라서 **기업의 미래 성장, 매출, 이익의 증가가 기대되는 기업을 찾아서 내재 가치보다 더 싼 주식! 다시 강조한다. 기업의 종합적인 내재 가치보다 더 싼 주식을 매수해야 한다.**

그런데 이런 종목을 쉽게 찾을 수 있을까? 미래 이익의 증가가 기대되는 기업은 이미 군중과 전문가들이 서로 매수하며 주가를 올리는데 말이다. 내가 아는 정보는 옆집 개똥이도 알고 있다. 그리고 그 정보는 이미 기관과 외국인이 몇 달 전 확인하고 매집을 끝낸 정보의 찌꺼기다. 당연히 이런 기업의 주식은 들어가 봐야 먹을 게 얼마 없다.

그러면 내재 가치보다 주가가 더 싼 종목을 어떻게 찾을 수 있을까? 그 해답은 '시간'에 있다. 주가가 내재 가치보다 낮아지기를 기다려야 한다. 개인투자자들이 환호성을 지르며 주식시장에 돈을 쏟아붓는 시기는 앞서 살펴봤던 '코스톨라니 달걀'에서 꼭대기 부근이다. 이 시기에는 거의 모든 종목이 고평가된 상황이다.

그러나 달걀의 저점, 그러니까 불황에 대한 두려움이 극에 달하여 군중이 증시를 떠난 시점이 되면 저평가되는 종목이 하나둘 나타나기 시작한다. 앙드레 코스톨라니도 그랬고, 데이비드 드레먼도 그랬으며, 워런 버핏 역시 주가가 충분히 싸질 때까지 기다리며 매수 타이밍을 노렸다.

물론 경제 상황과는 상관없이, 대부분의 주식이 하락하는 와중에도 상승하는 종목이 있다. 2023년 여름을 뜨겁게 달구었던 초전도체 관련주를 비롯하여 투자자들의 관심과 인기를 한 몸에 받으며 고평가를 이어 가는 종목, 작전주와 테마주들이 그것이다. 개인투자자들은 이런 종목에 불나방처럼 몰려들며 열광한다.

하지만 이런 종목투자의 끝은 언제나 참혹한 결과만이 기다릴 뿐이다. 데이비드 드레먼은 이런 종목을 피하고 저평가된 종목을 찾아야 한다며, 수십 년간의 데이터를 통해 그의 저서 《역발상투자》에서 설명했다. 시간이 지나면 결국 저평가된 종목의 상승률이 더 높게 앞지르기 때문이다.

개인투자자들은 투자금을 빨리 회전시키려 한다. 항상 "지금 당장!"을 외친다. 그래서 경기의 상승이나 하락과는 상관없이 언제나 조금이라도 오를 것 같은 종목을 찾아다닌다. 이런 투자 방법이 무조건 나쁘다는 것은 아니다. **다만 '주식의 신'이 투자해도 손실이 날 수밖에 없는 경제 상황 속에서 전 재산에 가까운 투자금을 몰빵하는 것이 문제다.**

경기가 고점을 찍고 하락 전환하는 순간에도 꾸준히 매수를 이어가며 자신은 장기투자자라고 위안을 삼는다. "고장 난 시계도 기다리다 보면 하루에 두 번은 맞는다."라는 말을 믿으며, 시간이 해결해줄 거라며 기다린다. 그런데 **이런 투자는 경기의 사이클이 한 바퀴 돌아야 겨우 본전이 될 뿐이다. 수익이 아니라 겨우 본전 말이다!**

투자에서 성공하기 위해서는 투자 영웅들의 가르침을 읽어야 한다. 그리고 그들이 왜 그런 투자 방법을 알려줬는지, 그 이면에 있는 투자의 원리를 깨쳐야 한다. 그들에게 직접 배운 것이 아니기 때문에 단순히 책에 있는 그대로 단순하게 따라가면 안 된다. 왜 그런 말을 했는지 경제의 상황과 증시의 관계를 생각해야 한다.

"미래 성장 가능성이 큰 저평가된 주식을 매수하라."

이러한 단순한 지침을 어떻게 이해하고 활용할 수 있는지를 고민해야 한다.

- 미래 성장 가능성이 있는데, 왜 저평가되겠는가?
- 미래 성장 가능성은 어떻게 알 수 있는가?
- 주식의 저평가는 어떤 지표를 통해 찾을 것인가?
- 매수의 시기는 언제가 좋은가?

정답은 없기에 이 책을 통해 한마디로 정리해 줄 수도 없다. 경제, 기업, 업종, 국제 정세, 환율, 금리 등 무수한 변수에 따라 모두 다른 결과가 나올 수 있기 때문이다. 그래서 스스로 고민해야 하고, 이런 고민들은 분명 '투자의 감'을 만드는 데 도움이 될 것이다.

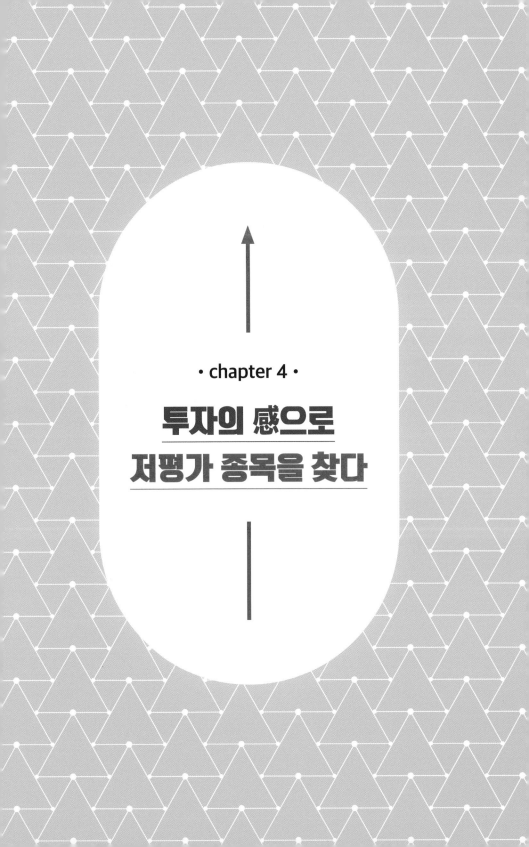

· chapter 4 ·

투자의 感으로
저평가 종목을 찾다

장기투자와 더불어 하나 더 필요한 것!

이 책을 통해 나의 비밀 하나를 공개하려 한다. 사실 필자는 데스노트를 갖고 있다. 그래서 내가 마음먹은 사람은 누구든 없앨 수 있다. 다만 처리하는 데 시간이 조금 걸릴 수는 있다. 100년쯤?

인디언 호피 부족은 기우제를 지내면 100% 비가 온다. 그 이유는 비가 올 때까지 기우제를 멈추지 않기 때문이다. 그런데 주식투자에서도 '인디언 기우제 매매법'을 사용하는 사람들이 있다. 기다리면 언젠가는 반등한다는 생각으로 말이다.

여기서 짚고 넘어갈 것이 있다. 장기투자를 한다는 것은 치밀한 계산을 통해 이루어져야 한다. 기업 가치를 분석하고, 저평가된 종목을 찾을 수 있어야 한다. 또는 벤저민 그레이엄이 《현명한 투자자》를 통해 알려준 장기 정액적립식 투자법을 이해하고, 시장 상황과는 상관없이 꾸준히 실행해야 한다.

문제는 고점에서 물려 버린 종목을 들고 있으면서 장기투자자라고 스스로 위안을 삼고 있는 사람들이다. 오랜 기간 정액적립식으로 계속 매집하는 것도 아니고, 저평가된 종목을 제대로 찾는 것도 아니다. 그저 어디선가 장기적으로 유망한 종목이라는 말 한마디에 덜컥 매수해 버린다.

주가의 꼭지에서 물려 버렸음을 알게 된 이후에도 팔지 않고 기다리면서 "장기투자는 반드시 성공한다."라고 외친다. 이것은 장기투자에 대한 잘못된 이해가 가져온 슬픈 현실이다. 절대로 잘못된 투자 방법으로는 돈을 벌 수 없다. 따라서 이 책을 읽으며 장기투자를 위해서는 어떤 감을 가져야 할지에 대해 생각해봤으면 한다.

가치투자의 기본은 장기투자다. 그리고 장기투자는 당연히 오랜 시간이 필요하다. 빨리 돈을 벌고 싶어도 어쩔 수 없다. 기업의 본질 가치보다 싼 주식을 찾아서 매수한 다음, 주가가 오를 때까지 기다려야 하는 투자법이다. 그래서 가치투자를 위해서는 반드시 장기투자에 대한 전략을 함께 세워야 한다.

책의 서두부터 장기투자에 대한 부정적 시각을 보여준 것 같아 우려스럽다. 하지만 장기투자라는 말만 듣고 제대로 이해하지 못하는 투자자의 무지를 비판한 것일 뿐, 장기투자가 나쁘다는 것은 절대 아니다. 어쩌면 궁극의 투자법일지도 모른다.

벤저민 그레이엄이 그랬고, 워런 버핏도 그랬다. 시장 변동을 따라다니지 말고, 저평가된 주식을 싸게 매수한 다음 오랫동안 보유하라고 말이다.

그래서 TV, 유튜브, 주식투자서를 보면 장기투자를 권유하는 사람들이 많은 것도 사실이다. 좋은 주식을 쌀 때 매수한 다음 장기로 보유하라고 말이다. 심지어 어떤 전문가는 주식을 평생 동안 팔지 말라고까지 한다. 돈이 생길 때마다 주가와는 상관없이 계속 매집한 다음, 30년 이후 은퇴했을 때 팔아야 한다고 강조한다.

좋다. 다 좋은 말이다. 그런데 조금은 무책임하게 느껴지는 이유는 무엇일까? 지금 당장 돈이 필요한 투자자들에게 30년 후에나 따먹을 수 있는 지식의 열매를 팔고 있기 때문이다.

예전에는 성인이 되고, 직장에 취직하여 첫 월급을 받으면 부모님께 그동안 키워주셔서 감사하다는 의미로 내복을 선물해드렸다. 아무래도 연탄을 많이 때던 시대라 그런지 따뜻하게 지내는 데 꼭 필요한 것이어서 그럴까? 아무튼 취직하고 돈을 벌기 시작하면서, 그때부터는 부모님께 용돈도 드리며 모실 수 있는 능력이 생긴 것이다. 진정한 성인으로서의 시작이다.

그런데 이런 성년이 된 자녀가 주식에 장기투자를 시작하면서 부모님께 이런 말을 한다.

"아버지, 어머니. 이제 저도 주식투자를 시작했습니다. 반드시 성공하기 위해 장기투자를 해야 합니다. 그러니 30년만 기다려주세요. 30년 이후부터는 큰 집에서 제대로 모실게요."

부모님은 기다려주지 않는다. 아무리 100세 시대고 평균수명이 길어졌다고 하지만, 건강하게 인생을 즐기며 살 수 있는 시간은 그리 길지 않다. 장기투자로 성공한 다음, 최고급 요양원은 보내드릴 수는 있을지 모르겠다.

기다려주지 않는 것은 부모님뿐만이 아니다. 시간은 나도 기다려주지 않는다. 매일 힘들게 직장에서 일하다보면 좋은 시간은 다 지나간다. "다들 그렇게 산다."라고 말하며 힘들게 사는 것이 당연하다는 사람들도 있다. 그러나 직장을 다니면서 투자를 병행하는 사람들은 분명한 목적이 있다.

'돈을 조금 더 빨리 불려서, 하루라도 빨리 은퇴하고 싶다.'

이런 사람들에게 30년 후의 수익을 기다리라고 하는 것이 맞는 건지 의심스럽기까지 하다.

주식투자법에 대해 이야기하면서 장기투자를 주장하면 편한 것이 많다. **첫째는 투자 성과에 대한 채점을 최대한 미룰 수 있다.** 만일 어떤 투자법에 대하여 누군가를 가르쳤다고 해보자. 장기투자가 아닌 이상, 그 투자법이 효과가 있는 것인지는 즉각 알 수 있다.

"저 사람이 이야기한 대로 투자했더니 쫄딱 망했어."

이런 비난을 받을지도 모른다. 그러나 장기투자를 주장하는 전문가에 대한 평가는 30년 후에나 가능하다. 그전에 손해가 발생했다고?

"장기투자를 하지 않아서 그렇습니다. 30년만 보유해보시라니까요? 30년 후에는 분명히 수백, 수천 배의 수익이 날 겁니다!"

워런 버핏이 엄청난 돈을 번 것은 부럽다. 그러나 그의 나이 93세는 부럽지 않다. 돈이 많으니 앞으로 얼마나 더 오래 살지는 모르지만, 그래도 지금 당장 돈을 벌어서 빨리 인생을 즐기고 싶다. 절대로 행복을 90세 이후로 미루고 싶지 않다.

장기투자의 전도사들이 편한 이유는 투자 이론의 단순함 때문은 아닐까? 그저 주식을 꾸준히 매수한 다음, 오래 보유하라고 설득하면 끝이니 말이다.

문제는 장기투자와 더불어 반드시 알아야 하는 투자법, 그러니까 저평가 종목을 찾고 분석하는 복잡한 이론에 대해서는 구체적으로 알려주지 않는 경우가 대부분이다. 그저 오랫동안 주식을 팔지 말고 보유하라는 응원의 메시지, 동기부여에 더 치중하는 느낌이다.

그들은 마치 보험설계사처럼 향후 수십 년간의 투자 복리수익률 표를 보여준다. 30년 후에는 이만한 수익이 가능하다는 메시지 하나면 끝이다. 그 30년이 얼마나 긴 시간이며, 또 얼마나 고통스러울지, 그리고 투자 종목과 매수 타이밍에 따라 형편없이 바뀔 가능성에 대한 데이터는 빠져 있다.

그렇기 때문에 장기투자에 대한 이야기만 주야장천 하는 사람들은 투자 전문가라기보다는 오히려 동기부여나 자기계발 전문가적인 측면이 더 강하다. 팔지 말고 보유하라는 응원의 메시지가 그들이 주장하는 장기투자를 설명하는 핵심이기 때문이다.

그래도 어쩌겠는가. 장기투자는 중요한 투자법 가운데 하나며, 필자 역시 장기투자를 이야기하고 있으니 말이다. 장기투자 자체가 절대로 나쁜 것은 아님을 다시 한 번 강조한다. 이것은 지난 100여 년의 주식시장 역사를 볼 때 반드시 성공하는 투자법이다. 다만 장기투자법 자체가 독립적 매매법의 전부가 아님을 이해해야 한다.

자동차를 생각해보자. 수천 개의 복잡한 부품들이 서로 유기적으로 맞물려 작동해야 비로소 이동 수단으로 사용이 가능하다. 그런데 장기투자에 대한 제대로 된 이해 없이 단순히 '장기투자'만을 외치는 것은 마치 자동차는 바퀴가 중요하다고 하여 타이어만 잔뜩 구매하는 것과 같다.

따라서 다양한 투자법에 따른 자금 운용을 하는 가운데, 장기투자를 해야만 수익이 나는 시스템을 제대로 이해해야 한다.

재무제표,
그게 돈이 되나?

가치투자자는 이렇게 조언한다.

"현명한 투자자가 되려면 기업의 재무제표를 읽어야 한다."

가치투자의 기본은 기업의 내재 가치가 주가보다 쌀 때 매수하는 것이다. 쌀 때 매수한 다음 언젠가는_{언제 주가가 오를지는 모르지만} 주가가 내재 가치로 수렴할 것이므로, 장기투자를 통해 기다리다보면 수익이 날 것이라는 믿음에서 출발한 투자법이다.

여기서 기업의 내재 가치는 주로 재무제표에 공시된 실적으로 계산한다. 이 때문에 회계학을 전공하지 않은 사람일지라도 가치투자를 위해서는 복잡해 보이는 재무제표의 숫자를 읽고 분석할 수 있어야 한다. 기업의 재무제표를 제대로 분석하면, 분명 현재 기업의 영업 상황을 충분히 파악할 수 있다.

이것은 어렵고 힘든 일이다. 그럼에도 가치투자를 추구하는 투자자는 정말 많다. 그래서 시중에는 '재무제표' 또는 '가치투자'라는 단어가 들어가 있는 제목의 주식 책이 즐비하다. 사실 재무제표라고 해봐야 기업에서 공시하는 자산, 부채, 자본, 손익, 현금 흐름에 대한 내용이 전부다. 숫자가 많고 각각의 내용이 복잡하긴 하지만 재무제표의 범위는 딱 정해져 있다. 그렇기 때문에 재무제표를 이야기하는 모든 책이 거의 비슷한 내용을 담고 있을 수밖에 없다.

그러면 왜 비슷한 내용의 책들이 지금도 반복하여 계속 쏟아지고 있는 걸까? 정말 재무제표를 모두 읽고 이해할 수 있다면 엄청난 수익이 가능할까?

사실은 그렇지 않다. 만일 재무제표를 잘 이해할수록 투자를 잘한다면, 회계사들은 모두 수백억 자산가 슈퍼개미가 되어 있어야 한다. 물론 일부 회계사 출신의 유명한 주식투자자가 있긴 하다. 그러나 그들은 회계의 영역과 더불어 투자의 영역에서도 함께 능력을 가진 특출한 사람일 뿐, 모든 회계사가 주식투자를 통해 엄청난 수익을 거두고 있는 것은 아니다.

재무제표를 통해 저평가 종목을 어떻게든 찾아서 투자한다고 해보자. 저평가 종목을 찾을 수만 있다면 반드시 투자에 성공할 수 있는 걸까?

이 역시 100% 장담할 수는 없다. 일단 기업의 가치가 저평가되었는지에 대한 판단의 기준이 모호하다. 누군가는 저평가되었다고 생각하여 매수하지만, 이와 동시에 누군가는 고평가되었다고 매도한다. 투자자마다 가치 평가의 기준이 다르다.

그리고 우리가 기업의 저평가를 분석하는 기준 자체도 문제다. 이미 지나 버린 과거, 기업의 전 분기 실적을 통해 현시점의 주가와 비교한다. 현재의 주가는 미래의 가치에 대한 기대감까지 담고 움직이는 것인데 말이다.

모든 것을 인정해보자. 미래의 가치까지 생각해서 저평가되었다고 말이다. 그래서 주식을 매수했는데, 만일 그 기업 실적이 하락하거나 또는 세계 경제적 요인으로 인해 기업 가치에 영향이 발생한다면 어떻게 할 것인가? 추가 매수한다고? 단순히 주가가 떨어진 것이 아니라, 기업 가치가 하락했는 데도? 미래의 기업 가치는 그 누구도 알 수 없다. 모든 투자자는 이 부분을 인정해야만 한다.

그럼에도 불구하고 재무제표를 분석하고 현재의 기업 가치를 분석해야 하는 이유가 있다. **첫째는 유망 종목보다는 절대 투자하지 말아야 할 문제 기업을 걸러내는 데 있다. 그리고 난 후에야 확실하게 상승 여력을 포착해야 한다.**

둘째는 기업 가치 역시 추세를 가지기 때문이다. 이는 가치투자자들이 싫어하는 차트 분석에서의 추세와 마찬가지다. 이전까지의 주가 추세가 상승 중이라면 당분간은 주가 흐름이 상승할 것이라고 기대하는 것처럼 말이다. 이전까지의 기업 실적 추세가 상승 중이라면 당분간 실적 추세가 상승할 것이라고 기대하며, 현재의 기업 가치와 주가를 비교하는 것이다.

그리고 재무제표를 통해 기업 실적을 뜯어보면서 저평가 종목에 투자한 후 장기투자를 해야 한다. 아무런 분석도 없이 그냥 매수하고는 "난 장기투자야."라고 하는 건 너무 무책임하다. 투자도 뭣도 아닌, 그냥 돈을 버리는 행동에 불과하다. 주가가 하락했지만 장기투자라서 매도만 하지 않으면 괜찮다고? 주식에 물려 버린 실패자의 변명일 뿐이다.

진정한 장기투자는 시작부터 장기 전략을 짜고 분석해야 한다. 그냥 단순히 물려 버린 종목을 팔지 않고 있다고 하여 모두 장기투자자의 감투를 씌워 주면 안 된다. 투자의 첫 단추를 잘 끼워야 한다. 장기투자, 가치투자를 생각했다면 그에 필요한 지식을 채우고 준비해야 한다. 그 첫 단계가 바로 재무제표 읽기다.

'가치투자를 위해서는 재무제표를 이해할 수 있어야 한다며? 그렇다면 재무제표를 가장 잘 이해할 수 있는 사람은 회계사 아닌가?'

이런 질문에 대하여 《재무제표 모르면 주식투자 절대로 하지 마라》의 저자 사경인 회계사는 이렇게 말한다.

"차를 만드는 것과 운전을 잘하는 것은 별개의 영역이다."

자동차는 엔지니어들이 만든다. 그러나 실제 운전 기량은 엔지니어보다 레이싱 경기에 참가하는 선수가 더 나을 것이다. 재무제표는 기업의 회계 담당자가 만들어서 회계사의 감사를 받는다. 마치 자동차 공장에서 엔지니어가 자동차를 만든 다음 검수받는 것처럼 말이다. 차를 잘 만드는 것과 운전 역량과는 상관이 없다. 결국 재무제표를 감사하는 것과 활용하는 것은 전혀 다른 영역이다.

　기업의 재무제표를 분석할 때 원칙이 있다. 큰 숫자 위주로 분석하되, 큰 숫자에서 변화가 생긴 계정과목을 중점적으로 분석하면 된다. 기업의 재무제표에 나타나는 매출액, 매출원가, 판매비와 관리비, 영업 이익, 매출채권, 재고자산, 유형자산, 감가상각비 등 큰 숫자들은 기업의 실적에 많은 영향을 미친다.

　따라서 기업의 재무제표를 볼 때는 주로 큰 숫자 위주로 파악하는 습관을 들일 필요가 있다.

　덧붙여 '재무제표 주석'을 분석하지 않는 것은 재무제표를 전혀 분석하지 않은 것과 다를 바 없다. 재무제표 주석은 수학 문제집의 정답 해설집과 비슷한 역할을 한다. 정답 해설집을 통해 문제를 제대로 풀었는지, 그 풀이 과정과 정답 확인을 생략한다면 수학 공부를 안 한 것이나 다를 바 없다.

아생연후살타의 투자법

바둑에서 아생연후살타我生然後殺他라는 말이 있다. 먼저 내가 살아남은 다음 상대의 돌을 잡아야 한다는 뜻이다. 나의 근거지가 위태한 상황에서 과한 욕심을 부리며 공격만 하다 가는 오히려 나의 대마가 죽어 버리게 된다.

주식투자에서도 마찬가지다. 먼저 손실의 위험을 최대한 줄인 이후에 더 큰 수익을 노려야 한다. 그러나 지금 이 순간에도 수많은 개미 투자자는 지금 당장 망해도 이상하지 않을 기업에 한 방을 노리며 전재산을 투자한다. 위험천만한 곡예에 아무런 안전장치 없이 온몸을 던지는 서커스처럼 말이다.

이런 투자는 단 한 번의 실수에도 돌이킬 수 없는 손실을 가져올 수밖에 없다. 우리의 생명이 하나밖에 없듯이, 투자금도 한 번 잃으면 회복하기 힘들다. 100만 원 투자금에서 50% 손실이 발생하면 50만 원이 된다. 다시 100만 원이 되기 위해서는 100%의 수익이 발생해야 겨우 본전이다. 50%의 손실은 아주 쉽지만 100%의 수익은 정말 어려운 일이다. 그래서 주식투자에서는 위험을 최대한 관리해 잃지 않는 투자를 강조하는 것이다.

주식투자에서 위험을 줄이기 위한 다양한 방법이 있다. 미국의 경제학자 해리 마코위츠는 포트폴리오 이론으로 노벨 경제학상을 받았다. 분산투자를 하면 위험을 줄일 수 있게 되고, 이를 통해 투자 수익률을 높일 수 있다는 내용이다. 그래서 많은 투자자가 다양한 종목에 분산투자한다.

그러나 워런 버핏은 분산투자에 대해 다소 부정적 시각을 갖고, 이런 말을 하기도 했다.

"분산투자는 자신이 무엇을 하고 있는지 잘 모르는 투자자에게 알맞은 투자 방법이다."

그러면 워런 버핏은 주식투자에서 위험을 어떻게 줄였을까? 그의 스승으로 알려진 벤저민 그레이엄은 《현명한 투자자》를 통해 '안전마진'을 설명했다. 순운전자본과 주가를 비교하여 주가가 기업 가치 이하로 거래될 때 매수해야 한다는 개념이다. 워런 버핏은 위험을 줄이기 위해 나름의 노하우를 갖고 활용했던 것이다.

워런 버핏의 어록 가운데 유명한 말이 있다.

투자 원칙 ① 돈을 잃지 않는다.

투자 원칙 ② 절대로 첫 번째 원칙을 잊지 않는다.

투자는 단 한 번의 손실로도 모든 것을 잃을 수 있다. 그렇기에 워런 버핏은 더 큰 수익을 내라는 조언보다 먼저 절대로 돈을 잃지 말라는 원칙을 말한 것이다.

1,000만 원으로 투자를 시작한 두 투자자의 사례를 생각해보자. 투자자 A는 매년 10%의 수익을 꾸준히 낸다. 반면 투자자 B는 첫 번째 해에 5%의 손실을 냈지만, 다음 해에는 20%의 수익을 거두는 투자를 반복한다. B의 수익률이 높을 땐 A투자자보다 두 배나 되며, 손실이 발생한 해도 겨우 5% 정도밖에 잃지 않으니 괜찮아 보인다. 그렇다면 10년 후 투자 결과는 어떻게 되었을까?

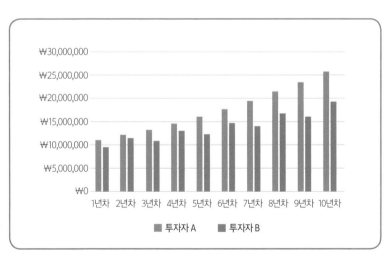

🌸 수익률이 높은 것보다 손실이 작을수록, 결국 더 큰 수익이 된다.

그림에서와 같이 겨우 5%밖에 안 되는 손실일지라도 무시할 수 없는 결과를 가져온다. 제아무리 투자자 B가 A보다 2배나 높은 수익률을 올릴 수 있는 능력이 있다고 하더라도 투자 수익의 차이는 해가 지날수록 점점 더 벌어진다.

재무제표와 가치투자를 이야기하다가 왜 이런 수익률의 차이를 보여준 것일까? 그것은 재무제표를 제대로 읽고 투자하는 것이 야생연후살타의 투자법, 바로 잃지 않는 최선의 방어 수단이기 때문이다. 재무제표의 활용은 공격적인 투자 방법이 아니다. 오히려 방어적이다. 재무제표를 제아무리 분석한다고 해서, 지금 당장 크게 급등할 종목을 찾을 수는 없다.

그러나 확실히 망할 종목은 걸러낼 수 있다. 마치 시험을 볼 때 한 번에 정답을 찾기보다는 확실한 오답을 걸러내는 것처럼 말이다. 크게 상승할 종목을 족집게처럼 찾기보다는 크게 망해 버릴지도 모를 종목을 찾을 수 있는 방법, 바로 재무제표를 통해 가능하다.

적자 종목만 걸러내도 죽지 않는다

재무제표를 자세히 뜯어보기 어렵다면? 그냥 적자가 있는 기업만 걸러도 최소한 망할 위험은 피할 수 있다. 드라마 〈재벌집 막내아들〉에서 진양철 회장은 이런 말을 했다.

"나는 장사꾼이다. 돈을 잃었으면 유죄, 돈을 벌면 무죄다. 그뿐이다!"

사업을 운영하며 수익을 내는 것, 기업의 존재 목적이다. 그런데 상장 기업이 적자를 냈다면? 그것도 3년 연속으로 적자를 이어 갔다면? 진양철 회장의 말에 따르면 중벌을 받아야 하는 죄인이다. 기업을 운영하며 이익을 내야 하는데, 오히려 손실을 냈다는 것은 주주들의 기대를 날려 버린 것이기 때문이다.

문제는 누가 봐도 좋아 보이는 종목은 이미 주가가 고평가되어 있기 마련이라는 것이다. 한마디로 먹을 게 얼마 남지 않은 종목이다. 그래서 투자의 빈틈을 찾고 수익의 실마리를 발견하려면, 조금 더 세세하게 재무제표를 뜯어볼 필요가 있다.

망할지도 모를 주식을 걸러내기 위해 재무제표를 읽어야 한다고 했다. 주식투자에서는 상장폐지가 최악의 상황이다. 그러니 상장폐지의 위험은 최소한 피해야 한다. 상장폐지가 먼 나라의 이야기처럼 들리는 투자자도 있을지 모른다. 그러나 재무제표를 읽지 않고 차트에만 의존하거나 주변 지인들이 추천하는 종목, 뉴스나 유튜브에서 언급된 종목만 찾아다니다 가는 큰 손실이 발생할지도 모른다. 바로 그 단 한 번의 실수를 방지하기 위해 망할 위험을 가진 종목은 걸러낼 수 있어야 한다.

그러면 재무제표에서 어떤 종목이 망할 위기의 기업일까? 아래는 상장폐지의 조건이다.

	관리 종목	상장폐지
1	4년 연속 영업 이익 적자	5년 연속 영업 이익 적자
2	자기자본의 50%를 초과하는 법인세 비용 차감 전 순이익에서 적자가 최근 3년간 2회 이상 발생	관리 종목 지정 후 자기자본의 50%를 초과하는 법인세 비용 차감 전 순이익에서 적자 발생

위 2가지 조건에서 대상은 코스닥 기업이다. 코스피 종목은 적자가
몇 년 연속으로 지속된다고 하더라도 적자로 인한 상장폐지 조건은 없
다. 그러나 코스닥시장의 종목은 위 2가지 적자 조건이 적용되므로
잘 살펴야 한다.

앞서서 가치투자에 적합한 종목은 시가총액이 작아 가격 변동성이
크며, 기관이나 외국인의 관심에서 벗어난 소외된 종목이라고 했다.
그런데 이런 종목들 중에는 적자 기업인 경우가 종종 있다. 그렇다고
적자에 실적이 형편없는 기업만을 찾아다니는 것은 볏짚을 안고 불구
덩이로 달려드는 꼴이다.

아래 재무제표를 보자.

Financial Summary								
주요재무정보	2017/12 (IFRS연결)	2018/12 (IFRS연결)	2019/12 (IFRS연결)	2020/12 (IFRS연결)	2021/12 (IFRS연결)	2022/12(E) (IFRS연결)	2023/12(E) (IFRS연결)	2024/12(E) (IFRS연결)
매출액	1,250	1,099	922	773	789			
영업이익	0	0	-78	-103	-46			
영업이익(발표기준)	0	0	-78	-103	-46			
세전계속사업이익	14	-42	-81	-201	-69			
당기순이익	9	-35	-67	-156	-97			
당기순이익(지배)	9	-35	-67	-156	-97			
당기순이익(비지배)	0	0	0	0	0			
자산총계	1,227	1,371	1,291	1,400	1,365			
부채총계	768	945	932	810	841			
자본총계	459	427	359	591	524			
자본총계(지배)	458	426	359	590	524			
자본총계(비지배)	1	0	0	0	0			

영업 이익에서 손실이 3년 연속 지속되고 있다면 위험한 상황이다.

그림의 A기업은 영업 이익에서 3년 연속 적자가 발생했다. 만일 다음 해에도 적자가 난다면 4년 연속 영업 이익 적자로 인해 관리 종목으로 지정된다. 그리고 그다음 해에도 적자가 발생한다면 5년 연속 영업 이익 적자 사유에 해당해, 상장폐지 심사에 들어간다.

이런 기업은 나만 알고 있는 회사 내부의 '신박한' 정보가 있지 않는 이상 매수하면 안 된다. 연속 적자로 인해 관리 기업으로 지정된다는 뉴스만 나와도 이후 주가는 크게 하락할 가능성이 크다. 관리 종목으로 지정되면 신용 거래가 금지된다.

세전계속사업이익법인세 차감 전 순이익 역시 적자가 이어지고 있다. 다행히(?) 2021년 기준, 자본총계 524억 대비 적자가 69억으로 50%에는 미치지 않기 때문에 1번 상장폐지 요건에는 해당하지 않는다. 그래도 영업 이익 적자로 인한 상장폐지의 위험으로, 투자 대상 종목에서 제외하는 편이 속 편하다.

상장폐지의 또 다른 조건이 있다. 바로 매출액과 관련한 기준이다.

	유가증권시장	코스닥시장
관리 종목 지정	매출액 50억 원 미만	매출액 30억 원 미만
상장폐지 심사	매출액 2년 연속 50억 원 미만	매출액 2년 연속 30억 원 미만

유가증권은 매출액 50억 원이 기준이고, 코스닥은 매출액이 30억 원이 기준이다. 이보다 매출액이 낮다면 관리 종목 지정 이후 상장폐지 심사에 들어가게 된다.

아래 그림은 코스닥시장에 상장된 여행 관련주의 재무제표다. 이 기업은 코로나 사태 이후 해외여행 사업이 악화되면서 매출액과 영업이익이 크게 줄어들었다.

영업 이익은 3년 연속 적자가 발생했기 때문에, 2022년의 영업 이익도 함께 살펴봐야 한다. 그래도 아직은 관리 종목 지정 조건에 해당하지는 않는 상황이다. 세전계속사업이익 역시 적자가 커지고 있지만 자본총계의 50%보다는 적기 때문에, 아직 관리 종목 지정 사유에 이르지 않았다.

그럼에도 이 기업은 현재 관리 종목에 지정된 상태다. 이유는 2021년 매출액이 30억 원에 미달했기 때문이다. 매출액 조건은 단 한 번만 미달되더라도 바로 관리 종목에 지정된다.

주요재무정보	2017/12 (IFRS별도)	2018/12 (IFRS연결)	2019/12 (IFRS연결)	2020/12 (IFRS연결)	2021/12 (IFRS연결)	2022/12(E) (IFRS연결)	2023/12(E) (IFRS연결)	2024/12(E) (IFRS연결)
매출액	763	928	768	200	29			
영업이익	125	35	-21	-63	-147			
영업이익(발표기준)	125	35	-21	-63	-147			
세전계속사업이익	129	43	-18	-68	-128			
당기순이익	104	45	-17	-59	-103			
당기순이익(지배)	104	45	-17	-59	-102			
당기순이익(비지배)					-1			
자산총계	1,003	985	1,150	796	880			
부채총계	647	583	588	302	444			
자본총계	357	402	562	494	435			

매출액 조건으로 인해 2021년 관리 종목으로 지정되었다.

이 외에도 자본 잠식에 대한 상장폐지 요건이 있다. 적자가 지속되면서 자본총계가 자본금보다 작아지면 관리 종목 지정 이후 상장폐지를 검토하게 된다. 이런 종목은 앞의 조건들, 그러니까 적자가 이어지는 기업을 제외하다보면 자연스레 걸러지므로 여기에서는 따로 다루지 않겠다.

위의 상장폐지 조건을 피하려면 일단 적자가 발생한 종목은 제외하는 것이 좋다고 했다. 그런데 기업도 상장폐지만은 면하기 위해 갖은 노력을 다한다. 문제는 사업을 더 잘하기 위한 노력이 아니라 재무제표의 숫자를 이리저리 옮기는 노력을 하는 기업에서 발생한다. 합법과 불법의 경계에서 위태위태한 조정을 하는 것이다.

이때 기업에서 제출한 보고서는 외부 회계 법인을 통해 감사받는다. 그리고 감사보고서를 통해 적정, 의견 거절, 부적정 등의 감사 의견을 낸다. 일반적인 투자자는 감사보고서의 결과가 '적정'인가만을 확인하고는 '음, 이상 없는 회사군!' 생각하고 안심한다.

하지만 감사보고서는 기업이 제출한 숫자들이 실제 경영 성과에서 벗어남이 없다는 것을 인정하는 것일 뿐이다. 기업의 재무 상태가 좋다는 뜻이 절대 아니다. 그저 회계 기준에 맞게 작성된 재무제표라면 모두 적정 의견을 받을 수 있다. 감사보고서의 적정 의견 이후에도 앞서 살펴본 상장폐지 조건에 해당된다면 상장폐지가 될 수 있다.

이와 관련하여 **적정 의견을 냈지만 재무제표에서 감사 의견을 통해 '이 회사 망할지도 모르니 주의하세요!'라는 의견을 그림과 같이 알려주기도 한다.**

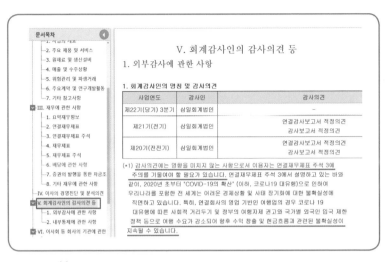

V. 회계감사인의 감사의견 등

1. 외부감사에 관한 사항

1. 회계감사인의 명칭 및 감사의견

사업연도	감사인	감사의견
제22기(당기) 3분기	삼일회계법인	-
제21기(전기)	삼일회계법인	연결감사보고서 적정의견 감사보고서 적정의견
제20기(전전기)	삼일회계법인	연결감사보고서 적정의견 감사보고서 적정의견

(*1) 감사의견에는 영향을 미치지 않는 사항으로서 이용자는 연결재무제표 주석 3에
주의를 기울여야 할 필요가 있습니다. 연결재무제표 주석 3에서 설명하고 있는 바와
같이, 2020년 초부터 "COVID-19의 확산" (이하, 코로나19 대유행)으로 인하여
우리나라를 포함한 전 세계는 어려운 경제상황 및 사태 장기화에 대한 불확실성에
직면하고 있습니다. 특히, 연결회사의 영업 기반인 여행업의 경우 코로나 19
대유행에 따른 사회적 거리두기 및 정부의 여행자제 권고와 국가별 외국인 입국 제한
정책 등으로 여행 수요가 감소되어 향후 수익 창출 및 현금흐름과 관련된 불확실성이
지속될 수 있습니다.

💬 적정 의견을 받은 기업일지라도 적자 기업은 감사 의견을 함께 보자.

또한 살펴볼 사항으로 감사인의 변경 문제가 있다. 그림을 보면 20기, 21기, 22기 3분기까지 감사인은 모두 '삼일회계법인'이다. 감사인은 기업에서 돈을 주고 의뢰하며, 보통 한 번 선정한 감사인은 잘 바뀌지 않는다. 기업의 사정을 잘 알기 때문에 복잡한 내부 사정의 설명이 없어도 한 번 감사를 진행했던 기업은 계속 같은 곳에서 감사받는 것이 편하다.

그런데 가끔 감사인이 여러 차례 변경되는 기업이 있다. 이유는 다양하겠지만 뭔가 의심해볼 필요가 있다. 기업 사정이 어려워서 이리저리 재무제표를 손보다보면 회계 기준에서 벗어나는 상황이 생긴다. 제대로 작성하면 상장폐지 위기에 직면하고, 기업의 입맛에 맞게 바꾼 재무제표는 적정 의견을 받기 힘들다면 어떻게 할까? 적정 의견을 내줄 수 있는 회계 법인을 찾으면 된다. 이 때문에 잦은 감사인의 변경은 주의해야 한다.

재무제표를 통해 망할지도 모를 회사만 걸러내도 최악의 상황은 면할 수 있다. 주가가 하락해도 물타기를 하면서 2년이고 3년이고 버틸 수 있다. 하지만 당장 오늘내일하는 회사라면 어떨까? 상장폐지의 위험에 대해 모든 투자자가 걱정하는 회사라면? 괜히 그런 종목에 물려 버리면 속이 새카맣게 타들어 갈 것이다.

투자에서는 내가 먼저 살아남는 것이 첫째고, 이후 수익률을 추구해야 한다. 이 두 가지 순서가 바뀌었다가 망해 버린 투자자들이 너무 많다는 사실을 절대 잊어서는 안 된다.

재무제표로
반격할 수 있는
투자의 감

"위대한 기업에 투자하라!"

위대한 기업을 찾아서 투자하라는 말을 믿고, 실적이 좋은 기업을 찾아서 투자하지만 수익률이 그다지 좋지 않다면?

당신도 현혹당한 것이 틀림없다. 위대한 기업이라고 하여 주가가 반드시 상승하는 것은 아니다. 단순히 생각하면 '위대한 기업 = 위대하게 주가가 오를 종목'으로 오해하기 딱 좋다. 가치투자는 위대한 기업, 그러니까 누가 봐도 좋은 기업을 찾는 것이 목적이 아니다심지어 필립 피셔의 《위대한 기업에 투자하라》는 저평가 종목 매수가 아니라, 성장주 투자에 대한 책이다. 돈을 잘 버는 데도 불구하고 기업의 내재 가치보다 싼 종목을 찾아서 투자하는 것이 가치투자다.

누가 봐도 좋은 기업의 주가는 이미 오를 대로 오른 상태다. 하지만 이런 기업을 매수하는 투자자들은 내년도, 그 후년도의 실적까지 현재로 끌어와서 주식을 평가한다. 2023년 중반, 일부 2차전지 관련주들이 이런 논리에 따라 끊임없이 고평가를 이어 갔다.

'이 기업은 위대한 기업이고 앞으로 돈을 더 많이 벌 것이니, 현재의 주가는 저평가되어 있다.'

이런 생각을 스스로 했던지, 아니면 유튜브의 전문가가 했던 말을 그대로 믿었는지는 중요하지 않다. 많은 개인투자자가 카카오와 같은 종목에서 최고점에 물려 버린 것이 문제다. 물론 카카오나 NAVER 같은 기업이 당장 망할 리는 없다. 그래도 반토막 난 계좌는 투자자의 사기를 크게 꺾어 버리기에 충분하다.

그래서 재무제표를 활용한 투자의 두 번째 단계가 필요하다. **재무제표 활용의 첫 번째 단계가 망할지도 모를 종목을 골라내는 작업이라면, 두 번째는 앞으로 상승 가능성이 큰 종목을 선별하는 것이다.**

지금부터 그 방법을 살펴보자.

가치보다 싼 주식을 찾는 방법 ① 경기 순환

재무제표를 분석하여 앞으로 오를 종목을 찾는 방법은 얼핏 생각하면 말이 안 된다. 왜냐하면 재무제표는 이미 몇 개월 전의 기업 실적일 뿐이기 때문이다. 그리고 현재 여러분이 보고 있는 재무제표의 실적은 이미 주가에 모두 반영되어 있다. 이미 공개되어 버린 재무제표의 숫자만으로는 더 이상 먹을 게 남아있지 않다는 뜻이다.

주가에서 중요한 것은 다음 분기, 내년도의 실적 전망이다. 오늘보다 내일 돈을 더 많이 벌 수 있다면 주가는 오른다. 제아무리 이전 분기의 실적이 좋다고 할지라도, 내년도 사업 전망이 어두울 것이라는 분위기만 풍겨도 주가는 하락한다.

조울증에 걸린 미스터 마켓은 기업 이익에 작은 변화의 조짐만 보여도 과장되게 먼저 움직인다. 이런 과장의 틈새에서 현실 가치와의 갭에 따른 시세 차익이 가치투자의 수익이 된다.

그러면 재무제표를 통해 어떻게 돈을 벌 수 있단 말인가?

[가치투자의 핵심]
기업의 가치보다 주가가 싼 종목에 투자하는 것!

안다는 것은 그 말에 숨겨진 속뜻까지 이해하고, 활용할 수 있어야 한다. 단순히 한 줄짜리 말이지만, 그 이면에 숨겨진 의미를 이해하고 이를 통해 실제로 돈을 벌 수 있어야 한다.

기업의 가치보다 주가가 싼 순간은 날이면 날마다 오는 기회가 아니라는 것을 먼저 알아야 한다. 앞서 챕터 3에서 코스톨라니의 달걀을 설명했다.

중요한 그림이니 다시 살펴보자.

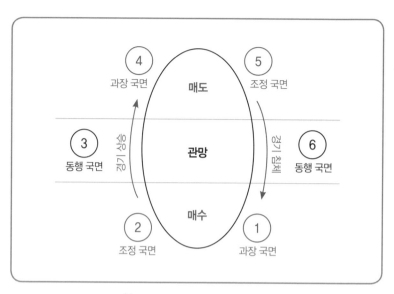

경기 순환에 따른 주식투자의 대응.

그림에서 **기업의 내재 가치보다 싼 주식이 많이 생기는 시기는 언제 일까? 당연히 '①번 과장 국면'과 '②번 조정 국면'이다.** 그래서 워런 버 핏과 같은 투자자들은 시장이 폭락할 때 오히려 환호성을 지른다. 투 자할 종목들이 많이 나타나기 때문이다. 자신의 계좌가 반토막이 나 도 상관없다. 어차피 지금 당장의 시세 차익이 문제가 아니라, 내가 보유하고 있는 주식의 수가 더 큰 관심거리다.

예를 들면 경기의 고점인 ④번과 ⑤번 상황에서는 100만 원으로 주 식을 몇 주밖에 매수하지 못한다. 하지만 경기 사이클의 바닥인 ①번 과 ②번 상황이 되면, 같은 돈 100만 원으로 같은 주식을 수백 주나 매수할 수 있게 된다.

물론 이런 방식으로 투자하는 기업은 이익을 꾸준히 낼 수 있어야 한다. 기업의 이익에는 변화가 없거나 오히려 조금씩 성장을 보이는 데도 불구하고 경기 사이클의 변화, 금리의 변화 등 외적 요인으로 인해 주가가 크게 하락하여 기업 내재 가치보다 낮은 가격에 거래된다면? 가치투자의 대상이 될 수 있다.

> **결론 1.**
> 기업의 이익은 잘 나오는 데도 불구하고 시장 상황으로 인해 주가가 내재 가치보다 하락했다면, 이런 기업을 찾아서 투자해야 한다.

가치보다 싼 주식을 찾는 방법 ② 산업 전망

가치투자의 두 번째 상황은 산업 또는 기업의 사업 종류에 따른 성과가 잘 나오는 경우다. 경기 사이클과는 상관없이 갑자기 새로운 사업이 등장할 때가 있다. 코로나19 확산 초기, 백신 관련주와 마스크 관련주들이 그랬다. 그저 일반적인 제약주들이었지만, 코로나 백신이나 자가 진단 키트 관련주로 엮이면서 큰 주가 상승이 있었다.

전기차에 대한 수요가 증가하면서 2차전지 관련주들도 엄청난 성장을 이뤘다. 이 때문에 이전까지는 저성장의 대표 주자였던 화학 관련주들이지만, 2차전지와 관련되었다는 이유로 그들을 바라보는 시각이 완전히 바뀌었다. 물론 주가의 폭발적인 급등이 발생하기도 했다.

엔비디아를 생각해보자. 이전까지는 암호화폐의 채굴, 게임에나 필요했던 그래픽카드 제조회사에 불과했다. 그래서 비트코인의 시세나 게임 PC 매출에 따라 주가가 출렁였다.

그런데 어느 날 인공지능 챗봇인 ChatGPT가 등장했다. 이후 인공지능에 대한 관심이 폭발하면서 인공지능 데이터센터에 반드시 필요한 GPU를 만드는 엔비디아의 주가는 2020년 초 50달러에서 2024년 초 800달러를 넘어섰다.

산업의 발생에 따른 주가 급등은 최근에만 특이하게 발생하는 것이 아니다. 예전부터 반복적으로 발생하는 법칙과도 같은 일이다. 중국과의 교류가 활발했던 시기 화장품 관련주들이 엄청난 성장을 이루었

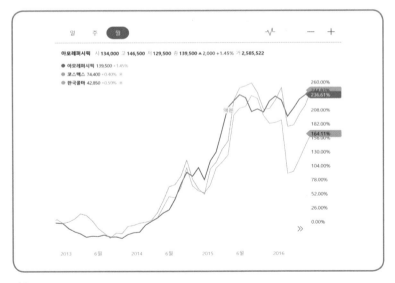

한중 자유무역협정(FTA)이 논의되는 시기부터 중국 진출을 서두른 화장품 관련주들의 주가는 크게 상승했다.

다. 한중 자유무역협정이 체결된 2015년 전후의 화장품 관련 기업 주가 변화를 보자. 2013년 이후부터 2015년 고점까지 200%가 넘는 상승을 확인할 수 있다.

미래의 기업 이익은 알 수 없다. 하지만 산업 변화의 큰 흐름을 읽어낼 수 있다면, 앞으로 이익이 크게 증가할 주식을 찾아내는 것이 가능할 때가 있다. 이것은 주식 종목만 찾아다니는 것보다는 세상 전반에 대한 관심을 통해 발견이 가능하다. 그래서 뉴스를 볼 때도 경제 뉴스만 볼 것이 아니라 세상의 모든 뉴스에 관심을 갖고, 언제나 날카로운 투자의 감을 세워야 한다고 앞서 언급했다.

다만 이런 종류의 기업을 찾는 것은 조금 신중할 필요가 있다. 아마도 카카오 같은 종목에서 고점에 물려 버린 대다수의 투자자는 앞으로 카카오가 더 엄청난 성장을 할 거라는 기대로 매수했을 것이다. 하지만 기업의 미래 성장을 읽어내기는 상당히 어려운 일이다. 긴가민가하면 그냥 투자하지 않는 편이 더 좋다. 아생연후살타! 내가 먼저 살아남은 이후에 공격적인 투자를 해야 한다.

> **결론 2.**
> 주가가 싸지지 않았더라도 산업과 세상의 변화 속에서 앞으로 기업 이익이 크게 증가할 것이 예상된다면, 최대한 보수적으로 분석한 이후 투자를 결심해야 한다.

기업의 미래 이익을 예상하는 것은 상당히 어렵다. 경기의 순환 상황을 알아채는 것도 마찬가지로 힘든 일이다. 그러면 개미투자자들도 쉽게 할 수 있는 가치투자 방법은 없을까?

간단한 방법이 있긴 하다. 바로 이익의 변동이 작은 기업을 찾는 것이다. 이런 기업은 매년 벌어들이는 이익이 거의 일정하다. 아마 이런 기업의 대표는 더 이상 회사의 성장에는 관심이 없고, 그저 있는 재산이나 안정적으로 잘 지키고 싶은 성향인 듯하다.

기업의 이익은 변화가 없으니 주가 역시 거의 일정하게 횡보한다. 그런데 가끔 이런 기업의 주가를 보면 크게 급등 혹은 급락했다가 제자리를 찾아온다. 원자재의 가격 변동이나 상품 판매 주기에 따른 이익의 변화가 주가에 변화를 주기 때문이다. 혹은 그저 아무런 이유 없

주요재무정보	연간				
	2017/12 (IFRS별도)	2018/12 (IFRS별도)	2019/12 (IFRS별도)	2020/12 (IFRS연결)	2021/12 (IFRS연결)
매출액	2,704	2,397	2,224	2,037	2,717
영업이익	108	115	93	52	86
영업이익(발표기준)	108	115	93	52	86
세전계속사업이익	114	88	69	31	74
당기순이익	116	72	43	15	57

한국내화이 매출액을 보면 거의 일정하게 유지된다.

이 미스터 마켓의 조울증이 발현될 때도 있다.

이에 착안해보자. **평균적인 주가의 흐름을 시장이 평가한 기업의 일반적인 내재 가치로 생각할 수 있다. 그런데 가끔 미스터 마켓이 변덕을 부리며 주가를 크게 흔든다. 이 타이밍을 매매의 시기로 노리면 된다.**

예를 들어 한국내화를 살펴보자. 실적을 보면 매출은 매년 거의 일정하며, 영업 이익에서 다소 등락이 발생한다. 주가 흐름은 어떠한가? 너무 욕심만 부리지 않으면 차트에서와 같이 매수 가격대인 3,000원대 아래에서 매수했다가 4,000원대 이상에서 매도하면 반복적인 수익이 가능하다. 시장이 평가한 한국내화의 내재 가치는 3,200원 정도로 보인다.

그런데 가끔 국제 원자재 가격의 변동, 경기의 변동에 따라 이익이

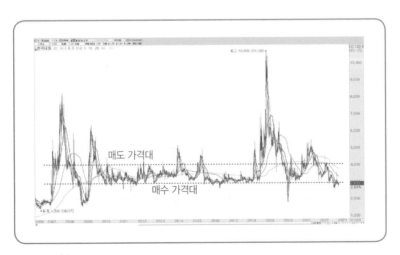

🔸 한국내화의 주가 흐름을 보면 매수 가격대와 매도 가격대를 알 수 있다.

증가하는 시점에서는 크게 급등한다. 지난 15년간의 흐름이 이처럼 계속 이어졌다. 새로운 사업의 투자나 확장 또는 산업 구조의 변화가 극적으로 발생하지 않는 한, 앞으로도 이와 같은 투자의 흐름이 가능할 것이다.

이런 투자법은 한국내화뿐만 아니라 주가 흐름이 비슷하게 형성된 수많은 종목에서 가능하다. 다만 여러 가지 다른 분석도 필요함을 잊으면 안 된다. 차트만 보고 섣불리 매수했다가 나중에 확인해보니 적자투성이에 작전주인 경우도 있기 때문이다. 그리고 앞서 살펴봤던 산업 변화에 따른 주가 변동과 같이 성장 산업도 있지만, 신기술의 등장에 따른 하향 산업도 있음을 이해해야 한다.

> **결론 3.**
> 매출, 이익, 주가 흐름이 일정한 패턴을 가지는 기업을 찾고, 매수 가격대와 매도 가격대를 확인하여 매매한다.

초간단
퀀트투자 노하우

투자 분석 공부를 하는 1차 목표는 투자 종목을 찾기 위함이다. 투자 종목을 찾기 위해서는 각각의 지표가 무엇을 의미하는지 이해하고, 해당 지표의 좋은 조건에 해당하는 종목을 검색하면 된다.

차트 분석을 중요시하는 투자는 차트의 추세와 패턴에 대한 조건 검색을 한다. 가치투자도 마찬가지다. 주식에 가치 순위를 매기고 높은 가치를 갖는 기업을 검색하여 투자하는 것이다.

여기서 **기업 실적과 가치 데이터에 따른 투자법을 계량적 투자라고 하며, 데이터 분석을 통해 자산을 배분하는 것을 퀀트투자라고 한다.**
그런데 퀀트투자에 사용되는 데이터는 주로 가치투자와 관련된 내용이 많다.

퀀트Quant라는 단어는 Quantitative계량적, 측정할 수 있는와 Analyst분석가의 합성어다. 한마디로 설명하자면 퀀트란 '측정할 수 있는 계량지표들을 토대로 분석하는 사람'을 뜻한다. 그래서 퀀트투자라고 하면 무조건 가치투자라고 오해하는 경우도 있다. 수학과 통계에 기반하여 투자 모델을 만들기 때문이다.

하지만 퀀트투자 모델의 조건에는 모멘텀 조건을 비롯하여 주가 상승률 등 다양한 데이터 조건을 얼마든지 추가할 수 있다. 그렇기 때문에 퀀트를 100% 가치투자로 보기에는 어렵다. 다만 이번 챕터에서는 편의상 가치투자 데이터에 의한 퀀트의 이야기를 다룬다.

PER, PEGR, PSR, PBR, EV/EBITDA, ROE, RIM 이 외에도 상대 가치 비교를 위한 더 많은 비율들이 있다. 이런 가치 분석 조건들을 토대로 상위 랭크에 해당하는 종목을 검색하여 투자하는 방법이 있다.

예를 들면 국내 증시에 상장된 2,500여 개의 종목 가운데 PER 저평가 순으로 순위를 낼 수 있다. 흑자를 내는 기업들 가운데 가장 저평가된 종목부터 시작하여 저평가 상위 50여 개를 검색한다. 그리고 이들 가운데 PBR 저평가 상위 종목 조건을 교집합으로 하여 다시 순위별로 정리한다. 그리고 동시에 PCR 저평가인 조건을 다시 적용해볼 수 있다.

이와 같은 방법으로A조건 저PER and B조건 저PBR and C조건 저PCR 종목을 검색해보면 가치투자에 적합한 종목들이 검색된다.

이러한 투자법에 대해 강환국은 《할 수 있다! 퀀트투자》를 통해 다양한 투자의 조건들을 백데이터와 함께 제시하고 있으니, 가치투자에 관심이 있는 투자자는 한 번쯤 읽어볼 만하다. 일반적으로 널리 알려진 투자 종목 검색 조건들은 아래 표와 같다.

	투자지표	공통
1	PER + PBR + PCR	– 저평가 20%의 주식에 대하여 순위를 매김
2	PER + PBR + PCR + PSR	
3	PBR + GP/A (GP/A = $\frac{매출총이익}{총자산}$)	– 세 개 지표의 순위를 더한 통합 순위 작성
4	PBR + PBR + PCR + PSR + EV/EBITDA	– 순위가 높은 50개의 종목에 분산 투자

이때 중요한 것은 분산투자와 장기투자다. **위의 조건들에 해당하는 종목들의 순위를 1위부터 50위까지 선정했을 때 당연히 1등이 가장 좋은 조건으로 오해하기 쉽다. 그러나 실상은 그렇지 않다. 위의 조건들을 통해 선정한 종목들은 단지 가치보다 저평가된 순위가 높을 뿐, 반드시 주가의 상승을 보장하는 것은 아니기 때문이다.**

따라서 투자 리스크를 분산하기 위해 다양한 종목에 분산투자가 필요하다. 그리고 저평가되었으니 언젠가는 본래의 가치까지 상승할 것이라는 믿음으로 장기 보유를 해야만 한다.

위에 소개한 조건들 이 외에도 더 다양한 조합을 통해 여러분만의 새로운 투자 전략을 만들어보는 것도 가능하다.

여기에서 한 가지 의구심이 들 것이다.

'내가 만든 전략이 과연 진짜 저평가된 종목을 찾는 데 효과가 있는 조건일까? 주가 상승률이 생각보다 낮으면 어쩌지?'

그래서 퀀트투자를 하는 투자자들은 자신의 조건을 백테스트를 통해 검증하는 절차를 거친다. 미래의 주가 변동은 알 수 없다. 그러나 과거 주가 흐름에 비춰 봤을 때 얼마나 시장 상승률에 비해 더 나은 전략인지는 비교가 가능하다. 그래서 과거 증시의 기록을 통해 자신의 조건이 얼마나 나은 수익 성과를 만들 수 있는지 살펴보는 방법이 있다.

하지만 아직 한 번도 해보지 않은 개인투자자들에게 조건을 직접 만들고, 또 그것에 대하여 백테스트를 하라고 하면 막막할 것이다. 그래서 개인투자자도 간단히 백테스트를 할 수 있는 사이트가 있어서 소개한다.

테일러tailor.im 사이트를 참고해보자해당 업체로부터 일체의 지원이나 광고비를 받지 않았다. 해당 사이트의 이용은 종목 찾기 1일 5회, 백테스팅 1일 3회가 무료로 제공된다. 하지만 추가적인 사용은 이용권을 구매해야 한다. 신중하게 고민하면 무료 이용만으로도 충분하다. 사이트에 접속하여 좌측의 백테스트를 누르면 그림과 같은 창이 나온다. 여기에서 기본 설정과 팩터 설정을 한 다음 백테스팅을 누르면 된다.

그러면 아래 그림과 같이 백테스팅 결과가 나온다. 예를 들어 PER + PBR + PSR + GP/A 상위 랭크에 있는 종목들에 투자했다면 2005

년 이후로 2,389%의 누적 수익이 가능했을 것이다. 회색 선으로 나온 코스피지수의 평균수익률과 비교했을 때 얼마나 보라색 선의 초과 수익이 가능했는지 한눈에 보인다.

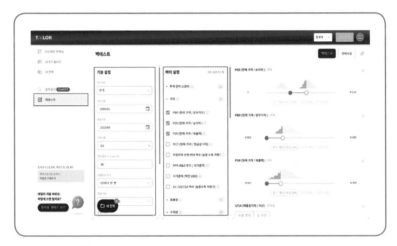

테일러 사이트에서 백테스팅 자료를 간단히 확인할 수 있다.

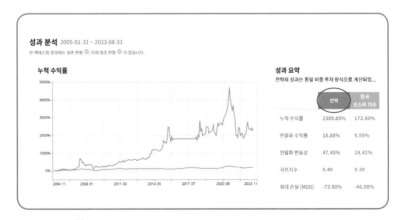

PER+PBR+PSR+GP/A 전략을 통한 코스피지수와 수익률 비교.

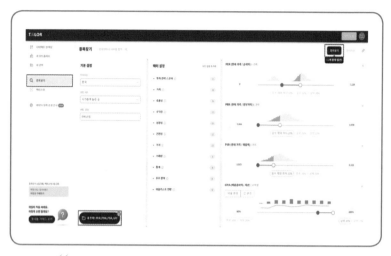

'종목 찾기'에서 '내 전략'을 활성화시키면 자동으로 종목을 찾아준다.

　해당 전략으로 투자하려면 어떻게 해야 할까? 처음 창으로 돌아가서 오른쪽 위에 전략 저장을 누른다. 그러면 내 전략이 하나 생성된다. 이후 아래 그림처럼 종목 찾기를 누른 다음, '내 전략'을 활성화시키면 오른쪽에 내 전략이 활성화된다. 그러면서 오른쪽 위에 12개 종목을 발견했다는 메시지가 나온다. 여기를 클릭하면 해당 조건에 부합하는 개별 종목들을 찾을 수 있다.

　이후 각 종목에 대하여 같은 투자금을 분산투자하면 된다. 사이트의 UI가 직관적으로 알 수 있게 구성되어 있다. 그래서 처음 접하는 투자자일지라도 몇 번 사용해보면 쉽게 익숙해질 것이므로 너무 겁먹지 않아도 된다. 더욱이 무료로 일부 기능에 대해 충분히 진행해볼 수 있으니 손해볼 것도 없다.

물론 이렇게 찾은 종목들이 반드시 주가의 상승을 보장하는 것은 아니라는 것을 다시 한 번 강조한다. 과거의 백테스트 결과가 미래 주가 알려주는 것은 아니며, 얼마나 오래 투자해야 기대 수익만큼 오를지도 모르기 때문이다. 그럼에도 불구하고 많은 투자자가 이와 같은 투자법을 통해 큰 수익을 거두고 있다고 하니, 여러 가지 투자법의 활용과 분산 차원에서 관심을 가져볼 만하다.

그러면 이와 같은 계량적 투자에는 감이 필요 없는 것일까? 기업 실적에 기반을 둔 투자는 오로지 과학적인 계산을 통한 분석만이 투자의 전부인 것일까?

필자는 아니라고 생각한다. 계량적 투자에서도 투자자의 감이 필요하다. 위와 같은 **계량적 퀀트투자에 있어서 중요한 것이 리밸런싱이다. 이는 수십 개의 종목에 분산투자하는 가운데 분기별 또는 연 단위로 종목을 교체하는 작업이다.** 왜냐하면 기업의 실적과 주가가 항상 유지되는 것도 아니고, 경제 상황 역시 계속 변화하기 때문이다.

예를 들어 여러분이 PER과 같은 재무비율의 상위 랭크 종목에 투자했다고 가정해보자. 그런데 지난 1년간 주가가 많이 올라서 더 이상 저평가로 분류할 수 없게 되었다. 또는 지난 1년간 해당 기업의 영업이익이 크게 줄어들면서 주가에 비해 고평가 수준이 되었다. 그러면 이런 종목은 투자 포트폴리오에서 매도 후 제외시켜야 한다.

퀀트를 통한 분산투자는 평균적인 수익을 노리는 것이다. 그렇기에 너무 자주는 아닐지라도 평균적인 수익이 항상 플러스가 될 수 있도록, 포트폴리오의 일부 종목 또는 전 종목을 정리하고 주기적으로 다시 새로운 종목으로 갈아타야 한다.

리밸런싱 외에도 또 다른 감이 필요하다. 바로 경제 상황과 관련한 부분이다. 퀀트에 사용하는 투자 전략은 무수히 다양하다. 이처럼 다양한 전략에 대하여 어떤 시기에 어떤 전략을 사용할지는 오롯이 투자자의 감에 의해 선정되어야 할 부분이다. 물론 과거 경제 상황별 어떤 투자 전략이 가장 수익률이 좋았는지에 대해서도 다양한 전략을 비교 검토해보면 최선의 전략을 찾을 수 있다.

문제는 현재의 경제 상황에 대한 인식이다. 지금의 경제 상황은 어떤가? 앞서서 살펴봤던 코스톨라니의 달걀에서 아랫부분인가? 아니면 꼭대기 부근인가? 상승 지점이라면 어느 정도 상승한 상황이며, 주식시장의 상승은 앞으로 얼마나 더 남았을까?

이런 모든 것이 투자자의 감이 없이는 힘든 부분이다. 따라서 다양한 투자법에 대한 기본 이론에 추가하여, 이 책에서 설명하는 다양한 투자의 감에 대해서도 함께 생각했으면 하는 바다.

· chapter 5 ·

투자의 感으로
당장 오를
종목을 찾다

추세 분석을 위한
차트의 감

'통찰洞察', 예리한 관찰력으로 사물을 꿰뚫어 본다는 뜻이다. 통찰이라는 말은 주로 심리학에서 많이 소개된다. 왜냐하면 통찰이 사물이나 현상의 특징, 관계 등을 파악하는 심리적인 능력이기 때문이다. 통찰은 기업 실적 분석 등과 같은 기본적 분석뿐만 아니라, 그림으로 이루어진 차트를 보면서 그 속에 담긴 의미를 파악할 때도 유용하다.

'직관直觀', 사물이나 사태를 순간적으로 지각하는 능력이다. 직관이란 생각하지 않고 보자마자 아는 능력이기에, 이를 단순한 '찍기'와 혼동하는 경우가 있다.

그러나 어찌 직관을 그런 요행으로만 볼 것인가! 우리 주변에 직관이 뛰어난 사람을 떠올려보자. 이런 사람들은 머릿속에 이미 갖고 있는 방대한 경험과 지식을 바탕으로, 극히 짧은 시간 동안 무의식의 사고 처리 과정을 통해 결과를 도출해낸다.

차트를 통해 향후 주가를 전망할 때는 이동평균선을 비롯하여 다양한 보조지표를 활용한다. 그런데 이때 사람마다 다른 결과가 나올 수 있다. 똑같은 차트를 두고도 어떤 이는 앞으로의 주가가 상승할 것이라고 전망하지만, 다른 이는 조만간 주가가 하락할 것이라는 상반된 전망을 내놓기도 한다. 그래서 재무 분석보다는 차트 분석에서 통찰이나 직관과 같은 투자의 감이 조금 더 필요하다.

미래 주가는 알 수 없다. 깜깜한 어둠이다. 그저 여러 가지 분석의 관점을 통해 얻어낸 저마다의 결론을 이야기할 뿐이다. 이 때문에 주가 분석은 언제나 '장님 코끼리 만지기' 상황이 연출된다. 금리와 경제 상황에 중점을 두고 분석하는 투자자와 주가의 현재 추세를 중점으로 분석하는 투자자의 이야기는 다를 수밖에 없다.

그리고 똑같이 차트 분석을 하더라도 볼린저 밴드나 RSI를 보는 투자자와 스토캐스틱이나 MACD를 보는 투자자의 분석이 서로 달라질 수 있다.

그런데 만일 미래 주가라는 코끼리를 더듬고 있을 때 통찰과 직관이 뛰어난 사람이 있다면 어떻게 될까? 단순히 코끼리의 일부만을 더듬어보는 것이 아니라 전체를 꿰뚫으며 살펴볼 수 있다면, 코끼리의 형상을 남들보다는 더 자세히 그릴 수 있지 않을까?

그러면 어떻게 미래 주가라는 코끼리의 모습을 더듬어볼 수 있을까? 주가에 영향을 주는 요소는 너무나도 다양하다. 금리, 환율, 원자재, 국제 정세, 산업 전망, 경기 상황, 무역, 정치 상황, 실업률, 소비성향, 물가 등등 수없이 많다. 일반 개인투자자가 이 모든 것을 더듬어보는 것은 상당히 힘들다. 그래도 어찌어찌 더듬어서 전체를 살폈다고 해보자.

하지만 고생하며 살펴봤던 시점의 데이터는 이미 과거의 이야기가 되어 버리고, 주가는 미래를 향해 저만치 달려가 버린 후가 될 것이다. 따라서 개인투자자가 주가에 영향을 미치는 모든 요소를 실시간 분석하는 것은 불가능에 가깝다. 이 때문에 통찰과 직관을 통한 차트 분석이 필요한 것이다.

차트 분석의 근간이 되는 원리는 효율적 시장 가설에서 출발한다. 시장에 이미 알려진 정보는 현재 주가에 모두 반영되었다는 이론이다. 이것은 미스터 마켓의 조울증으로 인해 주가가 기업의 가치보다 저평가될 수 있다는 가치투자의 개념과 상반된다.

그래서 차트 분석이 맞는 이론이라면 가치투자는 쓰레기가 되는 것이고, 가치투자 이론이 정답이라면 차트 분석 역시 허상에 불과한 이론이 되는 것이다.

이 책에서는 가치투자와 차트 분석 이론에 대한 논문을 쓰려는 것이 아니다. 주가는 가끔 저평가되기도 하고, 때로는 시장의 모든 정보를 반영한 듯 비슷하게 흘러가기도 한다. 우리는 그사이, 적당히 중간쯤 되는 곳에서 상황에 따라 적절한 투자 방법을 활용하면 된다. 다만 언제 닭 잡는 칼을 꺼내고, 언제 소 잡는 칼을 사용해야 하는지에 대해서는 충분한 공부를 통해 감을 익혀 두는 것이 필요하다.

주가 분석은 요리와도 같다. 기업의 주가라는 똑같은 요리 재료를 두고 누군가는 차트를 활용하여 상승에 베팅하는 요리를 한다. 반면 다른 요리사는 기업 가치를 보며 하락에 베팅하는 요리를 내놓기도 한다.

여기서 훌륭한 투자의 요리사가 되려면 당연히 주식에서 수익을 거둘 수 있어야 한다. 요리사마다 다양한 보조지표와 주가 흐름을 보면서 저마다 다른 분석을 할 수 있겠지만, 통찰과 직관이 있는 투자자라면 조금 더 맛있는 결과를 그려낼 수 있을 것이다.

문제는 겉핥기로 공부한 차트 분석을 마치 자신만 알고 있는 전지전능한 투자법인 양 고수 흉내를 내는 것이다. 이것은 '백종원 요리책'을 한 권 읽고는 5성급 호텔 주방장 행세를 하는 것과 같다. 그런데 이처럼 어처구니없는 일이 블로그, 유튜브, 아프리카TV 등에서 똑같이 벌어지고 있다. 차트 분석을 통해 주가를 예측할 수 있다며 말이다.

"엘리어트 파동 분석 결과 A파동에서 피보나치 1.618배 조정에 해당하는 주가는 이 시점이므로, 조만간 반등이 나올 것이다."

과연 이런 이야기를 하는 사람 가운데 엘리어트 파동 분석에 대해서 얼마나 연구했을지 의문이다. 이런 '얼치기' 아마추어 차트 분석가들 때문에 차트 분석을 낮잡아 보는 경향이 생겼을지도 모른다. 특히 아무런 내재 가치가 없는 암호화폐 투자를 위해 차트 분석을 활용하는 투자자가 많이 생겨나면서 그 경향은 더 심해졌다.

파동 이론을 만들었던 랄프 넬슨 엘리어트는 지금 사람들이 읽고 있는《엘리어트 파동 이론》을 직접 쓰지 않았다. 이 책은 프레히터라는 사람이 엘리어트의 이론에 대해 공부해서 쓴 것이다. 심지어 엘리어트는 자신이 알고 있던 이론을 아무에게도 완벽하게 전수하지 못하고 죽었다. 그저 죽음을 앞두고 계속 발전시켰던 이론의 일부만이 남아 있을 뿐이며, 파이낸셜 타임지에 연재되었던 내용이 전부다.

그래서 그의 이론이 모든 상황에 적용되는 전지전능한 분석 방법이라고 그 누구도 장담할 수 없다. 물론 "엘리어트는 그의 이론을 통해 1987년 블랙먼데이를 예측했다!"라고 반론을 제기할지도 모른다. 그러나 그런 몇 번의 사태를 예측했다고 하여, 이후부터 오늘날까지 발생하는 주식시장의 모든 움직임을 완벽하게 설명할 수 있느냐고 물으면 아무도 대답하지 못할 것이다.

지금 누군가가 엘리어트 파동 이론을 통해 예측이 적중했다는 차트를 하나 제시한다면, 필자는 그 분석 방법에서 벗어난 결과의 차트를 10배는 더 제시할 수 있다.

차트를 통해 미래 주가 예측이 가능하다는 일목균형표도 상황은 비슷하다. 이것은 이미 지나 버린 주가의 움직임을 통해 다음 주 발표될 FOMC에서 연준 의장의 발언과 증시 방향을 알 수 있다는 말도 안 되는 결론에 도달한다. 실제로《일목균형표》를 쓴 일목산인─目山人마저도 차트에 드러나지 않는 더 많은 정보에 대하여 투자자 스스로가 '알아서' 종합적으로 판단해야 함을 강조했다.

미래 주가를 예측하는 모든 차트 분석이 마찬가지다. 차트 분석은 어디까지나 과거 주가의 흐름을 통해 현재 주가의 방향을 이해하려는 행위일 뿐이다. 미래 주가의 방향은 가능성과 확률의 영역이며, 차트 분석은 향후 주가를 정확하게 예측할 수 있는 만능의 도구가 절대 아니다.

정확하지도 않고 미래 예측도 불가능하다면 차트 분석은 엉터리인 것일까? 기본적 분석 역시 미래의 기업 실적은 알 수 없으므로 향후 주가 예측은 불가능하다.

다만 여러 가지 정황 증거들을 통해 미루어 짐작했을 때 현재 기업의 실적 추세가 성장하고 있으니 다가올 분기의 실적 역시 상승할 것이라는 믿음을 갖고, 저평가된 종목을 찾아서 투자하는 것이다. 여기서 중요한 것이 바로 '추세'다.

추세란 변동 경향을 나타내는 움직임이다. 추세를 가진다는 것은 하나의 방향으로 나아가고 있다는 뜻이다. 상승 추세에서는 주가가 오르고, 하락 추세는 주가가 하락한다. 현시점을 기준으로 오늘까지의 주가 추세가 상승 중이라면? 상승 추세를 갖고 있으므로 내일도 주가는 오를 것이라고 조심스레 예측하고는 매수를 생각할 수 있다.

차트 분석은 이게 전부다. 현재 주가의 추세를 이해하고 대응하는 것이다.

기술적 분석에 대하여 가장 널리 읽히고 있는 존 J. 머피의《금융시장의 기술적 분석》은 서문에서 기술적 분석의 토대가 되는 3가지 이론적 근거를 설명한다.

① 주가는 시장의 모든 정보를 반영한 결과다.

② 주가의 흐름은 추세를 만든다.

③ 역사는 반복된다.

이 3가지 이론 가운데 현재에도 유용한 것은 두 번째 근거인 '추세'만이 유일하다고 생각한다. 과연 주가는 시장의 모든 정보를 반영하고 있을까?

너무 순진한 생각이다. 오늘날의 주식시장에서 세력은 얼마든지 시장 정보를 왜곡하여 주가를 움직일 수 있다. 그 세력이 작전 세력이든, 기관이나 외국인이든 상관없다. 누구든 돈과 의지만 있으면 주가를 얼마든지 통제할 수 있다. 여기에 주가 흐름의 이유를 만들어내는 가짜 뉴스까지도 얼마든지 배포할 수 있다.

예를 들어 JP모건이나 모건스탠리 등 외국계 증권사는 셀트리온의 주가가 오를 때마다 '주가가 과대 평가되었으며, 목표가는 더 낮아져야 한다'는 보고서를 제시하면서 동시에 엄청난 공매도를 진행했다. 이후 주가가 낮아지면 저점 매집을 통해 끊임없이 돈을 버는 사례를 무수히 찾아볼 수 있다. 따라서 현재 주가가 시장의 모든 정보를 반영한 결과라는 순진한 생각은 언제나 돈을 털리는 차트쟁이 개미들만이 굳게 믿고 있을 뿐이다.

역사는 반복되기 때문에 차트의 흐름을 통해 향후 주가를 예측할 수 있다는 근거 역시 최근 들어서는 힘을 잃을 수밖에 없다. 반복되는 역사에 따라 차트 패턴이 발생하며, 그 패턴에 따라 투자하는 사람도 있다. 그러나 필자는 차트 패턴 분석을 믿지 않는다.

"고점에서 헤드 앤 숄더 패턴이 나왔으니, 주가가 하락할 것이다."

누군가 이렇게 말한다면, 이번에도 역시 헤드 앤 숄더 패턴 이후에도 상승을 이어 갔던 차트를 10배는 더 많이 제시할 수 있다. 과거에 발생했던 차트의 모양과 패턴이 같다고 하여, 내일의 주가가 그대로 움직인다는 보장은 없다. 주가는 수요와 공급, 투자자들의 심리와 광기가 만들어내는 결과기 때문이다.

차트 패턴 분석을 하는 사람들은 이런 주장도 한다.

"돈을 베팅하는 것은 사람이고, 그 사람들의 심리는 언제나 반복된다."

그러나 이 말에서 간과한 점이 있다. 투자자들의 심리에 영향을 주는 변수가 너무나도 다양하다는 것이다. 특히 오늘날과 같이 세상이 복잡해지면서 투자 심리에 영향을 미치는 모든 변수를 분석하는 것은 불가능해졌다.

그렇기 때문에 단순히 예전과 같은 주가 패턴이 발생했다고 앞으로의 주가를 예측하기보다는, 과거 상황과 비슷했던 투자 심리의 원인을 분석하는 편이 더 나은 결과를 얻을 수 있을 것이다.

결론은 차트 분석을 통해 현재의 주가 추세를 확인하고 대응하는 것이 가장 중요한 요소라는 것이다. 여기에 조금 더 투자 지식과 감이 깊어지면 단순히 주가의 방향뿐만 아니라, 추세의 힘, 추세의 변곡점, 투자자의 심리선과 거래량 등까지 투자에 활용할 수 있게 된다.

물론 차트 추세 분석이 100% 확실한 만능의 투자 방법은 아니다.

그러나 차트를 통해 주가의 추세를 확인하는 것은 투자 성공 확률을 확실히 높일 수 있는 요소임에는 틀림이 없다.

차트 분석에서 가장 중요한 것은 기초 지식과 경험이다. 이때 기초 지식을 공부하면서 단순히 'A = B'라는 식의 정형화된 공식만 암기하는 것으로는 부족하다. 이보다는 왜 그런 차트의 활용이 가능한지에 대한 근본 이유까지도 이해해야 한다.

대입 수능에서 단순히 공식만 암기한 학생은 생전 처음 보는 변형된 문제에 대해 잘못된 답을 낼 가능성이 크다. 그러나 공식이 만들어진 원리와 활용까지 마스터한 학생이라면 비록 처음 보는 문제가 나오더라도, 상황에 맞는 적절한 공식을 통해 올바른 답을 도출할 수 있을 것이다.

트레이딩에
영향을 미치는
심리적 오류

기본적 분석을 통해 저평가된 주식에 투자하는 사람을 가치투자자라고 한다. 반면 차트 분석을 통해 주식투자를 하는 사람을 차트투자자, 또는 트레이더라고 부른다.

트레이더는 주가의 시세 움직임을 이용해 차익을 노리고 거래하는 사람이다. 사고파는 거래에 있어서 누군가에게 효용 가치가 필요하다. 거래 시점을 기준으로 매도자는 돈이 더 큰 가치라고 생각하며 판다. 매수자는 돈값 이상의 가치를 기대하며 돈을 건넨다. 이런 거래가 무수히 발생하면서 주가가 움직인다.

앞서 "돈을 베팅하는 것은 사람이고, 그 사람들의 심리는 언제나 반복된다."라는 말을 언급했다. 여기서 주식 거래 참가자들의 심리에 영향을 미치는 요소를 이해하면 현재 차트가 움직이는 변동 요인을 알 수 있다.

주식 거래에서는 물건과 돈의 가치도 중요하지만, 거래 당사자들의 심리 역시 중요한 부분을 차지한다. 여기에서 출발한 이론이 행동경제학이다. 사람들은 가끔 비합리적인 결정을 내리는데, 이런 패턴을 이해해야 수익을 낼 수 있다.

트레이딩에 영향을 미치는 대표적인 심리적 오류를 살펴보자.

손실 회피

사람들은 이익을 얻기보다 손실을 피하는 데 더 민감하다. 같은 크기의 이익과 손실을 비교할 때, 이익의 기쁨보다 손실의 아픔을 더 크게 느낀다. 이 때문에 작은 손실이라도 일단은 피하고 싶어 한다.

손실 회피 편향에 빠지면 손실이 난 종목은 물타기로 추가 매수하지만, 주가가 하락할수록 손실액도 불어난다. 반면 주가가 상승한 종목은 하락으로 전환하기 전에 일찍 매도하여 더 큰 수익의 기회를 놓치기 쉽다.

그러나 **큰 수익은 잘 관리된 커다란 리스크에서 발생한다.** 따라서 냉정한 사고를 통해 이익과 손실의 기댓값을 비교할 수 있어야 한다.

매몰 비용 효과

앞으로 남아있는 지출 비용보다, 이미 지출한 비용의 가치를 더 크게 생각하고 아까워한다. 그래서 큰 손실이 난 종목에 대하여 투자 실패를 인정하고 손절하기보다는 물타기하여 평단가를 낮추거나, 자포자기하며 하염없이 하락하는 마이너스 계좌를 묵혀 둔다.

합리적인 가치 판단보다 본전을 향한 집착이 우선한다면, 이는 투자 결정에 좋지 않은 영향을 미쳐 돈을 더 잃게 만든다. 본전 심리는 투자자가 수립한 매매 원칙을 버리게 만드는 최대의 적이다. **손실을 만회하려고 할 때마다 매매 원칙이 꼬이고, 조급한 매매로 손실의 폭을 키우게 된다.**

본전을 찾겠다는 생각은 머릿속에서 지워라. 본전에 집착하는 마음을 버릴 때 비로소 수익의 길이 열린다.

처분 효과

투자자들은 오르는 종목을 빨리 매도하여 조금의 수익이라도 빨리 챙기고 싶어 한다. 수익을 확정 짓는 순간 기분이 좋아진다. 반면 손실 중인 종목은 다시 본전이 될 때까지 보유하고 싶어 한다. 매도하면서 손실이 확정된다면 기분이 나빠지기 때문이다.

그러나 실제 주가 움직임을 살펴보면 이런 행동과는 정확히 반대로 움직인다. 상승 추세가 형성된 종목은 다소간의 눌림목 이후에도 계속 반등을 이어 가는 경우가 많다. 특히 주도주에서 가장 큰 수익이 발생한다.

반면 손실 중인 종목은 하락의 골을 더 깊게 만들 뿐이다. 따라서 이런 종목은 주가가 하락하는 이유를 다시 분석하고, 만일 틀린 결정이었다면 빨리 실수를 인정하는 것도 수익을 위해 필요하다.

손실은 최소화하고, 수익은 최대화하는 것이 투자의 기본이다. 문제는 처분 효과의 심리적 오류로 인해 많은 트레이더들은 수익을 최소화하고 손실을 최대화하는 방식으로 매매한다는 것이다.

가용성 편향

가용성 편향은 어떤 문제나 이슈에 직면해 무언가를 찾아서 알아보려고 하기보다는 당장 머릿속에 떠오르는 것에 의존하거나, 그걸 중요하다고 생각하는 경향을 말한다. 과거 데이터는 망각하고 최근 뉴스, 경험 등 생생하게 기억에 남아있는 정보에 의존한다.

그러나 뉴스는 시청자의 관심을 끌기 위해 자극적인 소재를 다루고 관심이 집중되는 부분만 자세히 보도하므로, 선별적인 정보만 흡수하면 전체 맥락을 놓치기 쉽다.

또한 정보가 자신의 경험과 일치한다면 무작정 신뢰하기 쉬우나, 이는 우연의 일치일 뿐 모든 사례를 대변하는 것이 아니다. 그러므로 편향된 인식을 가져서는 안 된다. 이러한 부작용에도 불구하고 가용성 可溶性이라는 용어에서 보듯이, 맞는지 틀린지 검증하는 시간과 노력 없이 당장 가져다 사용할 수 있다는 편리성 때문에 벗어나기가 쉽지 않다.

이러한 편향을 예방하기 위해서는 장기적인 데이터를 분석하여 일회성 현상인지, 추세가 지속되는지를 구분해야 한다. 또한 다양한 정보를 수집하여 한 쪽의 시각에 치우치지 않은 균형 잡힌 관점을 기르고, **경험이나 강렬한 기억으로 특정 정보를 과대평가하지 않도록 모든 정보를 동일한 가중치로 평가해야 한다.**

쏟아지고 있는 뉴스와 주가 급등 소식, 차트에서 발생하는 매수 신호가 혹시 작전 세력의 농간은 아닌지 혹은 투자자들의 비이성적 쏠림에 일시적으로 발생한 현상은 아닌지 분석할 수 있어야 한다.

닻 내리기

투자 결정을 내릴 때 쉽게 입수한 처음 정보를 기준으로 생각하는 경향이다. 그러나 주식시장의 망망대해에서 함부로 닻을 내렸다가는 상어 떼에 잡아먹힐지도 모른다.

만일 유튜브에서 '폭발적으로 성장하는 유망 주식 4가지'라는 섬네일 제목에 낚여서 시청했다고 해보자. 영상에 출현한 전문가는 앞으로 10배 상승이 기대된다며 몇 개의 주식을 알려준다. 그러면 이후 뉴스를 볼 때도 그 종목이 보이고, 차트를 볼 때도 그 종목을 검색해 보게 된다. 그러면서 **점점 그 종목이 좋아 보이고 당장 내일이라도 급등할 것만 같은 초조함이 밀려든다.** 결국 덜컥 매수해 버리지만, 언제나 결과는 손실로 이어진다.

여러분 스스로가 냉정한 시선으로 다시 분석할 수 있을 때까지는 모든 주식 전문가가 사기꾼일지도 모른다는 의심을 깔고, 스스로 분석하면서 정보를 접해야 한다.

밴드왜건 효과

대중의 생각을 그대로 믿고 따라가는 현상이다. 그러나 주식시장에서는 군중 심리가 언제나 맞는 것은 아니다. 이 때문에 역발상투자자가 성공하는 것이다. 그러니 네이버 증권 종목게시판에서 사람들이 떠드는 것은 그저 웃으며 무시하자.

경제 뉴스 기자들이 떠드는 이야기 역시 작전 세력이 개미들을 꾀는 미끼일지도 모른다고 의심해보자. 다수의 공통된 의견이 정답인 경우도 있지만, 그렇지 않은 경우도 있다. 그리고 **가장 큰 수익의 기회는 언제나 다수가 틀렸을 때 발생한다.**

아무런 근거 없이 인터넷에서 유행하는 밈 주식을 통해 수익을 본 사람도 있겠지만, 대중을 따라 매매했던 대다수 사람은 큰 손실을 봤다. 집단 지성이 힘을 발하는 것은 다양한 분야의 전문가가 모여 합리적이고, 창의적인 방안을 모색할 때뿐이다.

군집 행동을 통해 실패 시 비난과 책임은 분산할 수 있을지 모르나 손실은 오롯이 자신의 몫이다. 따라서 자신의 판단이 합리적이라면 투자 시 청개구리가 되더라도 두려워할 필요가 없다.

이 외에도 증시에는 다양한 심리가 복잡하게 얽혀 있다. 하지만 결국 매수자, 매도자, 관망하는 사람으로 분류될 수 있다. 여기서 시장 상황과 주가의 흐름이 누구에게 돈을 벌어다 줄지를 생각하며 차트를 살피다보면, 비록 주가 흐름의 흔적에 불과한 차트에서 조금 더 많은 이야기가 보이게 될 것이다.

이동평균선을 활용하는 감

캔들이 모이고 모이면 제법 차트의 모습이 갖춰진다. 그런데 단순 캔들의 모음만으로는 한눈에 추세를 읽기 어렵다. 그래서 개별적인 캔들에 대하여 기간별 주가의 평균점을 연결한 선을 그리게 되었고, 이것이 이동평균선이다.

이동평균선은 거의 모든 투자자가 사용하는 도구일 것이다. 그렇다고 이동평균선이 미래 주가를 예측하고 매수와 매도 시점을 완벽하게 제시하느냐고 묻는다면 답은 "아니오."다. 이동평균선은 이미 지나 버린 주식 가격들의 평균일 뿐이다. 앞으로 변화할 주가와는 그 어떤 관계도 없으며, 예측도 불가능하다.

그러면 미래 예측도 못하는 이동평균선을 뭐 하러 활용하는 것일까? 바로 추세 때문이다. **차트를 분석하는 궁극적인 목적은 현재 주가의 추세가 상승인지, 하락인지를 조금이라도 더 정확하게 이해하기 위함이다.**

만일 오늘 상승 추세의 종목을 발견했다고 해보자. 그 종목의 주가가 딱 오늘까지만 상승하고 내일부터는 하락 전환할까? 아니면 내일도 지금의 추세를 이어 갈 확률이 높을까? 사실 아무도 모른다. 정말 '재수 없게' 내가 매수하자마자 곧바로 주가가 하락하여 손실을 본 투자자들도 많을 것이다. 분명히 상승 추세임을 확신하고 매수했음에도 불구하고 말이다.

상승 추세임을 확신하고, 매수한 종목이 왜 하필 내가 매수하자마자 하락 전환했을까? 정말 운이 없는 것일까? 아니면 혹시 끝물일 때, 그 종목에 대한 뉴스를 접한 것은 아니었을까?

'지난 분기까지 큰 이익 성장을 해왔던 A기업에 대한 투자자들의 관심이 뜨겁게 이어지고 있습니다.'

이런 뉴스를 찾아 종목을 검색해봤더니 이미 주가가 30%나 상승한 다음이라면? 과연 경제 뉴스를 보며 신규 매수로 따라 들어가는 것이 맞는 행동일까? 실제로 경제 뉴스 이후의 주가를 살펴보면, 그 시기가 주가의 꼭지인 경우를 심심치 않게 찾아볼 수 있다.

그리고 상승 추세라고 믿었던 분석이 사실은 횡보 추세 중간에 잠시 발생했던 조정은 아니었을까도 생각해봐야 한다. 주식투자는 변동성이 발생해야 수익을 낸다. 그 변동성이 상승이든 하락이든 변동성이 클수록 수익도 커진다. 그런데 주식투자하는 일반 개인들은 오직 상승의 변동성이 발생할 때만 수익을 만들 수 있다. 주가가 횡보하거나 하락하는 시기에는 본전은 고사하고 손실만 커진다.

주가 흐름이 상승 추세임을 확인했지만, 차트를 제외한 모든 상황에서 주가의 하락을 부채질하고 있는 것은 아닌지도 확인해야 한다. 경기 변동, 금리, 국제 수지, 원유 가격, 국제 정세 등 증시에 영향을 미치는 요소는 너무나 많다. 특히 불확실한 중요 이벤트를 앞두고 있다면, 잠깐 반등하던 상승 추세일지라도 얼마든지 하락 전환할 위험이 있다.

금리 변동의 효과가 증시에 악재인지 호재인지는 시장이 판단할 수 있을 뿐, 아무도 모른다. 똑같은 상황에 대해서도 호재로 받아들이기도 하고, 또 다른 날에는 악재로 인식하면서 증시를 크게 하락시킨다. 이런 것을 볼 때면 '조울증이 아주 심각한 미스터 마켓이 어딘가에서 실제로 증시를 조종하는 것은 아닌가' 하는 생각이 들 정도다.

그리고 증시 이벤트 효과의 약발이 얼마나 지속될지도 모른다. 큰 폭락 이후 하루 만에도 반등이 나올 때도 있지만, 또 다른 유사한 이슈에 대해서는 몇 개월이나 지속적으로 증시를 끌어내리기도 한다. 그래서 **주식투자는 예측이 아니라 대응이 더 중요한 것이다.**

주식투자의 대응을 위해 현재 주가의 추세를 확인하는 분석의 기준이 필요하다. 이동평균선은 여러 차트 분석의 기준 가운데 가장 중요한 요소 중 하나다. 비록 미래를 완벽하게 예측할 수는 없더라도 말이다. 주가의 흐름은 매일 변화하는 캔들의 연속이며, 그 캔들의 평균 가격에 대한 흐름을 가장 먼저 나타낸 것이 이동평균선이다.

주식에서 이동평균선을 활용하기 시작한 것은 1960년대 조셉 그랜빌이 수학의 이동평균선을 주식에 접목시키면서부터다. 이동평균선과 캔들의 움직임에 따라 매수와 매도 타이밍에 대한 내용이다. 인터넷에 '그랜빌의 법칙'만 검색해도 무수한 설명이 쏟아진다.

그러나 그랜빌의 법칙에 따른 매수와 매도 타이밍이 전부라고 생각하고 그대로 투자에 적용하기에는 무리가 있다. 그럭저럭 비슷하게 맞는 타이밍을 알려주기도 하지만, 그랜빌의 법칙대로 매매 타이밍을 실천했다가는 큰 손실을 볼 수도 있다. 따라서 다양한 분석 결과에 종합적으로 귀를 기울여야 한다.

그랜빌의 법칙에는 네 가지의 매수 신호와 매도 신호가 있다.

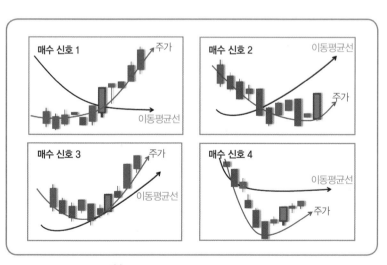

🌸 그랜빌의 법칙에서 네 가지 매수 신호.

매수 신호 1

이동평균선이 하락한 뒤 더 이상 하락하지 않거나보합권, 상승 국면으로 전환되는 시점이다. 이 시점은 주가캔들가 거래량을 동반하면서 이동평균선을 뚫고 위로 돌파한다. 이때 이동평균선을 위로 돌파하는 양봉에서 매수가 가능하다.

여기서 핵심은 이동평균선이 하락을 멈추고 횡보한다는 것이다. 이 것은 코스톨라니의 달걀에서 가장 아랫부분, 그러니까 주식이 대부분 소신파에게 들어간 시점일 것이다. 더 이상 악재 뉴스가 나와도 주가가 크게 하락하지 않는 상황을 분석할 수 있어야 한다.

또는 주가가 하락을 계속하여 기업 가치와 비교해볼 때 더 이상 하락할 이유가 없는 경우일 것이다. 이때 **가치투자자는 기업 가치와 비교하여 싸다면 매수 후 장기투자로 넘어가겠지만, 차트 분석을 한다면 주가 캔들이 본격적으로 상승 분위기의 양봉이 나올 때 매수를 진행한다는 점이 다르다.**

매수 신호 2

이동평균선이 상승 추세에서 주가가 이동평균선 아래로 뚫고 하락했다가 다시 반등하는 양봉이 나왔다. 이럴 땐 시장 상황을 관찰하면서 매수해야 한다.

주가는 비록 하락했지만 이동평균선은 상승 추세이므로, 주가의 하락을 조정 국면으로 판단할 수 있다. 특히 다시 주가가 상승 반등을 시작하는 양봉에서 매수한다.

여기에서 중요한 것은 **캔들이 일시적으로 이동평균선을 아래로 뚫은 것인지, 아니면 추세의 전환인지를 구분할 수 있어야 한다.** 단순히 이동평균선이 상승 중이라고 하여 손실의 위험을 무릅쓰면서 무조건 매수하지 말아야 한다.

조셉 그랜빌은 이 법칙에서 주가는 결국 이동평균선_{추세}에 수렴할 것이라는 이론에 근거하여 매수 신호로 설명했다. 하지만 주가 캔들이 먼저 하락한 이후 뒤늦게, 이동평균선이 따라서 하락 전환하는 경우도 많다. 그러니 다양한 분석과 생각을 통해 현재의 추세를 명확하게 이해할 수 있어야 한다.

매수 신호 3

이동평균선이 상승 추세에 있지만 주가가 하락하다가 이동평균선의 지지를 받고 다시 상승하는 양봉이 나왔다. **지지를 받고 상승을 시작하는 눌림목 자리 양봉에서 매수하면 된다.**

이 부분에 대한 이해는 '이동평균선의 지지선 역할'에 대한 내용으로서, 뒤에서 조금 더 자세히 다루겠다.

매수 신호 4

주가가 이동평균선을 아래로 뚫고 급락하다가 다시 반등하며 이동평균선에 접근하는 경우다. 주가는 이동평균선을 따라가는 경향이 있다. 그래서 이동평균선에 근접하는 방향으로 전환되는 시점에 나오는 단기 매수 신호다.

다만 이때는 반등하더라도 위에 있는 이동평균선의 저항을 뚫지 못하고 다시 하락하는 경우도 예상해볼 수 있다. 그러니 **이동평균선이 하락 추세 중이라면 단기적인 관점에서만 생각하거나, 아예 본격적인 상승이 나올 때까지 기다리는 편이 좋다.**

그랜빌의 법칙에서 매도 시점은 아래와 같다.

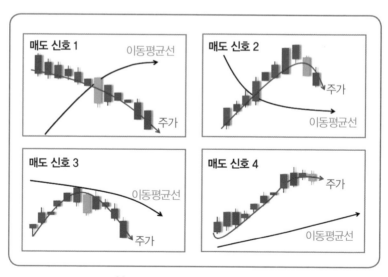

그랜빌의 법칙에서 네 가지 매도 신호.

매도 신호 1

상승 추세의 이동평균선이 상승을 멈추고 횡보 또는 하락으로 전환되는 국면이다. 이때 주가가 이동평균선 아래로 하향 돌파하는 경우라면 매도 신호로 보면 된다. 여기서 중요한 것은 **이동평균선이 상승하다가 상승을 멈추고 횡보를 시작했다는 것이다.**

이때 이동평균선의 상승이 멈춘 이유를 찾아야 한다. 그동안 상승이 너무 급했기에 매물을 소화한 이후 다시 상승할 준비를 하는 것인지, 아니면 오를 만큼 충분히 올랐기 때문에 더 이상 오르지 못하는 것인지를 알아야 한다.

이것은 단순히 차트만 가지고는 이해하기 힘든 부분이며, 다양한 분석이 병행되어야 한다.

매도 신호 2

이동평균선이 하락 추세일 때, 주가가 일시적으로 이동평균선을 상향 돌파했을 경우다. 이때 **주가가 계속 상승하지 못하고 다시 이동평균선 방향으로 하락을 시작하는 시점의 음봉이라면 매수는 자제하고 매도 관점으로 접근하면 된다.**

주가는 이동평균선 방향으로 회귀하는 성향을 보이는 것처럼 보인다. 따라서 일시적으로 이동평균선에서 멀어지더라도 결국에는 다시 이동평균선으로 접근하게 되며, 하락 중인 이동평균선이라면 당연히 주가는 더 크게 하락하게 될 것이다.

매도 신호 3

이동평균선이 하락하고 있을 때, 주가가 이동평균선을 상향 돌파하지 못하고 다시 음봉으로 하락하는 경우다. 이는 **이동평균선이 저항선으로 작용하여 하락 추세가 계속될 것임을 암시하는 것으로써 매도 신호로 보면 된다.**

이동평균선의 저항선 역할에 대한 부분 역시 뒤에서 자세히 설명하겠다.

매도 신호 4

이동평균선이 상승하는 경우일지라도 주가가 이동평균선과 큰 폭으로 이격되어 과도하게 상승한 경우다. 이때 주가는 다시 이동평균선 부근까지 하락할 가능성이 있다. 따라서 단기적인 매도 관점으로 접근할 수 있다.

그러나 **이동평균선이 상승 중이라면 주가 추세를 계속 살피면서 반등 시점을 포착하여 추가 매수의 기회를 노릴 수도 있다.**

이처럼 조셉 그랜빌은 이동평균선과 주가의 움직임에 대하여 매수와 매도, 각 네 가지 케이스를 정리했다. 다만 이동평균선과 주가가 왜 그렇게 흘러가게 되었는지 이유를 생각하며 접근해야 투자에 활용이 가능하다. 단순히 그림과 비슷한 케이스라고 생각하여 무작정 매매하다보면 오히려 손실의 위험이 커질 수 있다.

문제는 실제 투자 상황에서 그랜빌의 법칙에 소개된 사례를 정확하게 적용시키기 애매한 경우가 대부분이라는 것이다. 따라서 조금 더 근본적인 이동평균선의 원리를 알아야 한다.

이동평균선의 근본적 활용은 크게 4가지로 요약된다. 방향성, 배열도, 지지와 저항, 현재 주가의 위치다. 지금부터 이동평균선의 활용에 대해 기초 원리를 이해하고, 응용까지 생각할 수 있도록 살펴보자.

1. 이동평균선의 방향성 분석

이동평균선을 통해 한눈에 추세를 알 수 있다. 그렇다고 지난 차트를 보며 "정말 이동평균선은 주가의 추세를 잘 맞추는구나!"라며 감탄하면 안 된다. 이동평균선은 이미 확정된 과거의 주가에 대해 평균을 구하고, 그 평균점을 연결한 선에 불과하다. 주가가 아무리 심한 변동을 하더라도, 그 변화에 따라 시간이 지난 후 평균 가격을 기록한 그림이다.

그렇기에 과거의 주가 흐름에 대한 결과를 토대로 만들어진 이동평균선을 보면서 '이대로만 투자하면 모두 맞출 수 있겠다'라는 자신감은 위험하다. 이것은 마치 '자동차의 타이어 자국을 살펴보니, 타이어 자국은 자동차의 진행 방향을 정확하게 예측하는구나!'와 마찬가지다. 타이어 자국이 직선으로만 그려져 있다고 하여, 앞으로도 계속 직진만 할지는 알 수 없는 데 말이다.

그러므로 혹시 누군가가 "이동평균선만 잘 봐도 미래 주가를 정확하게 맞출 수 있다."라고 한다면 사기꾼이거나 차트에 대한 이해가 부족한 사람이라 생각하면 된다.

그러면 이동평균선은 어떻게 활용해야 하는가? 단순히 이동평균선의 추세가 상승인지, 하락인지만 살피는 것은 이동평균선의 단점인 후행성으로 인해 추세의 확인이 늦어진다. 이동평균선의 상승 추세를 기다리다가는 이미 주가가 저만치 상승하여 매매 타이밍을 놓쳐 버린 이후가 될 수도 있다.

그래서 **중요한 것은 이동평균선과 오늘 만들어지고 있는 캔들 사이의 관계다.** 그랜빌의 법칙이 나름의 유용성을 갖게 된 이유도 단순히 이동평균선만을 바라본 것이 아니라, 이동평균선과 캔들 간의 상호 흐름을 분석했기 때문이다. 따라서 이 두 가지를 통해 오늘까지의 추세를 살피는 것이 중요하다.

이동평균선이 하락을 멈추고 횡보 또는 상승 전환을 하려는 시기, 오늘 주가 캔들이 양봉으로 이동평균선을 돌파하여 상승 중에 있는가? 그렇다면 상승 추세로의 추세 전환의 가능성이 큰 시점이다.

만일 그동안 상승을 이어 왔던 추세에서 캔들이 음봉으로 이동평균선을 강하게 아래로 뚫고 하락하는가? 하락 추세로의 전환 가능성을 살펴야 하는 시기다.

이때 캔들의 움직임에서 간간이 발생하는 소음과 진짜 추세 전환의 신호를 구분해내는 것은 오로지 투자자의 감에 의존해야 하는 부분이다. 이것은 이동평균선 하나만을 보면서 결론 내리기 힘들다. 다양한 기본적, 기술적 분석을 통해 종합적으로 판단해야 한다.

캔들과 이동평균선과의 관계를 볼 때 어떤 이동평균선을 활용할지 결정해야 한다. 지난 5일간 주가들의 평균 가격을 연결한 5일 이동평균선을 사용할지, 아니면 지난 20일간 주가들의 평균 가격을 연결한 20일 이동평균선을 사용할지 말이다.

흔히 5일, 10일, 20일, 60일, 120일 이동평균선을 많이 사용한다. 단기투자자라면 짧은 기간의 이동평균선을 더 중요하게 봐야 한다. 주식 보유 기간이 긴 투자자라면 긴 기간의 이동평균선을 살필 것이다. 중요하게 사용할 이동평균선의 기간 선택은 두 가지 측면에서 생각해야 한다.

먼저 장기적인 추세를 확인해야 한다. 이때 '장기'라는 기간이 투자자마다 다를 수 있다. 어떤 투자자는 주식을 수년간 보유할 수도 있고, 며칠 내에 매도하고 싶은 사람도 있다. 자신의 투자 기간을 생각해보고 20일 이동평균선을 중요하게 생각할지, 10일이나 60일 이동평균선을 중요하게 사용할지 결정해야 한다.

이동평균선을 선택할 때 두 번째 고려 요소는 손실을 감내할 수 있는 심리적 측면이다. 주가의 상하 변동성을 고려해볼 때 20일 정도의

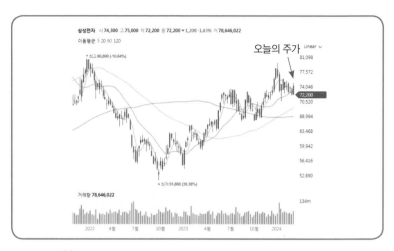

오늘의 주가

오늘의 주가를 기준으로 이동평균선과 캔들의 추세를 살필 수 있다.

주가 변동에서 하락을 버틸 수 있다면, 더 긴 이동평균선을 사용할 수 있다. 그러나 심리적으로 5일간의 하락 폭도 견디기 힘들다면 더 짧은 이동평균선을 활용하여 투자해야 한다. 이것은 투자자의 성향에 따라, 개별 종목의 등락 폭에 따라 기간이 달라질 수 있다.

2024년 2월까지의 삼성전자 차트를 보자. 왼쪽 상단을 보면 이동평균선의 기간에 따른 색깔을 볼 수 있다. 녹색은 5일, 붉은색은 20일로 표시되어 있으며, 이것은 개인별 HTS 설정에서 색깔과 선의 두께를 조절할 수 있다.

가장 중요한 것! 이동평균선은 오늘의 주가를 기준으로 분석해야 한다는 것이다. 가장 오른쪽 오늘의 주가를 보면 긴 음봉이 5일 이동평균선을 아래로 돌파하는 모습이다. 단기적으로는 하락으로 추세 전환을 고려해야 한다. 따라서 단기투자자는 캔들의 추세와 방향, 5일 이동평균선과의 영향을 생각하며 매도를 생각할 수 있다.

그러나 아직 모든 이동평균선의 추세는 우상향, 상승 추세가 깨지지는 않았다. 20일, 60일 이동평균선의 견고한 우상향 추세를 보면 여전히 장기적인 상승 추세가 계속될 거라는 생각도 가능하다. 캔들과 이동평균선의 추세를 통해 이런 여러 가지 생각을 해보면서 매매를 결정하면 된다.

물론 이동평균선 분석 하나만을 갖고 투자 결정을 내리기에는 너무 섣부른 판단이 될 것이다. 따라서 이 책에서 소개한 분석 방법뿐만 아니라, 여러분이 스스로 터득하게 될 다양한 분석을 통해 투자 결정을 해야 한다.

2. 이동평균선의 배열도 분석

차트를 보면 여러 기간의 이동평균선이 동시에 표시된다. 여기에서 이동평균선 간의 배열, 그러니까 정배열과 역배열을 보면서 상승장인지 하락장인지를 판단할 수 있다.

정배열이란 짧은 기간의 이동평균선이 가장 위에 있고, 차례대로 그 아래에 긴 기간의 이동평균선이 있는 경우다. 이때 너무 짧은 기간인 5일이나 10일 이동평균선의 경우에는 등락이 빈번하게 발생하기 때문에 보통은 20일, 60일, 120일 이동평균선을 주로 확인한다.

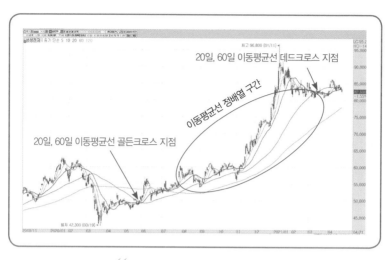

20일, 60일 이동평균선 데드크로스 지점

이동평균선 정배열 구간

20일, 60일 이동평균선 골든크로스 지점

🔴 삼성전자 이동평균선의 배열도 분석.

삼성전자 차트를 보면 2020년 8월 이후부터 2021년 1월 고점까지 이동평균선이 정배열을 이루며 상승하는 것을 볼 수 있다. 이동평균선이 정배열이기 때문에 상승장이 나오는지, 아니면 상승장이기에 이동평균선이 정배열이 된 것인지를 따져보면 언제나 주가가 먼저다. 주가의 상승이 나왔기 때문에 이동평균선지난 주식 가격 기간별 평균점의 연결이 정배열로 된 것이다.

배열과 함께 생각할 것이 크로스다. 이동평균선이 정배열되려면 먼저 골든크로스가 발생해야 한다. 이전까지 아래에 있던 짧은 기간의 이동평균선이 긴 기간의 이동평균선을 위로 뚫고 상승하는 지점, 바로 이 교차를 골든크로스라고 한다. 그리고 반대로 짧은 기간의 이동평균선이 아래로 뚫고 하락할 때가 데드크로스다. 주가 하락의 경고점이다.

삼성전자 차트를 보자. 아래에 있던 20일 이동평균선이 위에 있는 60일 이동평균선을 상향 돌파하는 시점이 골든크로스다. 반대로 위에 있던 20일 이동평균선이 아래 있는 60일 이동평균선을 뚫고 내려가면 데드크로스다.

현재 주가 흐름에서 이동평균선이 정배열 상태라면 상승 추세다. 그런데 정배열이 발생하기 위해서는 가장 먼저 골든크로스가 발생해야 한다. 따라서 상승 추세로의 변곡점을 골든크로스로 볼 수 있다.

그러나 크로스 분석은 너무 후행성이다. 차트를 보면 골든크로스 이전에 더 낮은 주가에서 주가의 최저점이 있었고, 데드크로스가 발생하기 이전에 주가는 고점을 찍고 하락을 시작했다. 삼성전자와 같이 주가 변동성이 상대적으로 작은 대형주에서도 이 정도인데, 만일 변동성이 더 큰 종목이라면 실제 매매 타이밍과 크로스 시점의 간격이 더 커질 수밖에 없다.

그러면 배열도와 크로스 분석을 어떻게 활용할 수 있을까? 첫째, 배열 간격을 통한 추세 확인이다. 배열 간격을 활용하려면 먼저 이동평균선은 후행성지표임을 이해해야 한다. 후행성이기 때문에 단기투자보다는 좀더 장기간의 움직임을 확인해야 한다. 이 말은 반대로 장기간의 주가 상승이 기대되는 종목에서 배열도 분석이 유효하다는 뜻이기도 하다.

HMM의 2020~2021년 주가와 이동평균선을 보자. 엄청난 상승 추세가 긴 기간 동안 이어졌다. 개별 캔들의 움직임이나 5일, 10일 이동

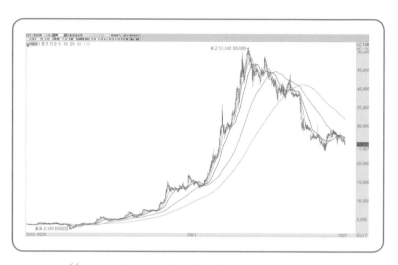

평균선은 자잘한 등락이 발생했다. 그러나 20일, 60일, 120일 이동평균선을 보면 정배열을 이룬 이후 그 간격이 점점 더 넓어지며 상승 추세를 확인시켜줬다. 이동평균선이 정배열 상태에서 서로 간의 간격이 계속 넓어진다는 것은 상승을 지속하고 있다는 뜻이다.

물론 상승이 길어지면 언제든 하락 전환할 수 있다는 것도 염두에 두어야 한다. 상승 추세의 끝을 확인하고 매도하는 방법은 '매도의 기술'이 필요한 부분이다참고로 매도의 기술에 대해서는 내용이 광범위하므로 별도의 과정을 통해 공개할 예정이다.

둘째, 정배열 진입 시기를 통한 주도주 확인이 가능하다. 초보투자자가 수익 확률을 높이기 위해서는 증시의 상승장에 투자를 시작하는 것이 좋다. 그런데 상승장일지라도 업종과 개별 종목에 따라 상승률

216

이 다르게 나타난다. 어떤 시기에는 반도체 관련주들의 주가 상승률이 가장 높고, 또 다른 시기에는 2차전지 관련주들의 상승률이 높게 나오기도 한다.

이때 가장 크게 상승하는 업종이 주도 업종이고, 그 가운데서도 가장 크게 상승하는 종목이 주도주가 된다. 증시의 전체 상승장에서 주도 업종과 주도주를 찾는 방법은 여러 가지가 있다. 배열도를 통해 확인하는 것이 그중 하나다. 여러 업종의 차트를 비교해보면서 어떤 업종에서 가장 먼저 이동평균선의 정배열이 발생하는지를 확인해보자. 먼저 업종이나 개별 종목 이전에 대형주와 소형주 가운데 어떤 종목들의 상승이 큰지 살펴볼 수 있다.

그림에서 대형주, 중형주, 소형주의 골든크로스 발생 시점을 비교해보자. 대형주에서 가장 먼저 20일, 120일 이동평균선의 골든크로

💰 골든크로스는 대형주에서 가장 먼저 발생했다.

스가 나왔고 다음 날 중형주, 소형주 순서로 발생했다. 이를 통해 코스피 대형주의 상승이 증시 상승을 이끌고 있다는 것을 알 수 있다.

투자자에 따라서는 이렇게 생각할 수 있다.

'대형주는 이미 많이 올랐어. 소형주에서 아직 골든크로스가 나오지 않았으니, 앞으로 골든크로스가 나오게 된다면 더 큰 수익이 가능할 거야!'

그러나 이런 투자법은 추세를 확인하고, 그에 따라 투자하는 방법은 아니다. 그저 앞으로 나올지 확실치 않은 운에 기대어 하는 베팅에 불과하다. 지금 눈앞에 대형주가 제일 크게 상승을 주도하고 있음에도 불구하고 이를 무시한다면, 왜 힘들게 분석을 한 것인가. 그냥 기분 내키는 대로, 혹은 불확실한 미래에 대하여 근거 없는 '감'에 의존하며 베팅하는 데 말이다.

'그랬으면 좋겠다'라는 느낌은 그저 투자자의 소망일 뿐, 투자의 감이 아니다. 이제까지 상승하지 않았다고 하여 앞으로 더 크게 상승하리라는 것은 아무도 장담할 수 없다. 물론 기본적 분석을 통해 기업 가치, 실적 전망, 업종 전망, 경기, 금리 등에 대한 종합적인 분석을 했다면 이런 판단도 가능하다.

하지만 단순히 차트만을 보면서 이제까지 가장 적게 올랐으니 앞으로 오르면 더 큰 수익이 가능하다는 생각은 초보들이 겪는 대표적인 실수다.

지금 어떤 종목이 가장 크게 상승 중인가? 어떤 업종에서 가장 먼저 골든크로스가 발생했고, 정배열 이후 상승을 이어 가고 있는가? 투지의 감을 활용한다는 것은 여러 분석 결과를 토대로 성공 확률을 높일 수 있는 제삼의 감각을 활용하는 것이다. 분석도 없이 무조건 감에만 의존하며 생각나는 대로 하는 투자에서 벗어나야 한다.

3. 이동평균선의 지지와 저항 분석

이동평균선은 주가 캔들의 아래에 있을 때 지지선의 역할을 하고, 위에 있으면 저항선의 역할을 한다. 지지선은 주로 상승 추세에서 캔들이 위에 있고, 이동평균선이 아래에 위치하는 경우 많이 볼 수 있다. 저항선은 하락 추세에서 이동평균선의 아래에 있는 캔들이 더 이상 위로 상승하지 못하는 경우다.

사실 이것도 모두 **주가 캔들이 만들어지고 난 다음, 주가에 맞게 이동평균선이 그려졌기 때문이다.** 예를 들어 하락 추세라면 지난 20일 주가의 평균 가격보다 오늘 하락 중인 주가가 더 낮을 것이다. 그렇기 때문에 자연스레 주가 캔들은 이동평균선의 아래에 있을 수밖에 없다. 상승 추세 역시 마찬가지다. 지난 20일 주가의 평균 가격보다 오늘 상승 중인 주가 캔들이 더 높이 위치하고 있을 확률이 높다.

그런데 가끔 주가 캔들이 이동평균선을 돌파하려는 움직임이 나올 때가 있다. 바로 추세 전환이다. 하락하던 주가가 하락을 멈추고 상승을 시작한다면 당연히 위에 있던 이동평균선을 뚫고 상승해야 한다. 그러면 이렇게 상승한 주가의 평균이 높아지면서 이동평균선도 상승

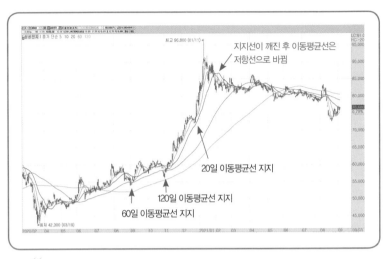

최고 96,800 (01/11)

지지선이 깨진 후 이동평균선은
저항선으로 바뀜

20일 이동평균선 지지

120일 이동평균선 지지

60일 이동평균선 지지

최저 42,300 (03/19)

지지선 역할의 이동평균선, 지지선이 깨진 후 이동평균선은 저항선 역할로 바뀐다.

방향으로 고개를 든다.

만일 주가가 상승하더라도 캔들이 위에 있는 이동평균선을 뚫고 상승하지 못할 정도의 약한 상승이라면 추세 전환으로 보기 어렵고, 이동평균선의 변화도 없다.

이동평균선과 캔들이 그려지는 원리를 생각하면 어떤 시점에 캔들이 이동평균선을 돌파하는지 이해할 수 있다. 주가가 현 추세대로 흘러가면 이동평균선의 지지와 저항에 막힌 것처럼 보인다. 그러다가 추세가 바뀔 정도의 커다란 주가 움직임이 나오면 이동평균선을 뚫고 캔들이 움직인다. 이 때문에 마치 캔들의 움직임이 이동평균선의 지지와 저항을 받으며 움직이는 것처럼 보이는 것이다.

이유를 알든 모르든 이동평균선이 지지선과 저항선의 역할을 한다는 사실은 많은 투자자가 알고 있다. 그래서 이동평균선을 지지선과 저항선으로 활용하고 있다. 만일 하락 추세에서 주가가 이동평균선의 저항을 뚫고 상승한다면 상승 추세로의 전환 가능성이 커진 것으로 본다. 그래서 이 시기부터 매수를 긍정적으로 고려한다.

상승 추세라면 주가는 이동평균선의 지지를 받으며 상승을 이어 가는 것처럼 보인다. 이때 주가가 이동평균선의 지지를 깨고 하락한다면 상승 추세를 지지하던 심리가 깨진 것으로 보고 매도를 고려하게 된다.

그런데 지지와 저항선 분석은 초보투자자가 활용하기에는 위험할 수 있다. 이동평균선의 지지와 저항에 대해 처음 알게 된 초보투자자는 '이쯤에서 이동평균선의 지지를 받을 테니까 여기가 저점이구나!'라고 생각하며 저점 매수를 실행할 수 있다.

물론 경우에 따라서는 정확하게 지지를 받을 수도 있다. 그러나 가끔은 이동평균선이 지지선 역할을 제대로 하지 못하고 그대로 뚫고 하락하는 경우도 있다. 주식투자는 99번의 성공 이후 마지막 1번의 교만함에서 돌이킬 수 없는 실패를 만들어 버린다.

모든 분석에서 100%는 없다. 이동평균선이 지지선과 저항선 역할을 한다고 하여 언제나 그런 것은 아니다. 그렇기 때문에 이동평균선의 활용에 대하여 투자의 감을 더한 활용이 반드시 필요하다. 그러면 대체 언제가 지지선으로서 제대로 작동하는 시기고, 언제가 지지선이 깨지는 상황일까?

이것은 단순히 이동평균선 분석 하나만으로는 알 수 없다. 여러 가지 다른 분석들이 더해져야 뭔가 더 확실한 그림이 나올 수 있다. '장님 코끼리 만지듯이'라는 속담처럼 여러 각도에서 다양한 감을 느끼며 만져봐야, 그것이 코끼리인지 코뿔소인지 구분할 수 있게 된다. 그러니 조금 더 다양한 분석 방법을 익혀보자.

4. 이동평균선을 통한 현재 주가의 위치 분석

가치투자는 주가가 기업의 가치보다 저평가된 종목을 찾아서 매수한다. 주가가 쌀 때 매수해서 비싸지면 파는 것이다. 반면 차트 분석을 통한 투자는 상승하는 추세의 종목을 찾아서 매수한다. 이때 주가의 저평가, 그러니까 주가가 싼지 비싼지는 그리 따지지 않는다.

상승 추세라면 주가가 쌀 때 매수했다가 비싸게 팔 수 있고, 주가가 비싸더라도 상승 추세이므로 매수 후 더 비싸게 팔면 되기 때문이다. **그래서 차트 분석에서는 추세를 중요하게 생각한다.**

그런데 어떤 종목의 차트를 보면 과거와 유사한 주가 흐름이 반복되는 경우를 찾을 수 있다. 예를 들어 하림 차트를 살펴보자.

하림의 주가를 보면 2018년 이후 저점 2,500원, 고점 3,500원 정도 사이에서 횡보하는 것을 볼 수 있다. 이에 착안하여 주가가 2,500원 근방까지 하락하면 조금씩 분할 매수를 시작했다가, 3,500원까지 상승하면 다시 분할로 매도하는 전략이 가능하다.

보통 연 단위 투자를 생각하며 일 년에 한두 번 매매가 가능하다.

하림의 차트를 보면 장기 주가 추세가 저점과 고점 사이를 반복하며 횡보한다.

여타의 투자법보다 조금 더 확실한 수익이 가능한 매매법이기도 하다. 이런 매매 기법은 앞에서 살펴본 이익이 일정한 기업에 대한 가치투자 방법과 유사하므로, 유사점과 차이점을 각자 생각해보기 바란다.

여기서 주의해야 하는 것은 기업 주가의 반복적인 패턴이 변화하는 경우다. 예전까지는 주가의 패턴이 반복되었지만, 갑자기 어느 순간부터 이런 패턴이 깨질 수도 있다. 그러니 언제나 100%는 없다는 생각을 갖고 리스크를 관리해야 한다. 따라서 이런 종목 하나에 투자금을 전부 몰빵하기보다, 유사한 패턴의 여러 종목을 찾아서 분산투자하는 것이 필요하다.

차트를 통해 주가의 위치를 분석하는 또 다른 방법은 현재 주가가

실적 증가 전망에도 1년 이상 횡보

최고 584.000 (07/24)

💬 주가가 급등한 이후 계속된 호재에도 불구하고 횡보가 이어졌다.

너무 많이 올라서 고점 부근인지, 아니면 충분히 하락하여 저점 부근까지 하락했는지를 대략 확인할 수 있다.

일반적으로 주가가 충분히 상승한 이후 추가적인 호재에도 불구하고 더 이상 상승하지 못한다면, 그 지점이 주가 추세의 고점인 경우가 많다. 예를 들어 에코프로비엠 차트를 보자.

2019년 이후 전기차 배터리 수요 증가로 인해 에코프로비엠의 실적은 엄청나게 증가했다. 그래서 11,000원이던 주가는 2년에 걸쳐 14만 원대까지 상승했다. 그러나 2021년 11월 이후부터 1년간 전기차 배터리 수요가 계속되고 있음에도 불구하고, 더 이상 상승하지 못하고 횡보를 이어 갔다. 전기차 수요와 시장 성장에 대한 의구심 등 복잡한 견해들이 얽히면서 매물 소화가 있었던 기간이다.

복잡한 분석 없이도 뭔가 계속 호재 뉴스가 이어짐에도 불구하고 주가가 더 이상 상승하지 못하고 횡보 또는 하락을 이어 간다면, 주가의 단기 고점으로 생각하면 된다. 직접 분석하지 않아도 시장 참여자들이 알아서 그 가격에 매매를 이어 갈 것이고, 그 결과가 차트로 나타난 것이다.

다만 1년의 횡보 이후 에코프로비엠에 대한 실적 전망은 계속 증가했다. 그래서 이후 주가는 고점에서 횡보를 끝내고, 다시 상승으로 이어진 것이다. 그러므로 **모든 분석은 차트에서 끝나는 것이 아니라, 실적과 경기 전망 등 다각도의 분석이 필요하다.**

이동평균선의 활용 방법은 이 외에도 다양하다. 위에서 설명한 투자 방법뿐만 아니라 여러분만의 감을 활용하여 투자 성공의 확률을 높여보자.

엄청난 상승을 잡을 기회는 몇 %나 될까?

일반 개인투자자들이 선물, 옵션, 기타 파생 상품이 아니라 오로지 개별 종목의 주식에만 투자한다면 반드시 변동성이 크게 발생할 때만 투자해야 한다. 그것도 상승 방향의 변동성에서만 말이다. 상승장에서만 수익을 거둘 수 있기 때문이다. 최근에는 인버스 ETF 등에 투자하는 사람들도 많아졌지만, 그래도 상승과 하락장을 번갈아가면서 정확히 맞추기는 극히 힘든 일이다.

그리고 하락장에서의 손실은 당연하게 생각하지만, 횡보장에서도 개인투자자들은 손실이 날 수밖에 없다. 사고팔기를 반복하며 가랑비에 옷 젖듯이 손실과 거래 수수료가 누적되다보면, 어느새 계좌는 여름날 아이스크림처럼 녹아 버린다. 그러니 기본적으로 상승의 변동성을 차분히 기다렸다가 상승이 확인될 때만 매수하는 것이 가장 안전한 투자다.

그런 점에서 주가의 변동성을 확인하는 데 좋은 보조지표로 볼린저밴드를 살펴보려고 한다. 자료가 평균을 중심으로 얼마나 흩어져 있는지를 나타내는 수치로 표준편차를 사용한다. 이를 활용하여 주가변동성이 평균중심에서 얼마나 벌어지고 모이는지에 대하여, 상단과 하단의 밴드를 표시한 것이 볼린저 밴드다.

주가가 크게 흔들리지 않고 횡보하면 표준편차의 값은 작아진다. 그러면 볼린저 밴드의 상단과 하단선은 중심선 근처로 모이면서 밴드의 폭이 좁아진다.

주가가 추세를 갖게 되면 상황이 달라진다. 상승이나 하락 방향으로 변동성이 커지면 볼린저 밴드의 폭이 점차 넓어진다. 밴드 폭의변화, 주가의 밴드 이탈 여부 등을 통해 주가의 변동성을 확인할 수 있다.

에코프로비엠의 볼린저 밴드 차트를 보자. 2021년 초반 주가는 좁은 밴드 폭 사이에서 횡보했다. 그러다가 2021년 중반 주가는 밴드 이탈 캔들 이후에 볼린저 밴드의 상단선을 타고 오르는 큰 상승이 나왔다.

중간중간 상단선을 아래로 이탈하며 눌림목이 발생했지만, 그래도 이런 상승은 2021년 11월까지 이어졌다. 이후 주가는 볼린저 밴드 상단선에서 내려와 중앙선을 깨고 하락하여 하단선에 근접하며 하

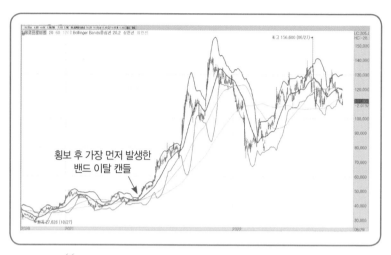

횡보 후 가장 먼저 발생한
밴드 이탈 캔들

에코프로비엠의 볼린저 밴드를 통해 변동성의 크기를 알 수 있다.

락했다.

　주가의 변동성이 크게 나오면 밴드 폭이 점차 넓어진다. 그러다가
추세의 변환이나 변동성이 작아질 경우 밴드 폭은 중앙선으로 모이게
된다. 이를 통해 주가의 변동성 크기를 한눈에 살펴볼 수 있다.

　**볼린저 밴드 차트만 보면 상당히 잘 맞는 것처럼 보인다. 그러나 이
역시 주가가 먼저 발생하고, 그다음 평균과 표준편차를 계산하여 나온
보조지표에 불과하다는 것을 이해해야 한다.**

　볼린저 밴드를 통한 매매법은 차트 분석을 알려주는 책, 유튜브 등
에서 무수히 소개되고 있을 정도로 유명하다. 볼린저 밴드 일반적인
투자법은 다음과 같다.

① 밴드 하단을 지지선으로 잡고 하단에서 매수했다가, 밴드 상단에서 매도한다.

② 밴드의 중심선을 상향 돌파하면 매수했다가, 밴드 상단을 찍고 하락하는 시점에 매도한다

그러나 볼린저 밴드를 활용한 매매법으로 알려진 많은 방법 역시 완전한 것은 아니다. 밴드의 하단에서 지지할 것으로 생각하고 매수했는데 곧바로 다시 하락하는 경우도 있고, 밴드 고점에서 저항에 의해 상승이 멈출 것이라 판단하여 매도했는데 이후 다시 전고점을 뚫고 상승을 이어 가는 경우도 무수히 찾아볼 수 있다.

특히 이 부분에서 밴드의 상단선을 뚫고 상승하는 경우가 엄청난 수익이 가능한 시기다. 그저 단순히 일반적인 투자 방법만을 고수한다면 이런 큰 수익의 기회를 날려 버릴지도 모른다.

누군가는 상단 저항선에서 저항받고 하락할 것을 예상하고 주식을 팔아 버릴 것이다. 그러나 이후 밴드 상단을 돌파하는 상승이 발생한다면 엄청난 수익을 날려 버린 꼴이 된다. 또는 밴드 중심선을 상향 돌파하여 상승하는 주가를 보고는 상승 추세를 예상하고 매수한다. 그러나 이후 주가는 곧바로 하락 전환하면서 손실을 낼 수도 있다.

따라서 중요한 것은 볼린저 밴드와 주가 추세가 어떤 식으로 흘러가는지를 이해하고 감을 잡는 것이다.

볼린저 밴드에서 캔들의 위치는 95.44% 확률로 밴드 내에 위치한다. 이것은 대부분의 일상적인 상승과 하락 또는 횡보 장세에서 나오

는 주가의 흐름이다. 이런 자연스러운 흐름에 따라 저점 매수, 고점 매도를 반복하면 일정 부분 수익이 가능하다. 그러나 사실 차트를 보면서 저점 매수, 고점 매도를 정확하게 맞추는 것은 불가능하다.

주식투자에서 빈번한 거래는 실수의 확률만 높이는 행동에 불과하다. 날아오는 모든 공에 방망이를 휘두르기보다는 정말 확실하다고 생각되는 시점에 한 번 휘둘러 홈런을 치는 것이 낫다. 야구에서 방망이를 휘두르지 않으면 결국 삼진아웃으로 나가게 되지만, 주식투자에서는 방망이를 휘두르지 않고 얼마든지 몸을 사려도 된다. 오히려 섣불리 방망이를 휘둘렀다가는 투자금이 아웃당한다.

차트를 보며 진짜 방망이를 휘둘러야 할 때를 알기 위해서는 추세의 변곡점, 변동성의 시작점을 확인할 수 있어야 한다. 바로 이것이 4.56%의 확률로 발생하는 캔들이다. 이 캔들은 볼린저 밴드의 밖에 위치한다. 이것은 다시 말해 이전 주가의 평균과 표준편차를 크게 벗어나는 변동성이 발생했다는 증거다.

앞서 살펴본 에코프로비엠의 볼린저 밴드를 보면 2021년 초반 주가는 횡보했다. 그러다가 주가 캔들이 볼린저 밴드 상단을 돌파하며 큰 상승이 발생한 것을 확인할 수 있다. 바로 '횡보 후 가장 먼저 밴드를 이탈한 캔들'이 발생한 시점이다. 이런 커다란 변동성의 발생은 이후 상승장을 암시하는 경우가 있다.

볼린저 밴드의 확률에 따라 캔들이 밴드를 이탈하는 확률은 4.56%에 불과하다. 그리고 그중 절반은 하락장에서 하단선을 이탈하는 경우다. 따라서 엄청나게 큰 상승의 기회는 전체 차트에서 2% 남짓의 기회밖에 없다는 뜻이다.

'단 2%!' 개인투자자가 상승장의 초입을 정확히 파악하고, 주식을 매수하여 가장 큰 수익을 거둘 수 있는 확률이다. 주식시장은 일주일에 5일간 열리고, 일 년이면 대략 240일 정도다. 이중 상승의 기회는 2% 정도이므로, 큰 상승의 기회는 단 5일밖에 안 되는 것이다. 차트만 보면서 주가 상승 초입의 최저점에서 매수하는 것이 얼마나 힘든 일인가를 새삼 확인할 수 있다.

따라서 힘든 상황을 극복하기 위해, 우리는 투자 성공 확률을 2%가 아니라 20% 이상으로 높여야 한다. 성공 확률이 50% 이상이 된다면 꽤 괜찮은 확률이다. 어떻게 하면 가능할까? 반복하여 강조하듯이 투자의 감은 물론 중요하다. 여기에 더하여 다양한 투자 방법과 분석법을 통해 확률을 높일 수 있다.

전체 주가 흐름 가운데 최저점에서 상승의 타이밍을 정확하게 잡을 기회는 2%밖에 안 된다. 하지만 더 이상 추가 하락의 위험이 줄어든 저점 횡보 기간까지 매수의 타이밍으로 생각하면, 매수 기회는 조금 더 커질 수 있을 것이다.

그래서 가치투자, 장기투자, 분산투자, 분할 매수 등을 통해 횡보 기간까지 매수의 기회로 투자에 활용하는 것이다. 저점 횡보 기간에 미리 주식을 매수할 수 있다면, 투자 기간이 조금 길어질 수는 있다. 하지만 2%의 상승장을 잡을 기회를 놓친다고 하더라도 결국에 가서는 충분히 수익을 거둘 수 있다.

그러면 저점 횡보 추세라는 것을 어떻게 알 수 있을까? 앞서서 주가

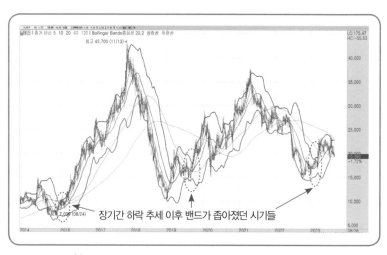

장기간 하락 추세 이후 밴드가 좁아졌던 시기들

🔴 반도체 경기 사이클과 함께 생각한 테스의 볼린저 밴드 활용.

가 횡보하게 되면 볼린저 밴드의 폭이 좁아진다는 것을 알았다. 따라서 볼린저 밴드의 밴드 폭을 통해 주가의 횡보를 확인할 수 있다. 이때 주가가 하락 후 횡보하든지, 혹은 한참을 상승 후 고점에서 횡보하든지 상관없다. 중요한 것은 횡보를 마친 해당 기업의 주가가 상승할수 있는지, 아니면 하락할 것인지에 대한 분석이다.

이것은 기업의 실적 전망, 산업 전망 등을 함께 분석해야 한다. 예를 들어 반도체 관련주라면 반도체 경기 사이클에 따라 주가도 함께 움직일 것이다. 반도체는 오늘날 없어서는 안 될 산업 요소이므로 절대로 망할 리는 없을 것이다. 그러나 반도체 경기가 하락 사이클에 접어들면서 기업 실적이 줄어들면, 자연히 주가도 함께 하락할 수밖에 없다. 하지만 반도체 사이클은 하락이 있으면 다시 상승도 나오기 마련이다.

반도체 장비를 제조하는 테스의 주봉 차트를 보자. 반도체 사이클에 따라 해당 기업 주가의 사이클 역시 명확하게 나오는 종목이다. 반도체 경기를 분석할 수 있다면 함께 종합적인 분석을 하는 것이 가장 좋을 것이다. 그러나 이런 것이 너무 어렵다면 볼린저 밴드를 통해 변동성을 함께 살펴봐도 좋다.

이 투자 방법은 앞서 이동평균선에서 위치 매매법과도 일맥상통한다. **유사한 패턴을 십 년 이상 반복하고 있는 기업은 내부적으로 기업 성격이 바뀌지 않는 한 앞으로도 유사하게 반복될 가능성이 크다. 이런 점에 착안하여 저점 매수, 고점 매도의 타이밍을 잡아보자.** 물론 모든 투자법에는 100%는 없다는 사실도 잊지 말고 리스크 관리도 함께해야 한다.

MACD로 읽는
상승 추세의 감

짧은 기간의 이동평균선은 캔들의 등락에 민감하게 움직인다. 긴 기간의 이동평균선은 훨씬 더 완만하게 움직인다. 서로 다르게 움직이는 이동평균선이지만, 주가의 변화량이 작아지면 점점 모여들어 함께 움직이게 된다.

그러다가 갑자기 큰 변동성이 생기면 캔들이 먼저 움직인다. 그다음 짧은 이동평균선부터 민감하게 움직인 이후에 긴 이동평균선은 천천히 방향을 바꾼다. 이렇게 이동평균선은 짧은 기간의 선과 긴 기간의 선이 서로 모였다가 벌어지기를 반복한다.

이동평균선은 주가의 추세를 이해하는 데 도움을 줄 수 있다. 그러

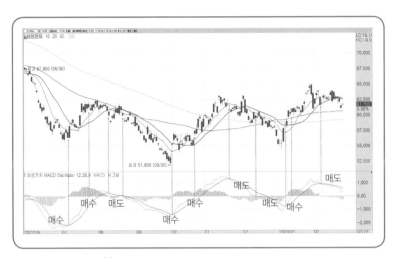

💿 MACD를 활용한 두 가지 매매 신호 포착 방법.

나 지나간 주가의 평균들이기에, 오늘의 주가를 기준으로 생각해보면 너무 둔감하다. 그래서 **이동평균선의 가장 큰 단점으로 '후행성'을 꼽는다. 이미 주가는 저만치 날아가고 있는데 이동평균선은 아직도 뭉그적대고 있는 경우가 많다.**

이런 한계를 극복하기 위해 미국의 기술적 분석가인 제럴드 아펠은 여러 이동평균선 간의 차이를 이용한 추세 분석 기법, MACDMoving Average Convergence Divergence를 개발했다. MACD는 단기 지수 이동평균에서 장기 지수 이동평균선의 값을 뺀 결과다. 그리고 이 결과를 다시 이동평균한 값을 시그널선으로 활용한다.

MACD의 기본 활용 방법은 2가지가 있다.

① MACD선이 중앙선0선 돌파를 매매 시점으로 활용

② MACD선과 시그널선의 교차 시점을 매매 시점으로 활용

MACD선이 시그널선을 상향 돌파하는 시점과 MACD선이 0선을 상향 돌파 시점을 매수 시기로 활용할 수 있다. 그리고 MACD선이 시그널선을 하향 돌파하는 시점, 0선을 하향 돌파하는 시점을 매도 시기로 활용한다.

MACD를 활용하기 위해서는 왜 이런 활용이 가능한지 원리부터 이해해야 한다. 이를 위해 먼저 단기와 장기 지수 이동평균의 차이를 계산한 곡선, MACD의 의미를 생각해보자.

주가가 상승하면 이동평균선의 간격은 점차 벌어진다. 이때 MACD

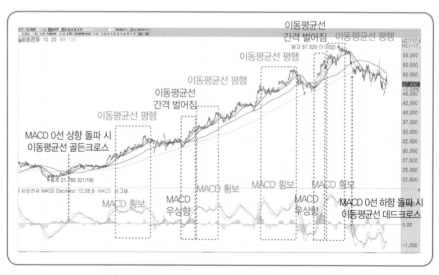

🔴 상승 추세에서 이동평균선의 기울기와 MACD 비교.

는 함께 상승한다. 이동평균선이 주가 상승의 기울기만큼 충분히 벌어지게 되면, 그다음부터는 그림과 같이 서로 평행선을 그리며 우상향을 이어 간다. 이때 MACD는 주가가 상승 중이어도 횡보한다.

만일 주가 흐름에 변동이 생겨서 상승의 기울기가 더 커지면 이동평균선 간의 간격은 더 크게 벌어지고, MACD선은 추가로 상승하게 된다. 그리고 상승 추세의 기울기가 작아지면 이동평균선은 간격이 점차 좁아지게 되며, MACD선은 하락한다.

이렇게 이동평균선은 상승의 기울기에 따라 서로 벌어졌다가 좁아지기를 반복하고, 이동평균선 간격의 차이만큼 MACD는 상승과 하락을 이어 간다.

앞 챕터에서 이동평균선의 활용에 있어서 골든크로스와 데드크로스가 중요하다는 것을 살펴봤다. **이동평균선이 정배열로 되기 위해서는 반드시 골든크로스가 나와야 하고, 역배열은 데드크로스에서 시작한다. 그래서 이동평균선의 교차는 추세 전환을 알려주는 중요한 신호 가운데 하나다.**

이동평균선의 간격이 점점 줄어들게 되면 결국 서로 교차하게 된다. 그런데 이 교차 시기를 전후하여 MACD는 0_{zero}의 값을 가지게 된다. 그래서 MACD의 0선 돌파를 중요하게 생각하는 것이다. 삼성전자 주가 차트 그림에서 MACD의 0선 돌파 시기 전후의 이동평균선 배열을 살펴보자.

다만 MACD는 일반적으로 차트에 그려지는 단순 이동평균이 아니라 지수 이동평균으로 계산된다. 지수 이동평균이란 주가 변화를 조금 더 민감하게 반영하기 위해, 최근 주가에 가중치를 둬 계산한 이동평균이다.

그래서 MACD가 0선 돌파 전후 시점을 보면 단순 이동평균선의 골든크로스, 데드크로스 시점과 약간씩 차이가 발생한다. 가끔은 MACD가 0선을 돌파한 이후 큰 급등이 나오기도 하지만, 경우에 따라 이미 주가가 많이 오른 상황에서 간신히 MACD가 0선을 돌파하기도 한다. 이런 이유로 MACD의 0선 돌파에 대한 정확한 의미를 이해하고, 상황에 따라 활용할 수 있어야 한다.

다음으로 시그널선의 활용을 생각해보자. 시그널선은 MACD선을 이동평균한 결과다. 그래서 시그널선은 MACD선보다 느리게 움직인다. 이때 MACD선과 시그널선이 교차하는 시기의 전후에서 단기, 장

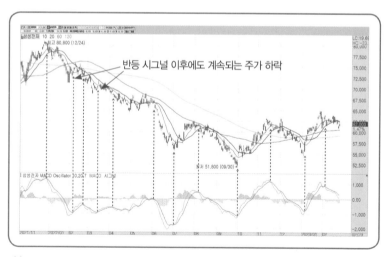

삼성전자 주가 차트, 시그널선과 MACD선이 교차하는 시기를 전후하여 이동평균선의 간격이 최대로 벌어진다.

기 이동평균선을 살펴보면 간격이 가장 크게 벌어진 것을 확인할 수 있다. **이동평균선 간의 간격이 가장 큰 시점이라는 뜻은 MACD선과 시그널선의 교차 전후로 추세의 정점을 찍은 주가의 흐름이 바뀐다는 뜻이기도 하다.**

삼성전자 주가 차트를 보자. 하락하던 주가가 저점에서 MACD, 시그널선의 상승 돌파 교차가 발생하면 이 시기를 전후하여 반등 추세로 전환된다붉은 점선. 그리고 상승하던 주가의 고점에서 MACD, 시그널선의 하락하는 교차가 나오면 이후 하락 추세로 바뀌는 것을 볼 수 있다파란 점선. 대부분의 구간에서 이런 원리가 잘 들어맞으며, MACD가 0선을 돌파하는 시점보다도 빠른 신호 포착이 가능하다.

물론 이 매매법 역시 필살의 완벽한 투자법은 아니다. 삼성전자 주가 차트를 보면 많은 경우 매수와 매도 신호가 잘 맞는 듯 보인다. 그러나 2022년 2월에 발생한 MACD, 시그널선의 상승 돌파 교차 상황붉은색 화살표 부근을 보면 매수 신호 이후 주가가 살짝 반등했다가 얼마 지나지 않아 곧바로 하락한 것을 알 수 있다. 지나간 차트를 통해 확인하는 내용이므로 그러려니 당연하게 생각될지도 모른다. 하지만 만일 오늘의 캔들이 만들어지는 시점이라면 상당히 애매한 주가의 움직임일 것이다.

결국 MACD를 활용하는 두 가지 방법MACD와 시그널선의 교차를 활용하는 방법과 MACD가 0선 돌파를 활용하는 방법은 어떨 때는 맞고, 어떨 때는 안 맞는다. 투자의 감은 바로 이 '어떨 때'의 확률을 높이는 중요한 수단이다.

그렇다면 과연 언제 MACD 분석이 정확하게 들어맞는 것일까? 이것은 투자 분석에 있어서 MACD 분석 하나만으로 완성될 수 없음을 이해해야 한다. 이를 극복하기 위해 각 지표의 장점에 대한 교집합과 다양한 분석 방법에 대한 근본 원리까지 깊게 공부해야 하는 것이다.

추가로 필자가 주로 사용하는 MACD 활용 방법을 소개한다. **MACD는 대표적인 추세지표 가운데 하나라는 데에서 착안해서 추세를 확인하는 용도로만 활용한다.** 특히 MACD가 우상향하는 구간이라면 주가도 상승 추세를 갖는 구간으로 이해할 수 있다. 그래서 주식을 매수하려면 최소한 MACD가 우상향을 그리고 있는지부터 살펴보고, 만일 MACD가 하락 중이라면 매수를 잠시 보유한다. 그러나 이 활용의 맹목적인 사용은 위험할 수 있다.

사례로 삼성전자의 일봉 차트를 보자. 여기에서 MACD가 우상향 추세를 갖는 구간을 각각 분홍색과 노란색 음영으로 표시했다.

먼저 분홍색 음영 부분을 보자. MACD가 우상향하는 구간 동안 주가의 상승이 보인다. 따라서 우리는 이런 분홍색 음영 부분을 찾아서 투자해야 한다. 그러나 노란색 음영 부분은 MACD가 우상향하더라도 주가의 상승이 그리 크지 않고, 얼마 지나지 않아 더 큰 하락이 나왔다. 왜 이런 차이가 발생할까?

이동평균선과 함께 생각하면 간단하다. 노란색 음영 부분을 보면 이동평균선이 하락 추세로 주가가 하락 중이다. 이동평균선이 우하향하는 상황에서는 주가가 살짝만 하락을 멈춰도 추세 전환으로 인식한 MACD는 곧바로 영향을 받는다.

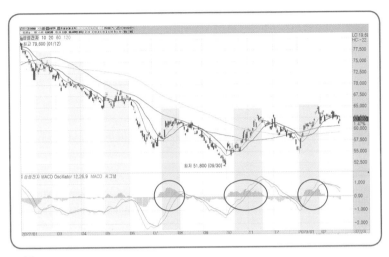

삼성전자 일봉 차트, MACD가 우상향하는 구간을 상승 추세의 구간으로 생각할 수 있다.

주가가 크게 반등할 필요도 없다. 간격을 벌려 가던 이동평균선이 다시 간격을 좁힐 수 있는 기회기 때문이다. 그래서 하락을 잠시만 멈추고 횡보만 해도 MACD는 이를 추세의 전환으로 이해하고 우상향이 살짝 발생하는 것이다.

이 내용이 조금 난해하게 생각될지도 모르겠다. 그러나 이동평균선과 MACD의 상관관계를 다시 잘 생각해야 한다. 지표를 공부했다고 하여 무조건 MACD지표 하나만 보고 증시의 흐름을 판단해서는 안된다는 것이다.

만일 MACD지표 하나만을 맹신하는 초보투자자라면 MACD 우상향 시점을 발견하고는 이런 생각을 할지도 모른다.

'비록 주가는 하락 중이지만 MACD가 우상향으로 전환되었으므로,

조만간 주가는 반등하여 상승할 것이다.'

책을 한 권도 안 읽은 사람보다 더 위험한 것은 책을 딱 한 권만 읽은 사람이다. 이런 우를 범하지 않기 위해 다양한 분석 방법을 공부해야 한다.

MACD의 또 다른 활용도 있다. 일반적으로 MACD를 사용할 때 기간을 (12, 26, 9)로 설정한다. 단기 12일의 지수 이동평균선과 장기 26일의 지수 이동평균선의 차이가 MACD고, MACD선의 9일 이동평균선을 시그널선으로 사용한다는 뜻이다.

기간을 이렇게 설정한 이유는 제럴드 아펠이 MACD지표를 만들 당시, 증권시장 영업일이 일주일에 6일이었기 때문이다. 그러나 현재 증권시장은 일주일에 5일만 열린다. 따라서 2주일 기간의 단기 지수 이동평균선은 옛날에는 12일이었지만, 지금은 10일이 되었다. 그리고 26일의 장기 지수 이동평균선 역시 오늘날 증시에 적용해보면 20일이 되고, 9일의 시그널선은 7일로 줄여서 사용해볼 수 있다.

다음 그림에서 MACD (10, 20, 7)은 붉은 점선으로, MACD (12, 26, 9)는 녹색 점선으로 표시했다. 상승 추세의 초기, 하락 추세의 초기의 신호에 대하여 붉은 점선이 1~2일 더 민감하게 반응하는 것을 알 수 있다.

투자에 있어서 상승 추세의 초입 부분을 재빨리 알아챌수록 투자에 유리하다. 그래야 이후 발생할 주가의 상승분에 대한 수익을 고스란히 거둘 수 있다. 물론 주가의 상승 추세 초입을 재빨리 확인하고, 제대로 된 상승 추세가 길게 이어질지에 대해서는 추가적인 여러 다른 분

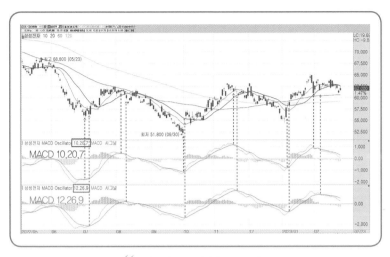

서로 다른 두 기간의 MACD 비교.

석이 필요하다.

하나의 분석에서 끝나는 것이 아니라, 다각적으로 분석해야 한다. 그래야 투자 정보에 눈이 어두운 개인투자자일지라도 더 자세히 더 들여다보면서 제대로 된 코끼리의 모습을 그릴 수 있게 된다. 이를 위해 필요한 분석 방법과 투자의 감에 대해 뒤에서 계속 설명하고 있으니, 조금만 더 힘내기 바란다.

스토캐스틱으로 읽는
상승 추세의 감

MACD는 추세를 확인하는 데 유용한 도구다. 이를 통해 현재 추세의 방향이라든지, 추세의 변화 시점을 확인할 수 있다. 그러나 이동평균선에서 출발한 지표이므로 추세가 이어지고 있는 상황에서 정확한 매매 시점을 알려주는 예리함은 부족할 수밖에 없다.

이를 극복할 수 있는 방법으로 스토캐스틱 슬로우Stochastic slow지표가 있다. 평소에 주식 책을 많이 접해본 독자라면 스토캐스틱에 대해서 많이 들어봤을 것이다.

스토캐스틱이란 일정 기간 동안 주가가 흘러왔던 가격의 범위 내에서, 오늘의 주가가 어느 위치에 있는지를 알려주는 지표다. 스토캐스틱의 정의를 잘 곱씹어보면 투자의 감과 더불어 앞으로 활용에 대한 방향도 알 수 있을 것이다.

지난 5일간의 주가 흐름 가운데 오늘의 주가는 어느 위치에 있는가? 지난 5일의 주가들보다 더 높은 가격에 있는가? 아니면 지난 캔들보다 더 낮은 가격에 있는가?

만일 오늘의 주가가 지난 5일간 주가들의 평균보다 더 높은 곳에 있다면 상승의 기운이 강하다는 뜻이다. 오늘의 주가가 지난 5일간 주가들의 평균보다 더 낮은 곳까지 하락했다면 주가의 약세를 의심해볼 수 있다. 이와 같이 지난 주가에 비해 오늘의 주가가 어느 위치에 있는지를 통해 상승과 하락의 짧은 움직임을 확인할 수 있다.

스토캐스틱의 일반적인 활용 방법은 2가지가 있다.

① 과매수, 과매도 구간 활용 : 80 이상 과매수 구간에서 하락 이탈 시 매도, 20 이하 과매도 구간에서 상승 이탈 시 매수

② 크로스 활용 : %K선과 %D선의 골든크로스에서 매수, 데드크로스에서 매도

'스토캐스틱 슬로우에서 알려주는 매수, 매도 신호' 그림을 보자. 매수 시점은 붉은 점선, 매도 시점은 파란 점선으로 표시해뒀다. 이를 보면 너무 많은 매매 신호가 빈번하게 나온다. 이 지표의 문제는 상승 추세 중간에도 매도 신호가 나오고, 하락 추세 중간에도 매수 신호가 나온다는 것이다.

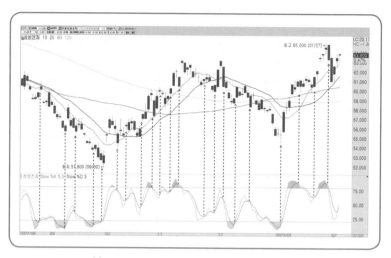

스토캐스틱 슬로우에서 알려주는 매수, 매도 신호.

그 이유는 스토캐스틱이 만들어지는 원리 때문이다. 스토캐스틱 슬로우를 만드는 방법은 먼저 N일간의 패스트 스토캐스틱 %K를 계산하고, 이것을 다시 M일로 이동평균한 다음, 또다시 L일로 이동평균하여 만든다.

$$Fast\%K = \frac{(현재가 - N일간의 최저가)}{(N일간의 최고가 - N일간의 최저가)} \times 100$$

Fast%D = Fast%K를 M일로 이동평균한 것

Slow%K = Fast%D를 M일로 이동평균한 것

Slow%D = Slow%K를 L일로 이동평균한 것

246

여기서 일반적으로 N은 5일, M과 L은 3일을 사용한다. 그래서 스토캐스틱 슬로우에서 기간 일자를 (5, 3, 3)으로 설정하는 것이다. 조금 더 긴 (10, 5, 5)를 사용하여 매매 신호의 빈도를 줄일 수도 있다. 그러나 MACD에서 부족했던 매매 신호의 예리함을 보완하기 위해 많은 투자자가 (5, 3, 3)을 사용한다.

하지만 신호의 민감함을 선택하면서 스토캐스틱 슬로우의 문제가 생겼다. 주가 추세가 5일 이상 이어질 경우 주가의 작은 변화에도 잘못된 신호를 발생시키는 것이다. 그래서 이를 극복하기 위해 스토캐스틱은 다른 지표들과 함께 사용하는 것이 필수가 되었다. 예를 들어 스토캐스틱 슬로우를 MACD와 함께 차트에 표시한 그림을 보자. 그러면 뭔가 더 깔끔한 신호를 얻을 수 있다.

MACD의 우상향 추세가 주가의 상승 추세를 알려준다고 했다. 그

스토캐스틱 슬로우와 MACD를 함께 표시한 후 살펴본 매수 시점들.

247

래서 MACD 우상향 구간을 매수 가능 구간으로 생각하고, 분홍색 음영 구간으로 표시했다. 그다음 스토캐스틱 슬로우에서 과매도 구간을 상승 이탈하거나, 골든크로스가 나오는 시점을 붉은 점선으로 표시했다. **이렇게 MACD와 스토캐스틱 슬로우에서 공통으로 나오는 매수 신호를 활용할 수 있다. 그렇게 되면 조금 더 확률이 높은 매수 시점을 알 수 있다.**

이와 같이 2개 이상의 보조지표를 동시에 두고 분석하는 방법은 MACD, 스토캐스틱 슬로우뿐만이 아니다. 주식투자에 있어서 차트는 매우 중요한 요소다. 주식 차트에는 매매 신호를 포착할 수 있는 수많은 보조지표들이 존재한다. 하지만 대부분의 투자자들은 이중 극히 일부분만을 매매에 활용하고 있는 것이 현실이다.

여러분이 알고 있는 모든 차트 분석 방법들도 가능하다. 다양한 지표를 통해 종합적으로 분석할 때, 각 보조지표들의 단점을 극복하면서 확률이 높은 매매 시그널을 찾을 수 있게 된다.

그런데 이때 보조지표들의 단점을 극복하려면 성격이 다른 지표들 간의 상호 보완이 이루어져야 한다. 문제는 이런 것을 정확히 모르는 초보투자자들에서 발생한다. 따라서 각 보조지표의 성격을 제대로 이해하고, 상황에 맞게 사용할 수 있어야 한다.

RSI를 통한 매매 시점과 상승의 강도

MACD는 주가의 추세를 간단하게 알 수 있는 대표적인 추세지표다. 스토캐스틱 슬로우는 주가 추세의 변곡점을 찾을 수 있는 모멘텀 지표다. 그리고 이번 챕터에서 살펴볼 RSI는 시장 강도를 알려주는 지표다.

MACD를 통해 주가가 상승 추세임을 확인했고, 스토캐스틱을 통해 상승 전환 시점을 확인했다. 그러나 이런 상승이 과연 얼마나 이어질 수 있을지, 지금의 상승 추세가 얼마나 강력하게 이어지고 있는지 역시 중요한 문제다. 이에 대한 힌트는 RSI를 통해 살펴볼 수 있다.

RSI는 상대강도지수라고 한다. 상승 폭과 하락 폭의 상대적인 크기를

비교하여 주가 변동의 힘을 알 수 있다.

RSI는 다음과 같이 계산된다.

RSI = 100 − {100/(1+RS)}

RS = N일간의 상승 폭 평균 / N일간의 하락 폭 평균

N일간 상승 폭의 평균이 하락 폭의 평균보다 크다는 것은 오를 땐 많이 오르고, 내리 땐 적게 내린 것이다. 그러면 RSI 값은 50% 이상으로 증가한다. 반대로 N일간 하락 폭의 평균이 더 크다면 RSI 값은 50% 이하로 떨어진다. 오르고 내린 값이 똑같으면 RSI는 50%가 된다.

RSI를 만든 웰레스 윌더는 N값을 14일로 사용했으며, 오늘날까지 많은 투자자가 14일을 기본값으로 사용 중이다. 그러나 오늘날 증시는 주 5일이기 때문에 N일의 값을 10 또는 11 정도로 변경하는 것이 조금 더 민감한 신호를 얻을 수 있다.

삼성전자 주가 차트에서 RSI의 움직임을 보자. 주가의 상승이 계속 이어지면 RSI는 100에 근접한다. 그리고 주가가 계속 하락하면 RSI도 내려가면서 0에 근접하게 된다. 주가가 일반적인 흐름으로 움직인다면 RSI는 50%를 전후하여 40%에서 60% 사이를 움직일 것이다.

주가가 오르거나 양봉이 나오는 날 RSI는 조금 상승하고, 주가가 하락한 날 음봉에서는 RSI가 아래로 꺾인다. 그래서 RSI지표를 보면 지그재그로 다소 어지럽게 움직이는 모습이다. 이렇게 나타나는 RSI는

어떻게 활용할 수 있을까?

RSI의 활용은 두 가지가 있다.

① 기준선 활용

- RSI 50%를 기준으로 50%를 상향 돌파 시 매수, 하향 돌파 시 매도

② 과매수, 과매도 구간 활용

- RSI 70% 이상인 경우 과매수 구간이므로, 70선 하향 돌파 시 매도

- RSI 30% 이하인 경우 과매도 구간이므로, 30선 상향 돌파 시 매수

RSI의 활용 역시 단일 지표만으로는 차트 분석의 의미가 없다. RSI 를 제대로 이해하기 위해서는 현재 주가의 추세와 변곡점을 먼저 아

삼성전자 주가 차트를 통해 MACD, 스토캐스틱 슬로우, RSI로 살펴본 매수 시점.

는 것이 필요하다. 그래서 RSI지표 역시 다른 성격의 지표들과 함께 표시하면서 추세의 강도를 확인해야 한다.

그래서 삼성전자 주가 차트에서 MACD, 스토캐스틱 슬로우, RSI에서 알려주는 매수 시점의 교집합 지점을 살펴보자. 그리고 이렇게 도출된 매매 신호를 앞의 보조지표 그림들과 비교해보기 바란다.

스토캐스틱 슬로우에서는 무수한 매수, 매도 신호가 발생했다. 이를 MACD를 통해 상승 추세 간 매수 시점으로 범위를 좁혔다. 그리고 이 것을 다시 RSI를 통해 과매도 구간에서 벗어나는 시점, 기준선 50을 상향 돌파하는 시점으로 좁혔다. 그러면 2022년 8월부터 2023년 2월까지의 6개월 동안 삼성전자를 매수하기 좋은 타이밍은 딱 3번만 발생했음을 알 수 있다.

주가는 끊임없이 오르고 내린다. 그런 가운데 우리가 수익을 낼 수 있는 시점은 주가가 많이 하락한 이후 반등을 시작하는 시점 또는 횡보하다가 다시 상승으로 전환하는 시점이다. 물론 이런 추세의 변곡점을 찾는 시기가 빠를수록, 저점에서 매수하여 더 큰 수익을 남길 수 있을 것이다.

주가가 그동안 많이 상승해왔다면 그때부터는 보유자의 영역이고, 뒤늦게 따라 들어간다면 그만큼 먹을 것도 없거니와 손실의 위험성도 커진다. 주가가 한참 상승을 이어 가고 있다면, 주가를 이미 보유한 투자자들은 적당한 시기에 매도를 통해 수익을 챙기려고 신경쓰는 구간이다.

그런데 이런 추세의 중간에 주가가 많이 오른 상황에서 중도 진입하는 투자자가 문제다. 물론 상승 추세가 언제까지 이어질지는 아무도 모른다. 그러나 안전하게 투자하고 싶다면 과감한 베팅보다는 주가가 충분히 싸진 이후 저점에서 반등하는 시점까지 꾹 참고 인내할 수 있어야 한다.

그림에서 살펴봤듯이 분석이 더해질수록 더 정교한 매매 시점을 알 수 있다. 따라서 이 책에서 설명한 분석 방법에서 끝내지 말고, 여러분도 더 많은 지표를 공부해보고 가장 잘 활용할 수 있는 자신만의 투자법을 찾아보기 바란다.

추세선을 활용하는
투자의 감

캔들만 표시되어 있는 차트를 보면 하루하루 양봉과 음봉이 번갈아 가며 나오는 모습에 주가의 추세를 알기 어렵다. 그래도 지나고 보면 상승, 하락, 횡보 추세와 같은 주가 흐름을 만들었을 것이다. 주가가 아무리 복잡하게 움직인다고 해도 결국에는 이 세 가지 추세 중 하나로 결정된다. 투자를 위해서는 오늘의 주가를 기준으로 추세가 어느 방향인지 알아야 한다. 그래서 이동평균선을 비롯한 각종 보조지표를 활용하는 것이다.

그런데 지금까지 살펴봤던 보조지표와 조금 다른 성격의 도구가 있다. 바로 직접 추세선을 그리는 것이다. 캔들이 흘러가는 방향에 대하여 차트에 선을 그려보면 추세가 보인다.

일반적으로 추세선은 다음과 같다.

1. 지지선(상승 추세선)

지지선은 상승 추세선이라고도 한다. 지지선은 주가의 저점과 고점
이 점점 높아질 때 의미를 갖는다. 캔들의 최저점에서 시작하여 저점
을 연결하면 그림과 같은 선이 그려진다. 이 선을 지지선이라고 하는
데, 주가는 지지선의 지지를 받으며 상승하는 것처럼 보인다.

그러나 이것은 그저 '그렇게 보일 뿐'이다. 지나간 캔들의 결과에 맞
춰 선을 그었으니, 당연히 지지선 아래로는 캔들이 내려가지 않은 것
처럼 보이는 것이다. 만일 더 저점의 캔들이 있다면, 또 거기에 맞춰

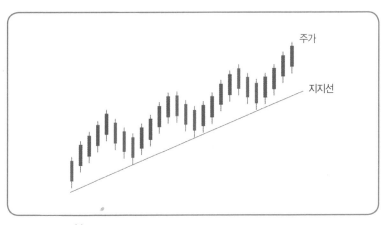

주가의 저점을 연결한 지지선은 상승 추세에서 의미가 있다.

그리면 될 테니 말이다. 다만 이런 선을 그어봄으로써 오늘 주가에 대한 추세를 확인할 수 있다.

지지선의 활용은 추세 확인뿐만이 아니다. 상승 추세가 끝나는 시점을 예측하는 데도 사용할 수 있다. 주가가 상승할 때 가장 궁금한 것은 '이 주가의 상승이 언제까지 이어질 수 있을 것인가?'다. 그래서 지지선을 그려보고 '이 지지선을 이탈하면 매도해야겠다!'라는 매매 규칙의 기준선으로도 활용이 가능하다.

지지선은 감내할 수 있는 주가 하락의 심리적 마지노선이다. 그래서 지지할 것으로 기대했던 주가가 무너지면 투자자의 심리는 크게 흔들린다. 그런데 이런 지지선은 나 혼자만 사용하는 것이 아니다. 지지선을 활용하는 수많은 군중투자자도 동시에 심리적 공황에 빠지게 된다. 그래서 심리적 가격대가 무너지면 조금이라도 빨리 팔고 싶어 하는 군중들의 매도 물량으로 인해, 주가는 더 큰 하락으로 이어지게 되는 것이다.

이런 심리적 측면은 이동평균선, 볼린저 밴드 등 캔들과 함께 표시되는 지표들에서도 공통적으로 적용된다. 다만 **지지선이 이동평균선이나 볼린저 밴드와 다른 점이 있다. 지지선은 내가 직접 그은 선이라는 것이다.** 이것은 차트에서 자동으로 계산되어 표시되는 다른 지표들과 활용 면에서 크게 달라질 수 있다.

차트 분석에서 가장 중요한 것은 기준점이다. 그리고 기준점은 언제나 오늘의 주가가 되어야 한다.

[차트 분석에서 가장 중요한 기준점]
오늘의 주가를 기준으로 생각해야 한다!

그런데 이동평균선, 볼린저 밴드를 비롯하여 차트에서 자동으로 작성된 지표들은 오늘 캔들의 실시간 종가값까지 함께 포함되어 계산된다. 오늘 주가가 크게 상승하면 오늘 주가 기준의 이동평균선 최종 끄트머리가 조금 상승한다. 반대로 오늘 주가가 크게 하락하면 이동평균선의 끄트머리 역시 하락한다. 그래서 오늘의 주가에 대한 정교한 분석이 조금은 힘들다.

그런데 내가 직접 그리는 지지선은 오늘 주가의 영향을 배제할 수 있다. 어제까지의 주가를 기준으로 선을 그리면 되기 때문이다. 그러면 이전까지의 추세선과 오늘 새로 발생한 캔들의 모습을 통해 추세 방향과 추세 전환 등을 조금 더 객관적으로 볼 수 있게 된다. 어제까지의 추세선은 상승 추세였으나, 오늘 캔들이 지지선을 깨고 하락한다면 추세 이탈을 즉각 고려할 수 있다.

2. 저항선(하락 추세선)

저항선은 주가의 고점을 연결한 선이다. 저항선은 캔들의 저점과 고점이 점점 낮아지는 하락 추세에서 유효하다. 그래서 하락 추세선이라고도 부른다.

캔들의 고점을 연결해보면 그림과 같이 저항선을 그릴 수 있다. 그러면 주가는 이 저항선을 위로 두고 더 이상 상승하지 못하는 것처럼 보인다. 이 역시 당연한 결과다. 이미 지나 버린 주가에 맞춰서 그렸으니 말이다. 하지만 이런 추세선이 길어질수록 투자자들의 심리는 차곡차곡 쌓여 가면서 믿음의 크기도 커져 간다.

저항선의 활용은 하락 추세에서 반등의 시점을 확인할 때 유용하게 사용할 수 있다. 추세의 전환 시기, 특히 하락하던 주가가 하락을 멈추고 반등하는 시점을 재빨리 확인할 수만 있다면 큰 수익을 거둘 수 있다.

만일 주가가 저항선의 저항을 받으며 하락하다가 어느 날 저항선을 뚫고 상승한다면, 추세 전환의 가능성이 생긴 것이다. 저항선은 심리선이다. 저항선 분석을 활용하는 군중은 저항선을 뚫고 상승하는 주가에 대하여 큰 상승을 기대하게 된다. 그래서 너도나도 매수에 동참

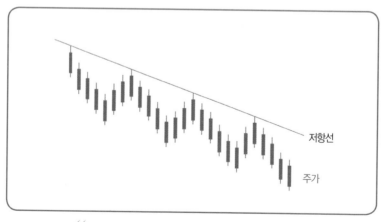

🌑 주가의 고점을 연결한 저항선은 하락 추세에서 활용한다.

한다. 그 결과 **저항선 돌파는 추세 확인뿐만 아니라 군중의 심리를 읽을 수 있는 중요한 단서다.**

저항선 분석 역시 오늘의 주가를 기준으로 생각해야 한다. 이미 지나간 과거 차트에 무수한 선을 그어 놓고 "아주 정확하게 잘 맞는구나!"라고 감탄하는 우를 범하면 안 된다. 당연히 지나간 차트의 캔들에 맞춰 그린 지지선이나 저항선은 맞을 수밖에 없다.

중요한 것은 '오늘의 주가를 기준으로 내일의 주가가 어떻게 흘러가는가'다. 이 포인트에 집중해야 한다. 따라서 어제까지의 주가에 대하여 추세선을 그리고, 오늘 발생한 캔들을 추세선과 비교하면서 추세를 살펴야 한다.

3. 횡보 추세선(추세대)

추세선은 저항선과 지지선이 중요하다. 투자자들은 지금이 상승 추세인지, 하락 추세인지가 궁금하다. 그런데 이도 저도 아닌 때가 있다. 바로 횡보 추세다. 주가가 횡보 추세로 움직이면 수익을 내기 어렵다. 투자 수익은 변동성에서 발생한다.

하지만 현재 주가 수준이 바닥이고 먼 훗날 상승의 가능성이 더 크다면, 횡보 추세 역시 중요하게 살펴봐야 한다. 앞서 볼린저 밴드를 통한 수익의 확률을 높일 수 있는 방법에서와 같이 말이다. 주가가 저점에서 횡보하고 있고, 향후 상승이 기대된다면 횡보장은 매집의 기

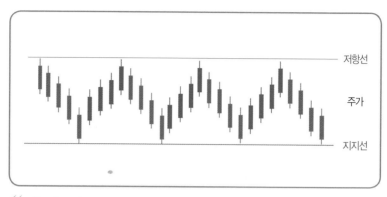

횡보 추세선은 고점을 연결한 상단 추세선(저항선), 저점을 연결한 하단 추세선(지지선)의 밴드를 그릴 수 있다.

회가 될 수 있다.

횡보 추세선은 그림과 같이 고점끼리 연결한 선과 저점끼리 연결한 선으로 밴드를 그리면 된다. 볼린저 밴드와 같이 상단과 하단의 선을 통해 밴드가 그려지기 때문에 이것을 추세대라고도 한다.

주가가 횡보하는 듯해도 세부적으로 보면 일정 범위 내에서는 상승과 하락이 반복된다. 이때 초보투자자는 실수를 저지른다. **상승과 하락이 보인다고 하여 횡보 추세에서 저점 매수, 고점 매도를 기대하며 사고팔기를 반복하는 것이다.** 그런데 이런 식의 매매는 오랜 내공이 있는 투자자도 힘들다. 당연히 **초보투자자는 손실을 키울 수밖에 없다. 제아무리 차트 분석에 능숙하다고 자부할지라도 말이다.**

이때 초보투자자는 저점 분할 매수법을 활용해야 한다. 횡보 추세라면 밴드 내에서 여러 번의 저점이 반드시 발생한다. 이런 횡보장이 언제 끝날지 모르지만, 저점 근처까지 주가가 하락한다면 분할 매수

260

차원에서 보유 자금을 여러 번에 나누어 투자하는 것은 가능하다. 물론 이후 주가가 저점 지지선을 깨고 추가로 하락할 수도 있다는 가능성 역시 염두에 둬야 한다.

일반적으로 추세대를 차트에 그릴 때 완벽한 밴드를 만들기는 힘들다. 그래서 밴드를 그리되 대략 90% 정도의 캔들이 밴드 내에 위치하게 그리면 된다.

삼성전자의 횡보 추세선을 보자. 이 시기 삼성전자는 55,000원에서 63,000원 사이를 횡보했다. 그런데 두 번의 특이점이 발생했다. 한 번은 지지선을 깨고 하락했다가 반등했으며, 또 한 번은 저항선을 돌파했다가 다시 하락했다. 왜 이런 움직임이 나타났을까?

이 시기를 전후하여 삼성전자의 뉴스를 찾아보면 주가 변동의 원인을 알 수 있다. 뿐만 아니라 여러분이 알고 있는 모든 지식을 동원하여 해당 시점의 주가 변동 원인을 찾아보길 바란다. 그러면 이후 주가

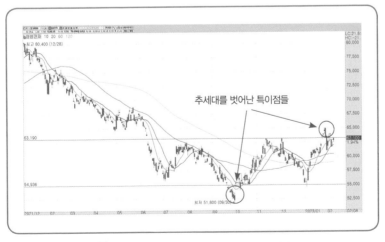

밴드를 벗어난 특이점에 대한 분석이 필요하다.

흐름에 대해서도 방향성이 보일 것이다.

이미 지나 버린 차트를 보면 정말 쉬워 보인다. 밴드 하단에서 매수했다가 밴드 고점에서 매도하면 떼돈을 벌 수 있을 것 같다. 그런데 이런 식의 투자가 과연 가능할까?

다음을 생각해보자.

주가는 지지선에서 지지를 받고 반등한다.	VS	주가의 미래는 알 수 없다.

지지선의 반등을 철석같이 믿는 투자자는 하락하는 주가가 지지선의 지지를 받고 반등할 것이라 기대한다. 그리고는 지지선 근처에서 매수한다. 아마 몇 번은 지지선에서 반등하는 주가 흐름을 보며 이렇게 생각할 것이다.

'역시, 난 주식의 천재인가 봐!'

그러나 지지선을 깨고 하락하는 순간이 언젠가는 찾아온다. 이런 신호를 보고 재빨리 매도하면 된다고 생각하는 사람이 있을지도 모른다. 그러나 조정과 하락을 구분할 수 있는 투자자가 과연 몇이나 될까?

모건 하우절은 《돈의 심리학》에서 "한 번도 일어난 적 없는 일은 반드시 일어나게 마련이다."라고 했다. 모든 사람이 철석같이 믿고 있는 경제학적 믿음마저도 언제든 달라질 수 있기 때문이다. 하물며 차트에서 나타난 신호는 얼마나 보잘것없는가.

따라서 자만하는 투자자는 갑자기 나타난 하락장에서 큰 손실을 맞이할 수밖에 없다. 이전 아홉 번의 성공 이후 마지막 열 번째의 손실에서 모든 것을 잃을 수도 있는 것이 주식투자다. 언제나 100% 완벽하게 들어맞는 매매법은 없으며, 지지선 역시 완전한 것은 아니기에 모든 것을 걸기에는 너무나도 위험하다.

저항선도 마찬가지다. 횡보 추세대에서 저항선 근처까지 상승한 주식에 대하여 하락을 기대하고 매도했다가는 더 큰 수익의 기회를 날려 버릴지도 모른다. 물론 저항선에서 하락 전환할 수도 있다. 그러나 진짜 엄청난 수익은 저항선을 돌파하는 시점에서 발생한다.

저항선의 저항 직전 매도했다가, 상승 추세 돌파를 확인하자마자 재빨리 추격 매수하면 될까? 주가 흐름은 언제나 파동을 그리며 상승과 하락을 반복한다. 이 때문에 저항선 돌파 이후 팔았던 주식을 다시 매수하면 자칫 고점 매수, 저점 매도의 길을 걸을지도 모른다. 미래 주가는 알 수 없기 때문이다.

지금까지 상승 추세에서의 지지선, 하락 추세에서의 저항선, 그리고 횡보 추세선까지 살펴봤다. 추세선은 추세를 확인하고, 주가의 지지와 저항에 대한 군중의 심리를 대략 알 수 있는 유용한 투자 도구다. 다만 언제나 완벽히 들어맞는 규칙은 아니며, 원론적인 이야기에서 발전하여 실질적인 활용은 사람마다 다르다. 따라서 지표에 대한 충분한 이해와 더불어, 조금은 삐딱한 시선을 갖고 냉철하게 활용해야 한다.

자잘한 상승과 하락에 대해서는 지지선과 저항선이 그럭저럭 들어

맞을 때가 많다. 중요한 사실은 엄청난 수익과 손실은 항상 추세선을 깨고 돌파하는 순간 발생한다는 것이다. 그렇다고 추세선 돌파를 기대하면서 미리 움직였다가는 자잘한 손실들이 누적되어 눈덩이처럼 커질 것이다. 그러면 대체 추세선을 어떻게 이해하고 활용해야 하는 것일까?

지금부터는 투자의 감을 생각하면서 추세선에 대해 다시 생각해보자. **추세선은 추세의 확인, 지지와 저항의 기준점으로 활용한다. 여기서 가장 중요한 활용은 어제까지의 추세를 기준으로 오늘의 주가 추세를 확인하는 것이다.** 이 부분만 제대로 이해해도 여러분은 이 책 가격의 수백 배, 수천 배의 이익을 거둔 것이다.

'그게? 왜?'

이렇게 생각한 투자자는 아직 추세선을 통한 추세 확인의 중요성을 깊이 이해하지 못한 것이다. 글을 통한 나의 전달력 부족 때문일 수도 있고, 투자자마다 내공과 경험의 깊이가 다르기 때문일지도 모른다. 아무튼 추세선을 통한 추세의 확인이, 투자에 있어서 매우 중요한 사항이라는 점이라도 일단 기억하자. 이 부분에 대해서 뒤에서 조금 더 자세히 설명하겠다.

끝으로 추세선의 감과 관련하여 두 가지 이야기를 하려고 한다. 첫째, 추세선을 활용할 수 있다면, 투자 성공 확률을 확실히 높일 수 있는 시기를 찾을 수 있다. 지금 이 책을 덮고 네이버 증권이나 경제 뉴스를 둘러보면서 새로운 종목을 검색해보자.

그 종목의 추세는 상승일까? 하락일까? 상당히 어려운 질문일 것이다. 여러분은 그동안 읽었던 주식 책들에 소개된 이론들과 그에 대한 차트를 보면서 이런 생각을 했을 것이다.

'우와! 진짜 정확한 분석 방법이다!'

그것을 보며 자신감에 불탔을지도 모른다. 그런데 책을 덮고 새로운 종목을 찾아보면, 책의 이론에 꼭 들어맞는 종목은 찾기 힘들다. 왜 그럴까?

주식 책에 소개되는 사례들을 생각해보자. 아마 주가의 상승 신호를 포착하는 방법에 대한 내용이 대부분일 것이다. 여러분도 역시 어떤 종목이 상승할지에 대해 중점적으로 살펴봤을 것이다. 문제는 책의 이론과 같이 깨끗한 상승 신호는 증시의 상승기에 발생한다는 것이다.

만일 운 좋게 증시의 상승기에 주식 책을 읽게 된다면, 책에 소개된 이론과 유사한 상승 종목을 수도 없이 찾을 수 있다. 그러면 책을 읽은 투자자는 자신의 매매법을 통해 고수의 반열에 오른 듯 자신감이 불타오른다. 하지만 증시 하락기에 접어드는 순간, 밑천이 드러나면서 계좌도 함께 녹아내린다.

이와는 반대로 만일 책을 읽는 시기가 증시의 하락기 또는 횡보 시기라면, 책에서 공부한 매매법을 적용할 만한 종목을 찾기 힘들 것이다. 결국 약간 애매한 신호를 보내는 종목에 무리하여 투자하다가 손실을 볼지도 모른다. 따라서 자만심을 버리고, 차분하게 증시의 상승기를 기다려야 한다.

그럴듯한 매매법에 홀린 투자자는 증시의 하락, 횡보할 것 없이 계속 사고팔기를 반복한다. 그러다가 계좌가 반토막, 반의반토막이 나서야 후회하며 주식시장을 떠난다.

물론 증시가 하락하거나 횡보할 때도 상승 종목은 언제나 있다. 하지만 이런 시기에 개인들은 수익이 힘들다. 이때 상승하는 종목은 기관이나 외국인 또는 세력이 미리 저점에서 매수하고, 마지막 시점에 엄청난 돈으로 주가를 띄우며 상승시키는 종목이기 때문이다. 세력의 매집을 확인할 수 있는 능력이 있다면 모르겠지만, 보통의 평범한 개인투자자는 이런 시기에 수익을 내는 것은 불가능에 가깝다.

그러면 증시의 상승기는 어떻게 찾을 수 있을까? 방법은 여러 가지가 있다. 앞서 설명한 코스톨라니의 달걀을 떠올려보자. 경기 상황에 따라 증시의 저점이 올 때까지 매수를 참고 기다릴 줄 아는 인내가 필요하다. 경제와 증시 상황과 상관없이 현란한 매매 스킬을 통해 꾸준한 수익이 가능한 투자자라면 이 책을 덮어도 좋다. 그러나 마이너스 수익에 눈물 흘리는 투자자라면 조금 더 인내하고, 자잘한 주식투자를 통해 감을 갈고닦으면서 다음에 찾아올 큰 기회를 기다릴 수 있어야 한다.

그렇게 참고 견디다가 결정적인 증시의 반등을 포착하자. 바로 이 부분이다. 투자 성공 확률을 확실히 높일 수 있는 방법, 바로 코스피와 코스닥 지수 차트의 추세를 통해 증시의 상승 추세를 확인할 수 있는 것이다. 그러니 증시 지수에 추세선을 그어보면서 추세 전환 시점을 기다려보자.

자! 마침내 증시의 상승기가 온 듯하다. 그러면 업종으로 눈을 돌려보자. 이번 상승기에는 어떤 업종이 가장 먼저, 그리고 가장 크게 상승을 주도하고 있는가? 2차전지 관련 업종인가? 아니면 반도체 관련 업종인가? 엔터나 자동차 관련 업종인가?

큰 상승이 나오는 업종을 확인한 다음에, 비로소 개별 종목으로 눈을 돌려야 한다.

개별 종목도 상승이 저마다 다르다. 어떤 종목은 이미 크게 상승해서 따라 들어가기 겁나는 종목도 있다. 그래서 소심한 투자자들은 아직 덜 오른 종목 가운데 투자 종목을 찾는다. 그러나 주도주는 이번 상승기가 끝날 때까지 미친 듯이 오를 것이다.

지난 2020~2021년 카카오의 상승을 생각해보자. 당시 카카오는 3만 원에서 17만 원까지 급등했다. 에코프로는 2020~2023년간 100배가 넘는 상승이 나왔다. 이런 주도주들은 하루이틀 급등하고 폭락하는 작전주나 테마주가 아니다. 기관과 외국인에 의해 수년간이나 상승을 주도하는 종목이다.

그런데 문제는 여러분이 경기의 저점을 확인하고, 증시의 반등을 눈으로 확인한 다음, 상승 업종과 주도주를 찾았을 때다. 이미 그 주도주는 큰 상승을 한 다음이라는 것이다. 너무 늦다. 잡지 못한 상승의 기회가 아깝다. 이런 종목은 이미 전고점의 절반까지는 반등에 성공한 상황일 테니 말이다.

따라서 모든 상황을 염두하고 경기 상황, 증시 전반의 추세, 개별 종목의 추세까지 한 번에 꿰뚫어야 한다. 뭔가 이상 징후가 나타난 듯싶으면 재빨리 분석해야 한다.

추세선을 설명하던 도중에 갑자기 이야기가 길어진 이유는 뭘까? 증시에 이상 징후를 가장 빨리 포착할 수 있는 방법 가운데 하나가 바로 추세선의 활용이기 때문이다. 지수 차트, 업종 차트, 개별 종목의 차트에서 추세선을 통해 현재 추세를 확인하고 추세의 전환 시점을 확인할 수 있다.

무엇보다 추세선을 확인할 때는 오늘의 주가를 기준으로 확인해야 한다고 했다. 이 부분이 이해되는 독자라면 넘어가도 좋지만, 이해가 어려운 독자들을 위해 부연 설명을 덧붙인다.

여타의 보조지표나 이동평균선은 오늘 주가의 수치가 보조지표에 모두 반영되어 계산된다. 그래서 오늘 주가에 엄청난 변동이 발생해야 간신히 보조지표도 약간 움직일 뿐이고, 대부분의 캔들은 지나간 주가 흐름에 녹아 버린다.

그러나 추세선은 내가 마음대로 그을 수 있다. 그래서 어제까지의 추세에 대하여, 오늘 주가의 상태를 확인하기에 더 용이하다. 삼성전자 주가 차트에서 저항선과 이동평균선을 살펴보자.

차트의 가장 오른쪽 캔들이 오늘 주가다. 어제까지의 주가를 기준으로 저항선을 그리고, 그 저항선과 오늘의 캔들을 비교해보자. 그러면 오늘 발생한 캔들은 큰 갭 상승으로 10개월짜리 저항선을 돌파한 날이다. 오늘 발생한 갭 상승은 저항선을 강하게 돌파하면서 향후 상승을 암시하는 강한 신호로 이해할 수 있다.

이때 저항선은 지난 고점들과 더불어 오늘 주가의 고점까지 연결한 것이 아니다. 어제까지의 고점을 연결한 추세선과 오늘 발생한 캔들

캔들의 저항선 돌파 시점, 이동평균선에서는 아직이다.

을 비교하며, 기존 추세에 오늘 주가의 방향을 비교한 것이다.

반면 이동평균선을 살펴보자. 오늘 큰 갭 상승이 발생했지만, 20일 이동평균선이나 60일 이동평균선은 아직 아무런 변화가 없다. 오늘 상승한 주가는 이동평균선에 약간의 영향만 미쳤을 뿐, 앞으로 며칠 더 상승해야 겨우 이동평균선이 움직일 것이다. 오늘 큰 갭 상승이 나왔어도 지난 주가 하락에 녹아 버려 보이지 않게 된 것이다.

캔들과 이동평균선을 비교해봐도 애매한 상황이긴 마찬가지다. 주가 캔들을 20일 이동평균선붉은색과 비교해보면, 최근 2주일 동안의 주가는 20일 이동평균선 위에서 횡보하는 것처럼 보일 뿐, 이동평균선 분석만으로는 오늘 캔들의 갭 상승에서 특별한 의미나 신호를 찾기는 어렵다.

마찬가지로 60일 이동평균선녹색과 주가를 비교해봐도 여전히 하락 추세의 연장일 뿐이다. 이동평균선을 비롯한 여러 보조지표의 약점인 '후행성'으로 인해 주가의 움직임을 민감하게 이해하지 못하는 경우가 생긴다.

결국 차트에서 조금 더 민감한 변화를 감지하기 위해서는 보조지표에서 끝나는 것이 아니라, 추세선과 오늘의 캔들을 비교해보는 것이 좋은 방법이다. 물론 추세선 하나만으로 모든 추세를 이해하기에는 무리가 있다. 오늘 갭 상승이 나왔다고 하여 내일 이후 반드시 상승장이 나온다는 보장은 아무도 할 수 없다. 다만 여러 측면에서 살펴볼 수 있는 새로운 분석의 도구를 장착했다는 데 의의를 두고, 투자의 감을 보완하는 좋은 수단으로 생각하면 충분하다.

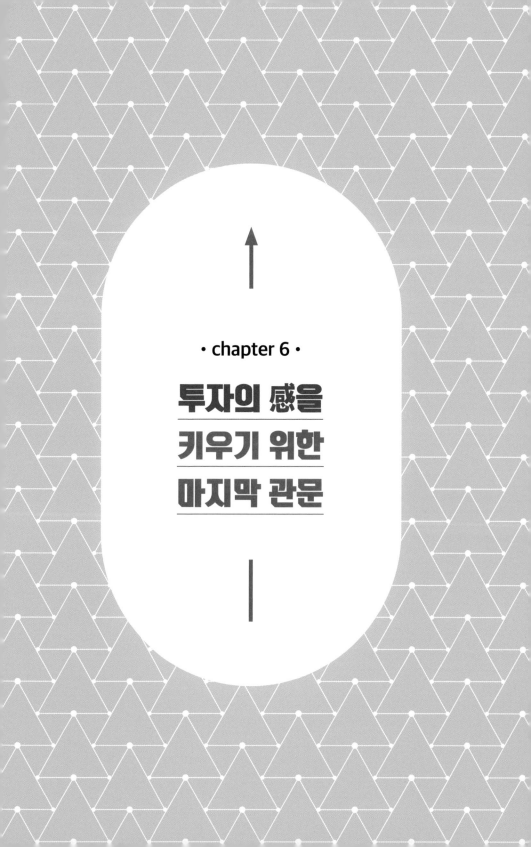

· chapter 6 ·

투자의 感을
키우기 위한
마지막 관문

1만 시간의
새로운 도전

한 분야에서 큰 성공을 거둔 사람들은 저마다 성공의 원인이 있다. 이에 대하여 말콤 글래드웰은 《아웃라이어》에서 성공한 사람들에게는 공통적으로 '1만 시간의 법칙'이 작용됐다고 설명한다. 1만 시간의 법칙이란 어떤 분야에서 전문가가 되어 큰 성공을 거두려면, 최소한 1만 시간의 훈련이 필요하다는 내용이다. 이 책이 나왔을 당시 1만 시간의 법칙은 박지성과 김연아의 성공 스토리와 결합되면서, 많은 이들이 사실로 받아들이게 되었다.

우선 좋은 소식은 우리 모두가 1만 시간의 훈련을 통해 무엇이든 이루어낼 수 있다는 것이다. 뇌 과학자들의 연구에 따르면 성인일지라도 제대로 된 새로운 학습 자극에 반응하여, 새로운 신경조직망을 만들 수 있다고 한다. 이것은 타고난 투자의 천재가 아닐지라도 누구나 투자 훈련을 통해 수익을 거둘 수 있음을 뜻한다. 재능이 없다고 생각하는 투자자일지라도 누구나 학습을 통해 새로운 능력을 가질 수 있다.

다만 1만 시간의 법칙에서 설명하듯이 일정 수준에 도달하기 위해서는 반드시 노력이 필요하다. 주식 책을 읽고, 주식투자 관련 영상을 보며 투자의 기초 지식을 공부해야 한다. 경제 뉴스와 증권사 보고서를 통해 경제의 흐름을 이해해야 한다. 동시에 소액 실전투자도 병행하면서 자신의 투자법을 끊임없이 갈고닦아야 한다.

그런데 지금 이 책을 읽고 있는 독자들 가운데는 10~20년 이상의 투자 경험이 있는 투자자도 많을 것이다. 하루 3시간씩 투자 공부를 한다고 가정할 경우 대략 9년의 기간이다. 9년간 매일 주식창을 들여다보고, 주식 책을 읽고, 실전투자를 했다면 이미 1만 시간 이상 훈련한 것이다!

여기서 혼란이 시작된다. 주식투자에 쏟은 시간이 1만 시간을 훌쩍 넘었음에도 불구하고, 왜 많은 이들이 아직도 주식투자를 어렵게 느낄까?

'1만 시간의 법칙' 이론을 최초로 발표했던 심리학자 앤더스 에릭슨 박사는《1만 시간의 재발견》이라는 책을 썼다. 성공을 위한 1만 시간의 법칙은 말콤 글래드웰이 인용했던 내용이 전부가 아니며, 반드시 필요한 핵심 요소가 빠졌다는 것이다. 이것만 채우면 1만 시간의 법칙에 따라 당신도 주식투자로 성공할 수 있을 것이다.

'나도 할 수 있다고? 노력이 부족했던 탓인가? 지금부터라도 더 노력해야겠다!'

맞다. 아직 투자 성과가 제대로 나오지 않았다면 그동안 노력이 부족했기 때문이다. 그러나 문제가 또 있다. 잘못된 노력은 힘만 들 뿐, 아무런 성과도 만들 수 없다는 것이다.

앤더스 에릭슨 박사는 성공을 위한 필수적인 요소로서 '의식적인 연습'을 강조했다. **의식적인 연습이란 그저 '만족할 만한 수준'에서 그치는 것이 아니라, 이전보다 더 나아지려는 의식적인 노력이 수반되어야 한다. 이는 다른 말로 '목적의식이 있는 연습'이라고도 한다.**

골프 연습을 생각해보자. 처음 시작하는 사람들은 골프채로 공을 맞히는 것에서부터 시작한다. 공을 맞힐 수 있게 되면 이번에는 공을 더 멀리 보내기 위해 강하게 치는 것을 연습한다. 이런 것들이 어느 정도 익숙해지면 필드로 나간다. 그리고 기량의 발전은 딱 그 정도에서 멈춘다. 적당히 그 정도만 해도 드넓은 필드에서 재밌게 게임을 할 수는 있으니 말이다.

물론 골프를 좋아하는 사람들은 매일 연습장에 나가 채를 휘두르며 노력한다. 하지만 골프를 처음 시작했을 때와 달리 기량이 만족스러울 만큼 나아지지는 않는다. 이유는 이미 '적당한 수준'의 상태에서 몸이 익숙해져 버렸기 때문이다. 그렇기 때문에 연습장에서 수백 번 채를 휘둘러도 그저 생각 없는 몸짓에 불과하며, 현 수준의 유지 정도에만 도움이 될 뿐이다. 생각 없는 단순 반복은 기량의 개선에 도움이 되지 않는 것이다.

그러면 어떻게 해야 하는가? 목적의식이 있는 연습은 단순한 반복과는 다르다. 골프연습장에서 공 한 바구니만큼 노력했다고, 무조건 기량이 늘어나는 것은 아니다. 필요한 것은 단순 반복이 아니라, 이전보다 더 나은 상태에 대한 구체적인 목표를 향해 노력하는 것이다. 골프공을 칠 때마다 잘못된 방향으로 날아간다면 강사에게 확실한 자세 교정을 받고, 이를 극복하기 위한 노력을 해야 하는 것처럼 말이다.

주식투자도 마찬가지다. 투자를 해왔던 시간이 길다고 하여 그만큼의 내공이 늘어난 것은 아니다. 오늘도 지금 당장 투자할 종목을 찾기 위해 경제 뉴스와 주식 방송을 찾아 헤맨다면 쓸모없는 노력의 낭비다. 유튜브에서 알려주는 종목을 통해 가끔은 수익이 나기도 하고, 가끔은 손실도 나면서 적당히 투자할 수 있게 되었다고 자부한다면 투자 성과는 딱 거기에서 멈출 것이다.

공부를 많이 했다고 해도 안심할 수는 없다. 스스로 책도 많이 읽고, 투자 공부를 열심히 했다고 자부하는 투자자도 있을 것이다. 만일 공부를 통해 투자 성과가 이전보다 꾸준히 나아지고 있다면 다행이다. 그러나 대다수의 개인투자자는 주식 책과 주식투자 관련 영상을 통해 많은 노력을 했음에도 불구하고, 투자 성과가 그리 나아지지 않음에 불만을 느끼고 있을지도 모른다.

이것은 노력의 양이 문제가 아니다. 노력의 방향이 잘못된 것이다. '더 열심히'가 아니라, '이전과 다르게 올바른 방향으로' 해야 한다. 책과 영상을 통해 공부한 새로운 투자 지식을 완전히 이해하여 감을 잡아야 한다. 그리고 새로운 투자법을 실제 투자에 적절히 활용해보면서 투자 성과의 발전 가능성을 살펴봐야 한다.

수익이 늘었다면 왜 수익이 더 늘었는지 이유를 분석해보고, 손실이 났다면 왜 그 투자법이 먹히지 않았는지 복기해야 한다. 무엇보다 스스로 종목을 발굴하여 수익까지 연결시킬 수 있어야 한다. 이런 과정이 없다면 그저 무의미한 노력에 불과할 뿐이다.

대학大學에 일일신우일신日日新又日新이라는 구절이 있다. 하루하루 새로운 마음가짐으로 어제의 나보다 더 발전하기 위해 노력해야 한다. 주식투자에 대한 지식도 매일 발전해야 한다. 역사는 반복된다지만, 주식시장은 언제나 새로운 모습으로 다시 태어난다. 따라서 자신만의 매매법이 어느 정도 완성되었다고 하여, '이제부터 안정적으로만 투자하면 된다'라는 생각으로 안주해서는 안 된다.

주식투자로 돈을 버는 것은 하루이틀 공부로 가능한 일이 아니다. 오랜 기간 동안 투자의 내공을 쌓는 노력이 필요하다. 그리고 일정 수준의 투자 지식이 갖춰졌다고 하여 노력을 멈춰서도 안 된다. 경제와 주식시장의 모습은 지금도 끊임없이 새로운 모습으로 바뀌고 있으며, 매일매일 투자자들 간에 새로운 싸움이 벌어지고 있다.

결국 주식으로 성공하기 위해서는 반드시 수익을 내고야 말겠다는 목적의식을 갖고, 1만 시간의 도전을 매일 새롭게 시작해야 가능한 일이다.

개인투자자들은 넓고 멀리 큰 그림을 그리면서, 공부하고 기다리고 또 공부하고 기다려야 한다. 준비하는 자에게 기회가 오는 법이다.

다가올 대세 상승기를 위해 경제의 흐름을 읽을 수 있는 지혜를 쌓아야 한다.

앙트레 코스톨라니는 공부의 중요성을 이렇게 강조했다.

"투자에 있어서 손실과 수익은 투자자를 일생 동안 쫓아다닌다. 조금 과장해서 묘사하면, 성공적인 투자자는 100번 중 51번 수익을 얻고 49번 손실을 본 사람이다. 주식 거래에서의 손실은 실은 경험상으로 보면 수익이다. 이때 경험이라는 수익은 손실의 원인을 제대로 분석하고 연구했을 때 얻을 수 있다. 사실 수익보다는 손실을 입은 경우에 분석이 훨씬 용이하다."

투자 전장의 생존술

기관과 외국인의 매도 공세가 시작되었다. 어제까지만 해도 괜찮던 계좌가 박살나기 시작한다. 쏟아지는 하락장의 총탄을 피하기 위해 재빨리 매도를 누르고 안도한다. 그러나 기관과 외국인은 비웃듯이 개인이 던진 물량을 받아먹고는 주가를 이전보다 더 상승시키며 전리품을 챙긴다.

우리가 매일 겪게 되는 투자 전쟁의 모습이다. 그리고 전쟁의 결과는 언제나 개인의 패배로 끝난다. 모든 투자금을 날린 개인들은 만신창이가 된 몸을 이끌고, 다시 일터로 나가 생명과 같은 종잣돈을 모은다. 다음 전쟁에서는 기필코 승리하겠다고 다짐하면서 말이다.

아직 이런 경험이 없다고 안심하는가? 그저 운이 좋았을 뿐이다. 혹은 아직 본격적인 투자를 제대로 시작하지 않았기 때문일지도 모른다. 그저 소액으로 자잘하게 투자하는 사람은 실패가 있어도 사소한 일에 불과할 테니 말이다. 기대 수익의 크기만큼 전쟁의 실패도 커질 수 있다.

주식투자는 프로와 아마추어가 하나의 경기장에서 싸우는 전쟁이다. 초보라고, 체급이 작다고 하여 봐주는 경우는 없다. 정글과 같은 무자비한 생태계에서 초보투자자는 좋은 먹잇감에 불과하다.

이런 전장에서 살아남기 위해 투자자들은 나름대로 훈련하고 뛰어든다. 벤저민 그레이엄과 워런 버핏, 피터 린치와 제시 리버모어와 같은 전장의 영웅들이 남긴 족적을 읽으며 승리의 방법을 모색한다. 하지만 그들이 걸었던 피로 얼룩진 전쟁의 참상을, 책에 있는 글자 몇 개로 전해 듣기엔 부족하다. 그저 쉬운 이야기로 담담하게 설명한 것 같지만, 그들과 똑같은 전쟁터에 서게 되면 우리는 아무것도 모르는 신병일 뿐이다.

투자 전쟁에서 살아남기 위해 많은 준비가 필요하다. 이때 신병 훈련 기간이 길면 길수록 살아남을 확률도 늘어날 것이다. 총 쏘는 방법만 겨우 익히고 전장에 투입된 신병과 수년에 걸쳐 철저하게 훈련받은 정예 전투원의 생존 확률처럼 말이다.

그러나 아무리 많은 투자 지식으로 전쟁을 준비해도 실전투자 앞에서는 언제나 부족할 수밖에 없다. 벤저민 그레이엄이 남긴 '안전마진'에 대해 생각해보자. 이 전장의 영웅은 투자 전장에 뛰어든 신병들을 위해 "장부 가치보다 싸게 팔리는 회사에 투자하라."는 생존술을 알려줬다.

그러나 그가 남겨준 1930년대의 낡은 방탄조끼는 날로 고도화되어 가는 경제 전쟁터에서 우리 생명을 지켜주기에 턱없이 부족하다. 투자자의 욕심과 무지로 인해 안전마진의 방호 효과를 충분히 누리지 못하는 경우가 있고, 기관과 외국인의 신무기에 의해 초토화되는 경우도 비일비재하기 때문이다.

그렇다고 투자 전쟁에 참전하지 않는 것도 불가능하다. 엄청난 인플레이션으로 인해 월급 빼고는 모든 것의 가격이 오르고 있는 상황이다. 전쟁을 피해 달아날 수도 없다.

윤태호 작가의 〈미생〉에는 이런 대사가 나온다.

"회사가 전쟁터라고? 밖은 지옥이다."

주식투자에서 살아남는다는 것은 어떤 의미일까? 하락장의 총탄을 피하기 위해 낮은 포복을 하다보면 옷도 찢어지고, 피부도 여기저기 긁혀 상처가 날 수밖에 없다. 하지만 반격의 기회가 생기면 언제라도 힘을 내어 '돌격 앞으로'를 할 여력은 남아있다. 이것이 투자 전쟁에서 아직 죽지 않고 살아남아 있다는 증거다.

투자에서 살아남는다는 것은 단순히 손실을 피하는 것이 아니다. 개인이 주식투자를 하면서 단 한 번의 손실도 없다는 것은 거짓말이다. 투자 종목 가운데 몇 개는 손실이 나겠지만, 또 다른 곳에서는 더 큰 수익을 거둬야만 한다. 다만 자잘한 손실도 누적되면 과다 출혈로 생명에 위협이 될 수 있으니 주의해야 한다.

투자 전쟁에서 승리하려면 어떻게 해야 하는가? 먼저 투자의 개념부터 다시 세워야 한다. 왜 투자를 해야만 하는지에 대한 필요성은 모두 공감할 것이다. 그런데 주식투자를 시작했다고 하여 "오늘부터 시작!"을 외치면서 달리면 안 된다. 머리 위로 무수한 하락장의 총알이 빗발치는 상황에서 아무런 작전도 없이 그 속으로 뛰어든다면 살아남기 힘들다.

따라서 기다려야 한다. 유리한 상황이 조성될 때까지 말이다. 참호 안에서 경제 상황을 지켜보며 기다린다고 하여 투자를 하지 않는 것이 아니다. 투자의 전장을 지켜보면서 종잣돈을 장전하고 준비하고 있다면 말이다.

개인투자자는 약하다. 여리고 여린 작은 새싹이다. 누군가 슬쩍 짓밟아도 생명을 부지하기 어렵다. 그렇기에 경제 상황이 안전하다는 판단이 설 때까지 참호 밖으로 고개를 들어서는 안 된다.

개인투자자가 기관과 외국인에 비해 갖는 장점이 있다. 일 년 내내 주식을 사고팔지 않아도 된다는 것이다. 안전하게 숨어 있다가 증시가 좋을 때만 투자할 수 있다. 절대로 비겁한 행동이 아니다. 이런 장점을 최대한 활용해야 살아남을 수 있다.

손자병법에는 승병선승 이후구전勝兵先勝 而後求戰이란 말이 있다. 이기는 군대는 승리할 상황을 만들어 놓고 전쟁에 임한다는 뜻이다. 투자에서 수익이 가능한 상황에서만 투자금을 넣어야 한다. 이것이 가장 기초적인 투자의 생존술이다. 이런 생존술을 모르는 개인투자자들은 하락장의 공격이 임박했던 2021년 증시의 최고점, 그리고 2022년 하락장에서도 계속 "돌격 앞으로!"를 외치며 달렸을 것이다.

물론 지난 하락장에서 주식 계좌의 돈을 모두 뺐다고 자부하는 투자도 있을지 모르겠다. 그러나 대부분의 개인투자자는 아마도 큰 손실이 난 이후에서야 더 이상의 손실을 막기 위해 어쩔 수 없이 큰 부상을 입고 도망간 것일 뿐이다. 선물, 옵션 등 파생투자를 하지 않는 이상, 일반적인 개인 주식투자자는 하락장에서 큰 손실만 입고 패퇴할 수밖에 없다.

개인투자자가 공격할 수 있는 시점은 전체 투자 기간에서 지극히 찰나의 순간뿐이다. 따라서 평소 많은 공부를 통해 확실한 투자 타이밍을 잡을 수 있도록 준비해야 한다. 그리고 결정적인 순간까지는 최대한 몸을 사리면서 투자금을 보전해야 한다. 이것이 가장 기초적인 투자 전장의 생존술이다.

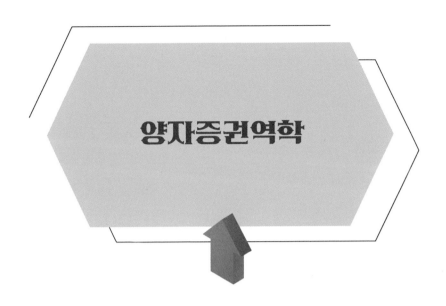

양자증권역학

주식투자에서 추세를 이야기했다. 이것은 물리학에서 관성의 법칙에 비유되곤 한다. 뉴턴의 운동 제1법칙, 관성의 법칙은 한 번 운동을 시작한 물체는 외부의 추가적인 힘이 가해지지 않는 이상 계속 같은 운동을 하는 현상이다.

상승이나 하락에 대한 힘이 없다면 증시는 횡보하면서 정지 상태를 유지한다. 그러다가 증시에 상승의 힘이 가해지면 이후 당분간은 상승 추세가 나온다. 반대로 하락의 새로운 힘이 가해지면 하락 추세가 시작된다. 이렇게 세상 만물은 물리학의 법칙대로 흘러가는 경우가 많다.

283

뉴턴의 법칙은 고전물리학이다. 그리고 오늘날 현대물리학의 기본 이론은 양자역학이 지배하고 있다. 따라서 현대의 주식투자 기법 역시 고전적 주식투자와는 달라져야 하는 건 아닐까?

양자역학이란 무엇인가? 원자나 분자와 같은 미시적인 물질 세계를 설명하는 현대물리학의 이론이다. 미시 세계에서는 모든 것이 입자이면서 동시에 파동이라는 파동—입자의 이중성을 갖는다. 그리고 입자의 위치를 측정했더니 속도를 모르게 되고, 속도를 측정했더니 위치를 모르는 이상한 현상, 즉 불확정성의 원리가 지배한다.

원자는 입자이면서 동시에 파동이다. 우리는 원자를 봐야 위치도 알 수 있고, 운동량도 알 수 있다. 그런데 '본다'는 의미는 무엇일까? 빛이 원자를 맞고 튕겨 나온 것이 우리 눈으로 들어와야 '본다'라는 과정이 완성되는 것이다.

이 과정에서 원자를 보기 위해 빛의 입자가 원자에 부딪히고 반사하게 되면, 원자는 빛 입자와 부딪히는 순간 또 어디론가 튀어가 버린다. 이 때문에 불확정성의 원리가 발생한다. 그리고 이런 불확정성의 원리는 주식시장에서도 그대로 찾아볼 수 있다.

관측이라는 측면에서 주식 분석에 대해 생각해보자. 벤저민 그레이엄이 《증권 분석》을 집필했던 1934년의 증시 상황과 지금을 비교해보면, 당시에는 기업에 대한 정보가 극히 일부에게만 있었다. 왜냐하면 어떤 회사가, 무슨 사업을 해서, 돈을 얼마나 버는지에 대한 관심은 오직 소수의 투자자만이 갖고 있었기 때문이다.

이를 제외한 대부분의 투자자는 사업의 내용과 실적에 대해 아무도 관심을 두지 않았으며, 심지어는 기업 차원에서 숨기는 정보들도 많았다. 그렇기에 주가가 기업의 본래 가치보다 저평가받는 경우를 쉽게 찾을 수 있었다.

그러나 오늘날에 이르러서는 과거에 비해 모든 것이 투명해졌다. 모든 상장 기업들은 매 분기 실적을 정확하게 계산하여 공시해야 한다. 투자자들은 이것을 방안에서 간단하게 찾아보며 기업 가치의 분석이 가능해졌다. 이를 통해 주가는 적정한 평가를 받게 되었고, 주가가 기업 가치보다 저평가된 경우를 좀처럼 찾기 힘들게 되었다.

"아직 저평가된 종목이 많다!"

이렇게 주장하는 투자자도 있을 것이다. 여기에서 양자역학의 '본다'라는 개념을 생각해보자. 우리가 원자를 보는 행위 자체로 원자는 빛 입자에 부딪혀 어디론가 날아가 버린다. 이 때문에 정확한 원자의 위치와 운동량을 동시에 측정할 수 없는 것이다.

마찬가지로 누군가가 기업의 실적을 보게 되면 어떤 일이 발생하게 될까? 시장의 모든 투자자들이 기업의 실적을 보고 있다. 이를 토대로 시장에서는 가격주가이 결정된다.

누군가는 기업의 실적에 비해 주가가 싸다는 이유로 매수를 한다. 또 다른 누군가는 주가가 기업 가치보다 비싸다는 이유로 매도 주문을 낸다. 이런 사람들의 무수한 거래가 체결되면서 결국 수요와 공급에 의해 오늘의 적정 주가가 결정된다. 여기까지는 주식시장이 효율적 시장 가설에 따라 움직이는 것처럼 보인다.

그런데 어느 날 거대한 시선이 어떤 기업으로 눈을 돌린다. 주식시장에 대하여 '본다'는 행위를 시작한 것이다. 거대한 시선은 워런 버핏이나 마이클 버리와 같은 유명 투자자일 수도 있고, 골드만삭스나 J.P 모건 같은 대형 투자 회사일 수도 있다.

아무튼 이런 거대한 시선은 기업을 관측하며 입자투자금를 쏘아 보낸다. 경제 전문가들은 경제 상황이 하락할 것이라고 전망하지만, 그럼에도 입자들은 기업을 향해 계속 쏘아진다. 그러면 증시는 실제 상황과는 달리 어디론가 튀어가 버린다. 그리고 이런 입자의 활동을 지켜보던 주변의 다른 원자들 역시, 일제히 같은 기업으로 이끌리면서 증시를 뜨겁게 달군다. 투자 군중들의 광기는 효율적 시장 가설을 깔끔하게 무시해 버린다.

이런 상황도 생각해볼 수 있다. 예를 들어 다음 분기까지 경제 상황과 기업 실적이 나빠질 거라는 전망이 있다. 그런데 2개 분기 이후부터는 실적과 경제가 반등할 것이라는 새로운 분석이 나왔다. 그러면 2개 분기 이후의 주가는 반등할 것을 기대할 수 있다.

그런데 이런 정보를 알게 되었다면 여러분은 언제부터 주식을 매수할 것인가? 2개 분기 이후부터 경기가 반등할 것이므로, 2개 분기를 기다릴 것인가? 아니면 지금이 최저점이라고 생각하고 주식을 매수할 것인가?

경제와 증시는 함께 움직이는 것이 맞다. 기업 실적이 좋아져야 경제 상황이 나아지고, 그 결과 주가도 오른다. 그런데 오늘날에는 이게 뒤죽박죽이 되어 버렸다. 거대한 시선들의 선견지명인지, 아니면 투자 군중들의 광기 때문인지는 모르겠다.

경제에 집중하게 되면 주식투자에서 수익을 내기 어렵게 되고, 증시에만 집중하다보면 장차 다가올 경제 전망과 변화를 따라갈 수 없게 된다. 너무나도 불확실하다.

고전 뉴턴역학에서는 입자와 파동이 공존할 수 없었다. 입자면 입자고, 파동이면 파동이다. 이 둘이 갖는 성질은 전혀 다르다. 그런데 양자역학에서는 입자이면서 파동인 상태가 공존한다. 입자와 파동의 이중성에 대하여 물리학자 닐스 보어는 상보성의 원리를 통해 "대립적인 것은 상호 보완적이다."라는 말을 남겼다. 서로 모순되고 대립되어 보이는 두 가지가 상호작용하면서 균형과 조화를 이룬다고 보는 음양 사상이, 현대물리학에서 확인되고 있기 때문이다.

투자에서 음양 사상에 대한 이야기는 일본의 거상 우시다 곤자부로의 《삼원금천비록》에서도 언급되었다. 사케다 5법으로 유명했던 거상 혼마 무네히사의 《혼마비전》과 더불어 일본 투자서의 양대 바이블로 불린다.

우시다 곤자부로는 "태극이 운동을 시작하고 극으로 움직여 양을 생성한다. 움직이는 것이 극에 달하면 조용해진다. 조용해지면 음을 생성한다. 조용해지는 것이 지극하면 다시 움직이기 시작한다."라며 음과 양의 변화에서 투자의 감을 잡았다.

경제와 증시, 기업 실적과 주가에서 이러한 음양의 변화를 찾아볼 수 있다. 기업의 실적이 증가하고 경제가 활성화되면 주가가 오른다. 그러면 군중들은 시장에 돈을 넣으며 뜨겁게 달군다. 하지만 이런 열기는 어느샌가 정점을 찍고 다시 하락한다. 경기가 과열되면 물가가 올라가고 이를 잠재우기 위해 금리도 인상되기 때문이다.

그런데 이런 음과 양의 변화, 증시 상승과 하락의 변화는 우리가 알아채지 못하게 움직인다. 한참을 지나고 나서야 겨우 그때가 상승장의 고점임을 알아챌 수 있을 뿐이다. 마치 구름 속에 들어가면 온통 안개만 자욱할 뿐 구름의 전체 모습을 알아챌 수 없듯이 말이다. 현실을 살아가는 우리로서는 언제나 상승장과 하락장이 중첩되어 움직이고 있으며, 지나고 나서야 과거의 발자취를 통해 확인할 수 있다.

좋은 게 좋은 것이고, 나쁜 건 나쁜 것이다. 그런데 오늘날 증시는 이런 원리가 더 이상 맞지 않는다. 분명히 다음 분기의 실적이 나쁠 것이라는 악재 뉴스가 전해졌는데도 주가는 갑자기 급등한다. 또는 세계 경제 전망이 좋아질 것이라는 호재 뉴스에도 불구하고 주가가 하락한다. **하나의 기업 성과**실적, **하나의 경제 상황에 대해서도 주가는 상승과 하락의 모든 요인으로 작용이 가능하다.**

물리학자 막스 보른은 이런 입자와 파동의 이중성에 대하여 확률론을 제시했다. 양자 세계에서 입자는 어디 있는지 정확히 모르고, 다만 어디 있을지 확률적으로만 알 수 있다는 것이다. 주식 세계 역시 확실한 것은 아무것도 없게 되었다. 똑같은 뉴스에 대해서도 이를 통해 주가가 오를지 내릴지 알 수 없다. 다만 향후 주가의 방향을 확률적으로만 알 수 있을 뿐이다.

이것의 의미는 무엇일까? 주가의 가격과 방향, 상승 혹은 하락을 단기적으로 정확하게 전망하는 것은 불가능하다는 뜻이다. 세계 경제의 흐름과 호재 또는 악재에 대하여, 시장은 우리가 알 수 없는 방향으로 반응한다.

그러나 긴 기간을 두고 보면 주가의 대략적인 방향에 대해서는 알 수 있다. 과거 2008년 금융위기 당시, 증시는 엄청나게 폭락했다. 미국이 망하고, 전 세계가 망할 것만 같은 뉴스가 매일 쏟아져 나왔다. 그럼에도 이후 증시는 엄청난 반등에 성공했다.

지난 2020년 코로나19로 인한 폭락장도 마찬가지다. 코로나19로 인해 세계의 공장이 멈췄고, 사람들은 소비를 줄였다. 경제가 마비 상황에 이른 것이다. 이를 우려한 증시는 엄청나게 폭락했지만, 또 이를 극복하자 유례없는 증시의 급등이 찾아왔다.

앞으로의 증시는 어떻게 흘러가게 될까? 2008년, 2020년과 같은 큰 증시의 흐름에서 대략적인 가능성은 확률적으로 알 수 있다. 그러나 증시의 자잘한 흐름에 대하여 정확한 분석은 불가능하다. 다만 지금보다 경제 상황이 나아질 거라는 전망이 크다면 증시는 긴 기간을 두고 서서히 상승하게 된다. 그리고 그 가운데 주도주가 생기고, 이들의 주가가 가장 크게 상승하게 될 것이다.

'뜬구름 잡는 이야기하지 말고, 빨리 정확한 전망을 내놓아라! 그래서, 롱이야? 숏이야?'

혹시 이런 의구심을 갖고 있는가? 다음 실험을 생각해보자. 여기 속을 볼 수 없는 상자가 하나 있다. 이 상자에 동전을 하나 넣고 마구 흔든다. 그다음 상자를 열어보면 동전은 50%의 확률로 앞면 또는 뒷면 중 하나일 것이다. 상자를 열어보기 전에, 이미 동전은 앞면 또는 뒷면이 정해진 상태다. 뚜껑을 여는 것은 이미 결정된 동전의 상태를 확인하는 것에 불과하다.

그러나 양자 세계에서는 다르다. 상자 속 동전은 뚜껑을 열기 전까지 앞면, 뒷면이 결정되지 않은 상태가 뒤섞여 중첩되어 존재한다. 뚜껑을 열어보기 전까지는 절대로 모른다. 이렇게 여러 가능성을 동시에 갖는 성질을 양자 중첩이라고 한다.

그러다가 상자의 뚜껑을 열어서 확인하는 순간앞면과 뒷면으로 중첩되어 있던 동전은, 즉시 중첩 상태가 붕괴되면서 앞면 혹은 뒷면으로 하나의 상태가 결정된다. 뚜껑을 열어서 관측하는 행위가 동전의 상태를 결정하는 것이다. 이를 양자 붕괴라고 한다.

주가 역시 마찬가지다. 실제 증시의 뚜껑을 열어보기 전까지 주가는 상승과 하락 상태가 중첩되어 존재하는 듯하다. 악재에도 상승하고, 호재에도 하락하는 이상한 증시 현상을 보면 말이다. 시장은 완벽하게 합리적이면서 동시에 비합리적이다. 따라서 증시의 정확한 단기 전망은 무의미하다. 뚜껑을 열어 보고 확인하는 방법이 가장 확실한 해결책일 뿐이다.

문제는 증시는 뚜껑을 열고 확인하는 순간, 양자 붕괴 현상처럼 이미 주가는 저만치 올라가 버린 상태라는 것이다. 상승장을 기다렸다가 매수하려고 했지만, 상승장인 것을 확인하는 순간 이미 개별 종목의 주가는 크게 올라 버린 상황이다. 그러면 돈을 벌 수 없다.

대체 어떻게 해야 하는 것인가? 어떻게 증시 전망에 대한 확률을 구할 수 있는가?

이것은 그 누구도 정확한 답을 주기 어려울 것이다. 주가에 영향을 미치는 변수는 아인슈타인이나 하이젠베르크가 연구했던 양자 세계보다 훨씬 복잡하다. 그래서 증시의 큰 흐름을 읽어야 한다. 더욱 큰 흐름에서 증시 방향의 가능성을 읽고, 거기에 대응해야 한다. 상승과 하락에 대한 확률을 이해하기 위하여 이 책의 전반에 걸쳐 여러 차례 설명했으니, 다시 앞으로 돌아가 복습하기를 바란다.

만일 이미 증시의 뚜껑이 열린 상황이라면, 다시 뚜껑이 닫히고 누군가 동전을 흔들 때까지 기다려야 한다. 증시가 하락했다가, 하락을 멈추고 반등을 준비하는 시기까지 기다릴 줄 알아야 한다. **개인투자자는 매일매일 주식을 사고팔기를 반복하는 투자법으로 절대 돈을 벌 수 없다. 여름의 더위를 기다리고 겨울의 추위에 준비하듯이, 투자 전장의 생존술을 익히고 준비해야 한다.**

이것이 양자증권역학_{양자증권역학이란 필자가 최초로 만든 개념이다. 양자역학에서 파동, 입자의 이중성, 불확정성의 원리를 증시에 적용시켜 상승과 하락의 이중성, 증시 불확정성의 원리가 존재함을 뜻한다}을 이해하고 성공할 수 있는 투자법이다.

감이 부족한 투자자를 위한 주식투자 성공 추월차선

엠제이 드마코는 《부의 추월차선》을 통해 빠르게 부자가 될 수 있는 사업 시스템을 설명했다. 빠르게 부자가 될 수 있는 다섯 가지 핵심은 욕구_{돈이 아니라 사람들의 욕구를 해소시켜라}, 진입_{경쟁자가 따라 할 수 없는 진입 장벽이 있는 사업}, 통제_{사업의 모든 것을 통제할 수 있어야 한다}, 규모_{'순이익=판매 개수×개당 이익'이며, 순이익의 규모가 큰 사업을 해야 한다}, 시간_{시간을 쏟아붓지 않아도 돌아가는 사업을 해야 한다}이다.

이 책이 나온 이후, 수많은 사람이 부의 추월차선에 올라타기 위해 저마다 사업을 시작했다. 그러나 위의 계명을 완벽히 이해하여 성공한 사람은 손에 꼽을 것이다.

내가 직접 추월차선을 만들 수 없다면, 이미 누군가 지나간 추월차선을 따라가는 것도 하나의 방법이 될 수 있다. 월마트의 창업자 샘 월튼은 "지금까지 내가 이룬 거의 모든 것은 남들이 해놓은 것을 베낀 것이다."라고 했다. 뉴턴도 "내가 지금까지와 같이 멀리 볼 수 있었던 것은 앞서 살았던 많은 이들의 어깨를 딛고 올라서서 앞을 바라봤기 때문이다."라며 성공을 위한 효율적인 방법을 알려줬다.

하지만 여기에도 꼭 지켜야 할 원칙이 있다. 누군가 돈을 버는 것을 확인하자마자, 초창기에 재빨리 따라 할수록 유리하다는 것이다. 여기에는 관심, 의지, 용기, 그리고 무엇을 언제 따라가야 하는지에 대한 감이 필요하다.

주식투자에서도 비슷한 방법으로 성공할 수 있는 기회를 만들 수 있다. 내가 직접 오를만한 주식 종목을 찾기 어렵다면, 나보다 주식투자를 잘하는 사람을 따라 하면 된다.

다만 여기서 작은 오해가 생길 수 있다. 나보다 주식투자를 잘하는 사람을 찾기 위해 지금도 수시로 날아오는 문자 메시지, '제가 알려드리는 종목에 투자하면 돈을 벌 수 있습니다'를 따라가라는 말이 아니다. 또는 '주식투자 100억 수익의 비밀을 알려드립니다'라는 유튜브의 전문가를 따라가서도 안 된다.

주식투자에서 돈을 벌기 위해 투자 종목을 찾는 감이 없다면, 최소한 누구를 언제 따라 해야 하는지에 대한 감이라도 있어야 한다. 주식투자에서 커닝한다고 하여 절대로 비겁하거나 무책임한 것은 아니다. 오히려 좋은 투자법 가운데 하나다.

이때 가장 중요한 것은 시기와 대상이다. 먼저 투자의 커닝 시기는

증시의 상승기여야 한다. 대부분의 종목이 하락하고 있는 하락장에서는 제아무리 커닝을 잘한다고 해도 대부분 틀린 답이다. 최소한 시장의 절반 이상의 종목들에서 매일 상승이 이어지는 증시 분위기가 되어야 한다. 투자 시기와 관련해서는 chapter 3을 참고하기 바란다.

여기에서는 누구를 따라 해야 하는지에 대해 설명하려 한다. 문자지라시 속의 누군지도 모를 자칭 전문가가 아니라면, 대체 누가 나에게 투자 종목을 알려준다는 말인가?

양자증권역학의 세상에서 모든 투자 정보는 공개되고 있다. 다만 이런 정보를 이해하고 가공하여, 투자에 활용할 수 있는 투자자가 적을 뿐이다. 지금부터 몇 가지 방법을 소개한다.

워런 버핏의 종목을 따라 하라

워런 버핏은 57년간 3,790,000%의 수익을 거둔 투자계의 영웅이다. 따라서 그가 매매하고 있는 종목을 따라서 매매한다면 분명히 수익이 가능하다. 워런 버핏이 매수하는 종목은 어떻게 찾을 수 있을까? 이는 구글에서 조금만 검색해보면 워런 버핏, 버크셔 해서웨이의 매매 종목 변화를 쉽게 찾을 수 있다. 다만 워런 버핏의 투자 방식을 정확히 이해하고 따라 해야 한다. 그리고 **투자 보유 종목의 변화를 살펴보면서 투자 초기에 함께 진입해야 한다.**

워런 버핏뿐만이 아니다. 유명 해외 투자자의 매매 동향을 추적할 수 있다면 따라가도 된다. 이들이 공시한 이후 주가가 너무 오른 것은 아닌가 걱정할 필요는 없다. 거대 자본의 움직임은 아주 천천히 움직일 수밖에 없기 때문이다. 우리나라 코스닥의 작은 종목에서 기관이 사고팔기를 반복하는 것과는 차원이 다르다.

슈퍼개미의 지분 공시

최근에는 행동주의 펀드들의 움직임이 좋아 보인다. 이들이 매매하는 종목을 살펴보면 투자의 방향을 알 수 있다. 네이버 뉴스를 보면 슈퍼개미에 대한 소식이 가끔 들린다. 유명한 슈퍼개미로는 박영옥 씨가 있다. 슈퍼개미 박영옥 씨의 매매를 살펴보자.

다트에서 슈퍼개미 박영옥 씨의 지분 공시를 찾을 수 있다.

다트에서 제출인명에 박영옥, 공시유형에 지분공시를 체크한 이후 검색을 눌러보면 주식 등의 대량 보유 상황보고서가 나온다. 이것은 박영옥 씨가 지분 5% 이상을 보유하고 있는 주식에 대하여 지분의 변동이 생길 경우 보고된 결과들이다. 여기에서 2022년 10월 25일에 박영옥 씨는 국보디자인에 대한 지분 변동을 보고했다.

세부 내용을 보면 박영옥 씨는 2022년 10월 25일, 국보디자인의 지분의 증가를 보고했다. 보유 목적은 단순 투자다. 물론 슈퍼개미가 투자한 모든 종목이 상승하는 것은 아니다. 그러나 유명 슈퍼개미의 매매를 따라가면 재밌는 일이 벌어진다.

주식 등의 대량 보유 상황보고서를 보면 지분의 증가를 알 수 있다.

국보디자인 시 16,500 고 17,000 저 16,200 종 16,900 ▲400 +2.42% 거 8,002
이동평균 5 20 60 120

Linear ∨

▼최고 19,850 (-2.07%)

19,778
19,440
19,140
18,502
17,864
17,226
16,909
16,588
15,950
15,312
14,674

날짜   2022.10.25
종가   16,900
거래량   8,002
5일선   16,640
20일선   16,100
60일선   16,827
120일선   17,110

지분 변동 공시 시점

▲최저 14,500 (33.19%)

거래량 8,002

98.9k
49.5k

14   10월   14   11월   14   12월   14

2022-10-25

👐 박영옥 씨의 지분 변동 공시 이후 주가는 16,900원에서 19,850원까지 상승했다.

슈퍼개미 박영옥 씨의 지분이 증가한 이후 국보디자인의 주가 변화 차트를 보자. 지분 공시 시점인 2022년 10월 25일 이후 주가는 16,900원에서 19,850원까지 상승했다.

이것은 박영옥 씨의 지분 변동에 대해 매일 찾아보는 투자자만이 거둘 수 있었던 수익이다. 만일 이런 공시를 뒤늦게 찾아본 투자자가 2022년 11월 11일 고점이었던 19,850원에 국보디자인의 공시를 보고 매수했다면 큰 손실을 입었을 것이다. 따라서 뭐든 따라 하려면 초창기에 해야 한다.

기관과 외국인의 매매 동향

다음 문제를 생각해보자.

기관과 외국인은 나보다 주식투자를 잘할까?
아니면 더 못할까?

"잘할 때도 있고, 못할 때도 있다."가 정답이다. 만일 증시의 하락 시기라면 매매를 쉬고 있는 나의 수익률이 더 높을 것이다. 기관과 외국인의 수익률은 마이너스지만, 투자를 쉬고 있는 나의 수익률은 0% 일 테니 말이다.

그러나 하락장이 끝난 이후부터 기관과 외국인의 투자 수익률은 개인투자자의 수익률을 훌쩍 뛰어넘는다. 따라서 투자 종목을 찾기 힘든 투자자라면 기관과 외국인의 매매 동향을 잘 살펴보는 것만으로도 도움을 얻을 수 있다.

'기관·외국인 연속 매매 현황'에 따른 기관과 외국인의 순매수 종목.

기관·외국인 연속 매매 현황을 보자. 여러분이 사용하는 HTS에 따라 다양한 명칭으로 바뀔 수 있으나, 일반적으로 HTS에서는 **기관과 외국인의 누적 순매수 종목과 금액에 대한 정보를 제공하고 있다.**

2023년 1월 1일부터 2월 28일까지의 매매 동향을 보면 외국인은 삼성전자를 가장 많이 매수했음을 알 수 있다. 그리고 기관과 외국인의 쌍끌이 매수 종목으로는 현대차, LG전자, 기아 순이다.

현대차의 주가 차트를 보자. 기관과 외국인은 2022년까지 이어지던 순매도를 멈췄다. 이후 2023년이 되자 기관과 외국인은 연속 순매수를 시작했다. 이후 주가는 어떻게 되었을까? 기관과 외국인의 쌍끌이 매수가 확실했던 현대차는 1월부터 5월까지 40% 정도의 상승이 발생했다. 5개월간 40%가 별것 아닌 것처럼 느껴지는 투자자도 있을지 모르겠다.

현대차, 기관과 외국인의 연속 순매수에 따른 주가 변화.

'차라리 에코프로를 매수했으면 10배 넘게 벌었을 텐데?'

결과론적인 이야기다. 손실을 만회하기 위해 지금도 제2, 제3의 에코프로를 찾기 위해 혈안이 되어 있는 개인투자자들을 보면 조금은 아찔하다. 운 좋게 에코프로 같은 종목을 저점에 매수했다면 정말 투자의 감이 좋은 사람이다. 하지만 아직 상당수의 초보투자자는 벌벌 떨리는 손으로 어떤 종목을, 어떤 투자의 근거로 매수해야 하는지 모르는 경우가 대부분이다. 따라서 조금은 더 안전한 방법으로 보유 종목의 일부를 채워도 좋을 것이다.

지금까지 주식투자의 추월차선에 올라타고 싶은 투자자들을 위한 세 가지 '투자 커닝'의 출처를 소개했다. 물론 다시 한 번 강조하지만, 이들이 알려주는 종목이라고 하여 100% 상승을 장담하지는 못한다. 양자증권역학에 따라 미래 주가라는 뚜껑을 열어보기 전까지는 주가가 어떻게 될지 모르기 때문이다. 지금으로서는 주가의 상승과 하락이 중첩되어 있을 뿐이다.

다만 대략적인 확률은 짐작할 수 있다. **워런 버핏과 같은 거물 투자자, 슈퍼개미, 그리고 기관과 외국인은 평균적으로 투자 수익률이 높았다. 주식에 투자하여 돈을 벌 가능성이 큰 투자자들이다. 내가 스스로 못하겠다면, 그들의 확률을 믿고 따라갈 뿐이다.**

카지노에서 돈을 딸 수 있는 가장 확률이 높은 게임은 블랙잭이라고 한다. 그러나 언제나 카지노 측은 돈을 벌고, 플레이어는 돈을 잃게 된다. 블랙잭에서 평균적인 플레이어의 승률은 49%, 카지노 딜러의 승률은 51%로 알려져 있다. 단 2%의 차이로 인하여 누군가는 큰

돈을 벌고, 누군가는 모든 돈을 잃게 되는 것이다.

단 2%의 확률에도 누군가는 점점 더 돈을 벌고, 누군가는 쪽박을 찬다. 당연히 투자의 감이 없는 사람보다는 워런 버핏, 슈퍼개미, 기관과 외국인의 매매를 따라가는 것이 성공 확률적인 면에서 더 나은 선택이 아닐까?

그렇다고 무턱대고 이들이 매수하는 모든 종목을 따라가는 것 역시 무리가 있다. 앞서 설명했듯이 언제, 누구를 따라가야 하는지 정도는 제대로 알아야 한다. 이마저도 할 수 없다면 차라리 주식투자를 포기하고 은행 적금을 드는 것이 더 나은 선택이다.

전쟁터와 같은 주식시장에서 훈련을 통해 스스로 싸우는 방법을 터득하지도 못하고, 영웅의 뒤에 바짝 따라붙지도 못하면 죽을 수밖에 없다. 따라서 주식투자의 감은 오늘날을 살아가는 투자자들에게 반드시 필요한 역량이 될 수밖에 없다.

투자 이론의 본질을 찾는 기술

투자 이론은 모두 거기서 거기다. 필자는 요즘도 쏟아져 나오는 각종 주식 책을 꾸준히 읽고 있다. 여담으로 그런 책을 읽으면서, '그 책의 저자들도 나의 책을 읽어줄까?'라는 생각을 하기도 한다. 아무튼 오늘도 주식 책을 통해 투자 지식의 발전을 위해 노력 중이다.

그런데 어느 순간부터는 내용이 모두 거기서 거기라고 느끼게 되었다. 유명 투자자에 의한 아주 '신박한' 제목의 책이 새로 나오면 기대에 부풀어 구매하지만, 역시나 이전까지 알려졌던 내용에서 새로운 것은 없다. 대형 주식투자 전문 출판사에서는 안정적인 판매가 보장되어 있는 '투자의 고전'이라고 하여 100년 가까이 지난 책들을 표지만 바꿔 가며 계속 새로 내고 있다.

천지개벽으로 바뀌어 버린 오늘날을 살아가고 있는 투자자들에게 정말 도움이 되는 매매법보다는 그저 유명세를 등에 업은 투자 철학서 정도의 책들만 시장에 즐비하게 나오고 있는 실정이다.

물론 반복된 내용의 책들이 전혀 도움이 안 되는 것은 아니다. 일단 이미 알고 있었던 투자 지식에 대하여 복습할 기회를 준다. 똑같은 내용에 대해서도 조금씩 다른 시각으로 설명한 내용을 읽다보면, 투자 이론의 본질에 대해 생각해볼 수 있다.

'이 저자는 왜 이것을 이렇게 설명했을까? 이 내용이 진짜 이게 맞는 것일까?'

이미 알고 있는 지식을 바탕으로 저자와 대화하듯이 책을 읽게 된다. 가끔은 책의 내용이 조금 잘못되었거나, 부족한 부분도 보인다. 그러나 때로는 내가 생각하지 못했던 차원에서 이야기를 풀어줄 때가 있다. 이런 경험을 하게 되면 투자 지식에 대한 진정한 본질에 조금 더 가까워짐을 느낀다.

주식 책들의 내용이 모두 거기서 거기라고 했지만, 그렇다고 나에게 "투자 이론의 본질을 다 아느냐?"라고 물으면 당연히 "아니오."라고 대답할 것이다. 대략적인 투자 이론의 종류는 거기서 거기지만, 투자 이론에 대한 공부를 하면 할수록 그 이론들이 갖고 있는 깊이에 대해서는 가늠이 안 된다.

차트 분석에서 MACD라는 지표 하나만 보더라도 대부분의 주식 책에서는 2~3페이지 정도의 설명으로 모든 내용이 담긴다. 그런데 이

것을 실전에서 활용하는 방법은 정말 무궁무진하다. 필자가 앞에서 설명한 방법뿐만 아니라, 아직 필자가 생각지도 못하는 수많은 활용이 가능할 것이다.

PER만 봐도 그렇다. 주가수익비율PER이란 주가를 주당순이익으로 나눈 주가의 수익성지표라고 단 한 줄로 요약이 된다. 그러나 이 지표를 기업마다 어떻게 적용하여 기업의 가치를 비교할 수 있을지는 투자자마다 이해의 깊이에 따라 달라진다.

따라서 여러분께 당부드리고 싶은 것은 이 책을 시작으로 그동안 알고 있었던 여러분의 투자 지식을 다시 점검하고, 깊이를 더해 갔으면 한다. 이를 통해 주식투자에 대한 통찰이 생기리라 믿는다.

통찰력은 본질을 탐구함으로써 탄생한다. 단순히 수학 공식 암기와 기계적인 단순 문제 풀이는 실전 시험에서 좋은 결과를 장담할 수 없다. 그 공식이 왜 그렇게 생겨났는지 본질을 이해해야 더 복잡한 문제에서도 당황하지 않고 풀어낼 수 있다. 그렇게 일단 통찰력이 생기게 되면, 지식보다 정확하고 노력보다 빠른 성취가 가능해진다.

주식투자에 대한 통찰도 마찬가지다. 그저 주식 책에서 설명하는 지표에 대하여 단순 활용 공식만 달달 외운다고 하여 수익이 나는 것이 아니다. 실제 증시 상황은 훨씬 더 복잡하며, 매번 새로운 유형의 상황이 발생한다. 투자 초기 '연습 문제' 몇 개 맞췄다고 자만하면 안 된다. 갑자기 튀어나온 어려운 문제가 여러분의 계좌에서 모든 투자금을 빼앗아 갈지도 모른다.

결국 투자를 위해서는 주식투자에 대한 통찰이 필요하고, 그것은 투자 지식에 대한 본질을 깨우쳐야 가능하다. 그러면 투자 이론의 본질은 어떻게 찾을 수 있을까?

본질이란 현상을 만드는 진짜 원인이다. 만일 투자지표에서 상승의 가능성이 있는 조건을 공부했다면 왜 그런 가능성이 커지는지, 그리고 어떤 상황에서 그런 가능성이 커지는지까지 이해해야 한다. 이것은 책을 통해 설명할 수 없는 경지다. 그저 이 책에서 설명하듯이 '투자의 감'을 만들고 이해해야 끝자락을 조금 붙들 수 있을 뿐이다.

왜냐하면 **주식투자 이론은 선형적으로만 설명이 가능한 반면, 실제 주식투자의 세상은 비선형이기 때문이다.** 이론상으로는 A=B라는 공식에 따라 주가 상승의 가능성이 큰 조건을 알 수 있다. 그러나 실제 주식시장은 무한에 가까운 요소들이 서로 영향을 미치고 있다. 어려운 문제다.

그러면 투자 지식을 아무리 공부한다고 하여 주식투자에 써먹을 수 없는 것 아닌가? 무한에 가까운 변수라니 말이다. 하지만 투자 이론의 본질을 깨우치면 조금씩 어려운 문제를 해결할 수 있게 된다. 마치 수학 공식의 원리를 이해한 학생이 고차원적인 문제도 막힘없이 풀수 있는 것처럼 말이다. 그래서 투자 이론의 본질을 깨우치려는 노력이 필요하다.

그런데 생각해보자. 주식투자에 대한 통찰력은 투자 지식의 본질에 대한 성찰에서 나온다. 투자 지식의 본질은 너무나도 심오하기 때문에 투자의 감이 필요하다. 이를 정리하면 그림과 같이 설명될 수 있다.

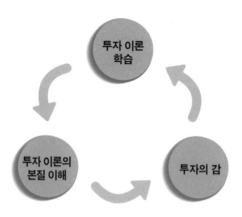

어디가 시작이고 어디가 끝인지 모를 정도로 혼란스러울 것이다. 하지만 어쩌랴. 불교에서의 윤회 사상처럼 이 순환 고리에서 작은 틈을 찾을 때까지 노력해야 한다. 이 글을 쓰고 있는 필자 역시도 주식투자 지식의 순환 고리를 끊어 내기 위해 지금도 분투 중이다.

다만 그동안 깨우쳤던 투자의 감에 대하여 이 책의 전반에 걸쳐 설명했으니 몇 번이고 다시 읽으며, 부디 여러분만의 감을 만들어보기 바란다.

수익을 확정 짓는 매도 기술

개인투자자가 목표로 한 수익률을 초과 달성하고도 매도하지 못하는 이유는 이후에도 상승이 계속되면 얻게 될 수익의 기회에 대한 '탐욕' 때문이고, 계속해서 하락하는 주식을 매수하기 어려운 것은 추가 하락에 대한 '공포' 때문이다.

이러한 **탐욕과 공포를 극복하는 유일한 길은 투자자 자신이 확립한 원칙을 믿고 따르는 것이다.**

투자 수익은 매도를 통해 완성된다. 아무리 높은 수익을 거뒀다고 하더라도 매도를 통해 현금화하지 않는 이상 확정된 수익은 아니다. 당장 내일이라도 급등하거나 급락할 수 있으니 말이다.

주식투자 수익을 위해서는 오르는 종목을 잘 분석하는 것도 필요하지만, 적당한 때에 잘 파는 것도 중요하다. 그래서 매도의 방법에 대해 생각해보고자 한다. 이 책에서는 개인투자자들이 최소한 알았으면 하는 매도법에 대해 정리했다.

성격 급한 투자자의 매도법

투자를 위해 자신의 투자 성향을 알아야 한다. 그래야 마음도 편하고 수익률도 높일 수 있을 것이다. 아직 자신의 투자 성향을 모른다면 소액투자를 통해 찾아보기 바란다.

만일 성격이 급하다면 조금만 하락해도 견디기 힘들 것이다. 그래서 장기투자를 강조하는 사람들은 투자자의 급한 성격부터 고쳐야 한다고 한다. 하지만 사람의 성격이 하루아침에 바뀔 수 있는 것은 아니다. 이것은 마치 옷에 몸을 맞추라는 이야기와 같다. 그래서 급한 성격의 투자자라면 이에 맞는 투자법을 찾아야 한다. 분명 자신에게 잘 맞는 옷이 어딘가에는 있을 테니 말이다.

지금까지는 매수에 대하여 주로 이야기했다. 그런데 매도 방법은 투자자의 성향에 따라 크게 달라진다. 그러면 급한 성격의 투자자는 언제 매도를 생각할 수 있을까? 성격이 급하면 주가가 상승하기 시작하자마자 빨리 팔고 싶어 안달이다. 조그만 수익이라도 얼른 챙기고 다른 종목을 사서 또 수익을 올리고 싶다.

하지만 다시 잘 생각해봐야 한다. 만일 여러분이 투자하면서 증시 상승기가 시작된 이후, 상승률이 가장 큰 주도 업종을 찾았다. 여기에 주도 업종 중에서도 가장 우량하고 성장성이 큰 종목을 다시 검색한 다음, 좋은 타이밍에 매수했다. 이런 종목을 팔고 어디로 가겠다는 것인가?

이것은 주도 업종을 버리고 뒤따라오는 다른 업종의 다른 종목을 매수하겠다는 뜻이다. **고급 레스토랑에 가서 에피타이저만 맛보고 더 이상 음식이 나오지 않을까 봐 걱정하여, 얼른 동네 김밥집을 찾아가는 것과 같다.** 매수까지 잘 분석해서 좋은 종목을 찾았지만 대세장의 열매를 조금밖에 못 먹는 꼴이다.

에코프로를 떠올려보면 바로 이해가 될 것이다. 2020년 1만 원에 매수했다가 2021년 15만 원 고점에서 팔았다면, 엄청난 수익률을 거

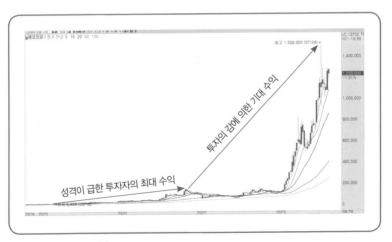

성격이 급한 투자자가 투자의 감이 필요한 경우.

됐다고 스스로를 칭찬했을 것이다. 그러나 에코프로는 이후 150만 원 고점까지 상승했다.

그러니 아무리 성격이 급하더라도 좋은 시즌의 주도 업종에서 크게 벗어나는 매매는 조금 신중해야 한다. 물론 대세 상승기에는 여러 업종이 순환하며 성장을 이끌어 갈 수 있다. 이 때문에 우리는 앞에서 분산투자를 이야기했던 것이다.

이것은 투자금을 분산하여 여러 업종에 투자하는 것이지, 기존에 잘 가고 있던 종목을 팔고 완전히 갈아타는 것이 아니다. **완전히 갈아타야 하는 경우는 주도 업종의 상승세가 크게 꺾이고, 해당 업종의 경기가 하락하기 시작할 때다.** 개별 종목 몇 개의 등락에 크게 흔들리지 말아야 한다.

성격이 급한 투자자라면 개별 종목의 작은 수익에 만족하면서 잦은 매매를 할 것이다. 이때 그나마 수익을 높이는 방법은 일단 상승 중인 종목은 계속 보유하는 것이며, 확실한 투자 원칙이 필요하다. 대세 상승기의 좋은 종목을 샀는데 조그만 등락에 두려워하며 매도할 이유는 없다.

그래도 정 불안하다면 자신만의 매도 원칙을 세우고 지키기를 바란다. 앞서 살펴봤던 차트 분석에 대한 내용 중 기본 이론을 삼성전자 차트를 통해 생각해보자.

스토캐스틱에서 매도 타이밍은 과매수권에서 80선을 아래로 뚫고 내려갈 때, 그리고 데드크로스가 나왔을 때다.

MACD를 통한 매도 타이밍은 MACD선과 시그널선의 데드크로스

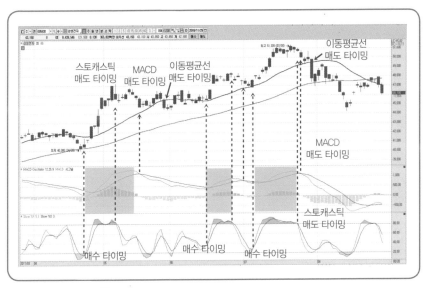

스토캐스틱
매도 타이밍

MACD
매도 타이밍

이동평균선
매도 타이밍

이동평균선
매도 타이밍

MACD
매도 타이밍

스토캐스틱
매도 타이밍

매수 타이밍   매수 타이밍   매수 타이밍

삼성전자의 차트 분석을 통한 단기투자자의 매도 타이밍.

가 나왔을 때 또는 MACD선이 기준선0선을 하향 돌파했을 때다.

이동평균선을 통한 매도 타이밍은 주가가 이동평균선을 하향 돌파
했을 때 또는 이동평균선이 데드크로스가 나왔을 때다.

아직 자신만의 매도법이 없고 위의 설명이 다소 어렵다면, 일단 여
러 가지 방법을 따라 해보면서 수익이 잘 나오는 방법을 선택해도 무
방하다. 주식시장에서의 독단과 아집은 −1%로 끝날 손실을, −100%
손실로 만들 수 있음을 기억하자.

최소한 이 정도의 분석은 거친 후 매도를 결정했으면 좋겠다. 단순
히 몇 %의 상승에 도취되어 얼른 팔아 버리게 되면 자연스럽게 다른
종목에 눈이 갈 수밖에 없다. 그러다 **결국 주도 업종이 아닌 전혀 다른**

종목을 매수하게 되고, 예전보다 전혀 발전하지 못한 투자자로 남게 될 것이다.

성격 급한 투자자의 매도법을 이야기하는데, 왜 차트를 중심으로 이야기하는 것인가. 그 이유는 잦은 매매로 인해 장기투자가 어려우며, 단기투자를 하는 데 있어서는 아무래도 차트 분석이 더 유효하기 때문이다.

물론 기본적 분석을 통해 기업의 실적과 호재를 살필 수도 있지만, 이런 내용들은 최소한 한 분기 이상의 기간 동안 서서히 나타나는 효과다. 따라서 최소한 차트만이라도 분석해보고 나름의 기준을 세워보길 바라는 마음에서 차트를 중심으로 설명한 것이다.

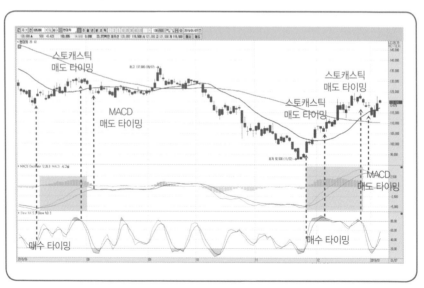

현대차의 차트 분석을 통한 단기투자자의 매도 타이밍.

현대차 차트를 살펴보자. 스토캐스틱과 MACD를 통해 매수 타이밍을 잡았다면, 마찬가지로 이들 지표가 꺾이는 지점을 분석하여 매도 시점을 생각할 수 있다.

정말로 매도하고 싶어서 손이 근질거린다면 어쩔 수 없다. 매도하자. 하지만 다른 종목을 새로 매수할 때는 최소한 앞서 분석했던 틀 안에 있는 종목으로 투자 대상을 한정시켜야 한다. 아니면 상승하는 추세가 시작하는 것을 보고, 같은 종목을 조금 더 낮은 가격에서 다시 매수해도 괜찮을 것이다.

아래 소개된 여러 단계의 분석을 반복적으로 거치게 되면, 투자의 손실을 줄일 수 있을 것이다.

정리해보면 다음과 같다.

① 상승장이 아직 끝나지 않았는지를 살핀다. 지수 차트의 상승이 계속 이어지는지도 확인해보자. 그리고 인버스 ETF가 매수 타이밍이 아닌지도 살펴보자.

② 여전히 상승장이라면 주도 업종이 계속 상승을 이끌어 가는지 살펴보자. 상승장에서 주도 업종이 계속 상승 중이라면 매도를 참고 조금 더 기다려야 한다.

③ 매도를 결심했다면 최소한의 원칙을 세우고 그에 따라 매매한다.

④ 매도 후 다른 종목을 매수하는 것은 주도 업종 내의 종목으로 한정하고, 다시 분석 과정을 거친 후 매수한다.

장기투자자를 위한 매도법

자신의 성향이 느긋한 투자라면 긴 시간 동안 보유하는 장기투자를 생각할 것이다. 상승장을 확인하고 주도 업종에 분산투자했다면, 평균적으로 큰 수익을 거둘 수 있다. 그러나 장기투자할 때의 문제는 자칫 주식투자에서 관심이 떠나 버릴 수 있다는 것이다. 이것은 단기투자자와 정반대의 경우다. 주식투자를 하면서 가끔 이런 말을 들을 수 있다.

"이 종목에 묻어 두면 크게 오를 거야."

미래 예측은 누구도 할 수 없음에도 막연히 주가가 크게 오르리라 기대하는 경우다. 투자는 그냥 묻어 두고 잊어버린다고 하여 성공하는 것이 아니다. 이것은 장기투자를 잘못 이해하고 있는 경우다.

실제 장기투자를 하는 사람일지라도 분기별 또는 연 단위로 보유 종목을 리밸런싱한다. 기업의 실적이 발표된 후 실적과 경기를 분석하여 보유 종목의 대상군을 교체하는 작업이다. 아무리 장기투자라고 할지라도 기업의 경기나 성장이 죽어 버린 상황에서 끝까지 믿고 가져가는 것은 아니다.

따라서 성격이 느긋한 투자자, 투자 시간이 부족한 투자자, 장기투자자일지라도 매월 또는 분기별로 시장을 다시 분석해서 리밸런싱할 필요가 있다.

장기투자자는 단기투자자에 비해 분석할 자료도 많다. 우선 차트에서 보여주는 변화를 감지하여 대응을 생각할 수 있다. 장기투자자는 주가의 등락에는 크게 신경쓰지 않을 것이므로, 개별 종목도 주봉 차트로 확인하는 것이 좋다. 그리고 이때 차트에 추세선을 그려보는 것이 중요하다.

우리는 좋은 시즌을 찾을 때 주가가 저항선을 상승 돌파하는 것을 신호로 삼았다. **매도는 이와 반대다. 매도 타이밍을 찾는 첫 번째 방법은 주가가 지지선을 하향 돌파하는 경우다.** 주봉 차트에서 지지선이 깨지게 된다면 투자자들의 심리가 꺾인 것으로 봐도 무방하다.

주봉 차트에서 이동평균선도 도움이 된다. 차트에서 주봉 캔들이 20주나 60주 이동평균선을 하향 돌파하거나 또는 20주 이동평균선과 60주 이동평균선이 데드크로스로 하락하게 된다면, 하락 추세로의 전환을 생각해볼 수 있다.

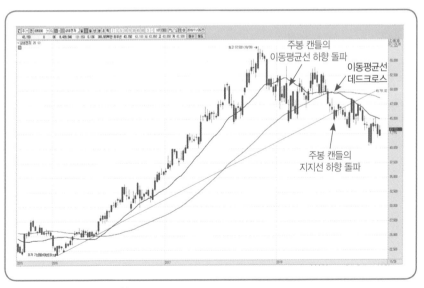

🌑 장기투자자의 매도 타이밍을 위한 차트 분석.

315

삼성전자 차트를 보면서 주봉 차트에서 느긋한 장기투자자의 매도 타이밍을 생각해보자. 매도의 시그널이 잇따라 나오게 되면 매도를 고민해야 하는 시기다.

두 번째 방법은 인버스 ETF를 함께 살펴보는 것이다. 만일 인버스 ETF의 주봉 차트에서 매수하기 좋은 상황이 된다면 개별 종목의 상승세가 둔화되었거나 꺾인 것으로 판단할 수 있다.

앞에서 살펴봤던 삼성전자 매도 타이밍과 아래 그림에서 KODEX 인버스의 타이밍을 비교해보기 바란다.

인버스의 매수 시점은 개별 종목의 매도 시점이다. 대략 2018년 6월 전후에 서로 매도와 매수 타이밍을 알려주고 있다. 물론 개별 종목에 따라 인버스 ETF와 별개의 움직임을 보일 수 있다는 것을 유의해

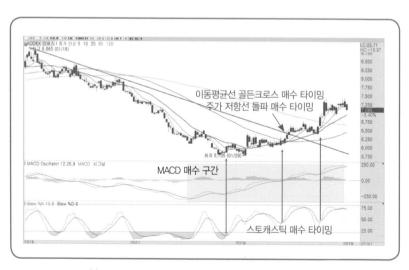

🍪 개별 종목 매도 타이밍은 인버스 ETF 매수 타이밍과 같다.

야 한다.

세 번째 방법은 개별 종목의 실적을 확인하는 것이다. 이를 위해서는 매 분기 발행되는 보고서와 업황에 대한 정보를 분석해야 한다. 먼저 보유 종목의 실적이 전 분기 또는 전년 동기 대비하여, 상승 추세가 둔화되거나 하락했다면 매도를 고려해야 한다.

물론 실적이 꺾였다고 하여 바로 주가가 하락하지 않을지도 모르지만, 일단 매도의 관점에서 주가와 기업의 실적을 분석해야 한다. 그리고 아무리 개별 종목의 실적이 좋다고 해도 해당 기업의 장래 업황이 부정적이라면, 역시 주가도 하락할 가능성이 커진다. 업황에 대한 정보는 네이버 산업 분석 리포트와 HTS의 업종 차트를 통해 분석해보자.

끝으로 증권사의 보고서, KDI의 경기 동향과 더불어 각종 뉴스와 지표를 살펴보면서 조금 더 큰 관점에서 경기의 순환을 생각해볼 수도 있다. 제아무리 실적이 좋은 개별 종목일지라도 전체 경기가 하강 국면에 들어서면 주가의 하락을 피할 수 없다.

따라서 경기 변동에도 항상 유의하면서 보유 종목을 관리해야 한다. 물론 경기 순환을 개인투자자가 정확하게 분석하고 이해하기는 어렵다. 그렇다고 할지라도 최소한의 보고서를 읽어보며 경기 순환에서 현재의 대략적인 위치를 짐작해보고, 보유 종목의 전체적인 하락세가 강해졌다면 일단 경기의 하강을 의심해볼 필요가 있다.

손실을 줄이기 위한 손절법

대부분의 주식 책에서는 손절매에 대해 말하기를 꺼린다. 자신이 설명하는 투자법을 잘 따른다면 당연히 손실을 보지 않을 것이라는 믿음 때문일까?

하지만 누구도 미래는 예측할 수 없으며, 모든 것은 확률이다. 아무리 완벽한 분석을 하더라도 급변하는 모든 정세를 이해하고, 예측하여 대응하기란 불가능하다. 물론 장기투자자라면 그냥 5년이고 10년이고 기다리다보면, 언젠가는 제 가격을 찾을 수도 있을 것이다.

하지만 돈이 굴러가는 효율을 높이기 위해 지금도 열심히 이 책을 읽고 있는 여러분은 뭔가 더 획기적인 투자 성공 방법을 찾고 있는 것이 분명하다. 획기적인 투자 성공 방법은 없다는 것을 뻔히 알고 있으면서 말이다.

그러나 투자 성공의 확률은 높일 수 있다. 아무런 분석 없이 투자하는 것은 도박과도 같은 행동이지만, 분석 기법을 하나둘 공부하다보면 점차 제대로 된 투자자의 모습으로 바뀌게 된다. **뭔가 가치를 지닌 대상에 대하여 자신이 투자한 이유를 명확히 설명할 수 있게 된다면, 더 이상 도박이 아니라 투자의 영역이다.** 이때 분석 기법들이 정교해지면서 투자의 성공 확률은 점점 높아질 것이다.

지금 설명하고자 하는 손절법은 성공 확률을 높이기 위한 방법은 아니라 언제 발생할지 모를 실패 확률을 줄이는 방법이다. 그리고 투자 성공 확률을 높이고 실패 확률을 줄이는 노력을 하면, 결국 최종 수익은 높아질 것이다.

손절매는 오를 것으로 기대하고 매수한 주식이 하락하게 되었을 때 생각하게 된다.

'지금 팔아야 할까?'

'조금 더 보유하면 만회할 수 있을까?'

이런 여러 가지 생각을 파랗게 물든 계좌를 보면서 하루에도 열두 번씩 할 것이다. 손절매하는 방법은 두 가지가 있으며, 이 두 가지를 적절히 조합하여 상황에 따라 활용하는 것이 좋다.

첫째는 일정 손실 구간이 오면 무조건 매도하는 것이다. 예를 들어 -5%의 손실이 났다고 하면 일단 매도하고 다음번 상승 시 다시 매수 하거나, 아니면 아예 다른 종목을 매수할 수도 있다. 이것은 일정 부분 기계적으로 수행하는 매매 방법이다.

장점은 단순한 원칙에 따라 매매하게 되므로 크게 마음을 쓸 일이 줄어든다. 그러나 단점은 조금 큰 눌림목을 만나 잠깐 동안 하락하는 종목임에도 그냥 매도해 버림으로써 자잘한 손실이 누적될 수 있다.

둘째는 매도 타이밍이 찾아왔을 때다. 앞서 매도의 시점에 대해 이미 살펴봤다. 차트에서 여러 가지 매도 신호가 발생하게 된다면 비록 손실 구간일지라도 손절매할 필요가 있다.

예를 들면 장대음봉, 데드크로스 등은 강력한 매도 신호다. 그리고 앞서 살펴본 '성격 급한 투자자의 매도법'과 '장기투자자를 위한 매도 법'의 매도 타이밍과 같이 다양한 매도 시그널을 확인할 수도 있다. 이런 지표들에서 하락의 징후가 뚜렷함에도 불구하고 주식을 계속 보유하는 것은 손실을 키우고, 투자금을 묶어 둬, 다른 투자의 기회마저 날려 버리는 행동이다.

분산투자를 하면서 위험을 줄였더라도 다시 한 번 손절의 타이밍을 생각하면서 손실을 줄일 필요가 있다. 위험이 분산되었다고 하더라도 새는 구멍을 막지 않는다면, 모든 수익이 한순간에 날아가 버릴지도 모른다.

따라서 자신만의 손절 원칙에 대한 감을 만들고, 철저히 지킬 필요가 있다. 손절매는 자신이 정한 원칙에 대한 오류를 인정하는 행위다. 그렇기 때문에 더 어려운 일이며, 기술적인 문제보다는 심리적인 면이 강하게 작용한다.

따라서 심리에서 지지 않을 방법은 손절매를 기계적으로 하고, 자기 합리화를 하는 것이다. 이게 어렵다면 보유 주식의 반이라도 팔아 보자. 심리적으로 훨씬 편하다.

업종별 상장기업
재무제표 하이라이트

빠르고, 정확하게, 핵심만,
'맞춤형 재무제표 분석 노하우!'

주식 고수는 업종별 특징에 따라
재무제표를 **'맞춤형 분석 도구'**로 읽는다!

김대욱 지음 | 신국판 | 244쪽 | 값 18,500원

주식 거인들에게 배우는
잃지 않는 투자 원칙 49

주식 대가들의
'원금보전 투자 철학'을 배운다!

원금을 보존하면서, 잃지 않는 투자를 하려면
시간을 견딜 수 있는 돈으로 투자하라!

김명환 지음 | 신국판 | 300쪽 | 값 17,000원

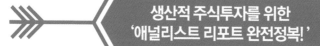

주식 고수는 투자 정보를
어디서, 무엇을, 어떻게 찾나?
네이버 증권

네이버 증권으로 배우는
'주식 투자 실전 가이드북!'

▶ 기본적 분석, 기술적 분석, 심리적 분석까지
　 네이버 증권이면 충분하다!

알렉스 강 지음 | 대국전 | 308쪽 | 값 25,000원

금과 부동산이 100% 오를 때,
200% 오른 수익률 1위
해외 ETF 백과사전

가장 쉽고 확실하게 수익 내는
'천하무적 재테크!'

▶ 주식은 무섭고, 고수익은 탐나고, 어쩌면 좋죠?
　 정답은 바로, 해외 ETF 투자!

김태현 지음 | 대국전 | 336쪽 | 값 25,000원

연금처럼 투자해서
인생이 즐거워지는
중국 배당주 투자

배당주 투자의 주 수익은 배당금이고,
'시세 차익은 덤'이다!

▶ 중국 배당주 투자로 내재 가치와 안전마진이라는
　 두 마리 토끼를 한 번에 잡아라!

정순필 지음 | 신국판 | 276쪽 | 값 19,400원